北京大學圖書館藏
“大倉文庫”書志

北京大學圖書館 編

（五）

中華書局

集部

（續）

精選唐宋千家聯珠詩格二十卷

日本寛永九年（1632）村上平樂寺刻本

DC0819五册

元于濟、蔡正孫編集。

書高30釐米，寬21.2釐米。版框高25.3釐米，寬17.7釐米。每半葉九行，行十七字，小字雙行，字數同。上下大黑口，雙黑魚尾，四周單邊。上魚尾下方記“聯珠詩”及卷次，下魚尾上方記葉次。書末牌記鐫“惟旹寛永第九壬申仲春甲辰/於二條玉屋町村上平樂寺雕開”。

卷一首葉第一行題“精選唐宋千家聯珠詩格卷之一”，第二、三行題“番易默齋于濟德夫/建安蒙齋蔡正孫粹然編集”，第四行起正文。

書首有庚子蔡正孫序，大德己亥王淵濟序，大德丁酉于濟序，“精選唐宋千家聯珠詩格總目”。

書衣墨筆題“詩格”，下標本册起止卷數。書中鈐“鳥居文庫”朱印。

精選唐宋千家聯珠詩格卷之一

番易默齋于濟德夫編集

建安蒙齋蔡正孫粹然

四句全對格

漫興【增註】漫莫半切通作謾縱逸也興去聲漫興猶言逸興也

杜工部

糝徑楊花鋪白氊。點溪荷葉疊青錢。糝字點字乃下字妙處無此則止成童子對偶耳【增註】糝桑感切以米和羹也徑步道也小道不容車故曰步道楊蒲柳也江東人通名楊柳楊樹葉短柳樹枝長本草以絮爲花花熟隨風狀如

精選唐宋千家聯珠詩格二十卷

日本天保二年（1831）刻本

DC0820九册

元于濟、蔡正孫編集。

書高25.4釐米，寬17.8釐米。版框高19.5釐米，寬14.7釐米。每半葉十行，行二十四字，小字雙行，行三十六字，字旁有日文訓讀，天頭偶見墨色校注。上下黑口，單黑魚尾，左右雙邊。魚尾下記“聯珠詩格”及卷次，版心下方記葉次。書衣書籤題“校正/增註聯珠詩格”。書末有天保二年刊記。

卷一首葉第一行題“精選唐宋千家聯珠詩格卷之一”，第二、三行題“番易默齋于濟德夫/建安蒙齋蔡正孫粹然編集”，第四行起正文。

書首有庚子蔡正孫序，大德己亥王淵濟序，大德丁酉于濟序，辛卯須靜主人序，“精選唐宋千家聯珠詩格總目”。

闕卷五至六。

書根墨題“聯珠詩格”及册次。書末版框外左下角有“仙臺仁天堂書店”綠色鈐印。書衣下鈐“樂”朱印。書中鈐“齋藤順治獻呈”、“守敬”、“字公恕”朱印。

精選唐宋千家聯珠詩格卷之一

番易默齋于　濟德夫
建安蒙齋蔡正孫粹然　編集

四句全對格

漫興　杜工部

增漫莫半切通作謾縱逸也興去聲漫興猶言逸興也

糝徑楊花鋪白氈點溪荷葉疊青錢糝字點字乃下字妙處無此則止成童子對偶耳增糝桑感切以米和羹也徑步道也小道不容車故曰步道楊蒲柳也江東人通名楊柳楊樹葉短柳樹枝長本草以絮為花花熟隨風狀如飛雪鋪滂模切陳也布也氈撚毛也周禮供其毳皮為氈荷芙蕖也其根藕其莖茄其葉蕸其本蔤其華菡萏其實蓮疊累也積也

竹根稚子無人見稚子或以為筝或謂當作雉鳥之雛增竹根本集作筍根本集註稚子乃甫之子宗文也甫有二子一曰宗文字稚子二曰宗武字驥子按集如曰驥子春猶隔鶯歌暖正繁乃憶幼子之詩也借驥子以偶鶯歌正似此以稚子對鳧雛之類是也如曰老妻畫紙為碁局稚子敲針作釣鉤又曰晝引老妻乘小艇晴看稚子浴清江又曰鄰人有美酒稚子夜能賒則稚子乃宗文也審矣筍根稚子無人見此尋兒不見忽於竹叢邊得之遂有是句復

又一部

DC0821十册

書高25.4釐米，寬17.8釐米。版框高19.5釐米，寬14.7釐米。
書中鈐"迎翠堂藏書印"、"潢濱壽貞"朱印。

精選唐宋千家聯珠詩格卷之一

番易默齋于　濟德夫
建安蒙齋蔡正孫粹然　編集

四句全對格

漫興　杜工部

增 漫莫半切通作謾縱逸也興去聲漫興猶言逸興也

糝徑楊花鋪白氈，點溪荷葉疊青錢。

糝字點字乃下字妙處無此則止成童子對偶耳 增 糝桑感切以米和羹也徑步道也小道不容車故曰步道楊蒲柳也江東人通名楊柳楊樹葉短柳樹枝長本草以絮爲花花熟隨風狀如飛雪鋪滂模切陳也布也氈撚毛也周禮供其毳皮爲氈荷芙蕖也其根藕其莖茄其葉蕸其本蔤其華菡萏其實蓮疊累也積也

竹根稚子無人見

稚子或以爲筍或謂當作雉鳥之雛 增 竹根本集作筍根本集註稚子乃甫之子宗文也甫有二子一曰宗文字稚子二曰宗武字驥子按集如曰驥子春猶隔鶯歌暖正繁乃憶幼子之詩也借驥子以偶鶯歌正似此以稚子對鳧雛之類是也如曰老妻畫紙爲碁局稚子敲針作釣鉤又曰晝引老妻乘小艇晴看稚子浴清江又曰鄰人有美酒稚子夜能賒則稚子乃宗文也審矣筍根稚子無人見此尋兒不見忽於竹叢邊得之遂有是句復

精選唐宋千家聯珠詩格二十卷

日本天保二年（1831）刻後印本

DC0822四册

元于濟、蔡正孫編集。

書高25.4釐米，寬17.8釐米。版框高19.5釐米，寬14.7釐米。每半葉十行，行二十四字，小字雙行，行三十六字，字旁有日文訓讀，天頭偶見墨色校注。上下黑口，單黑魚尾，左右雙邊。魚尾下記“聯珠詩格”及卷次，版心下方記葉次。書衣書籤印“校正/增註聯珠詩格”。書末有和漢洋書籍發賣所刊記。

卷五首葉第一行題“精選唐宋千家聯珠詩格卷之五”，第二、三行題“番易默齋于濟德夫/建安蒙齋蔡正孫粹然編集”，第四行起正文。

闕卷一至四。

書衣鈐“書”朱印。

精選唐宋千家聯珠詩格卷之五

番易默齋于　濟德夫

建安蒙齋蔡正孫粹然　編集

用今日字格

汴州聞角　武元衡

增汴州在豫州之域殷仲丁遷于囂即其地今爲開封府通禮儀纂蚩尤帥魑魅與黄帝戰帝始命吹角作龍鳴以禦之軍中置之以司昏曉鼓角爲軍容也徐廣車服志角本出羌胡以驚中國之馬也

何處金笳月裏悲　胡人卷蘆葉吹謂之笳增杜詩客淚墮悲笳

悠悠邊客夢先知　夢先知之字有意增悠悠遠而未至之貌

單于城上關山曲　增單于匈奴號象天單于然廣大也曲一本作月關山月曲名樂府鼓角横吹十五曲之一也王褒詩無復漢地關山月

今日中原總解吹　夷狄之音流入中國天下事可知也增解曉也

峽口送友人　司空曙

又一部

DC0823四册

書高24.1釐米，寬17.1釐米。版框高19.5釐米，寬14.7釐米。
闕卷一至四。
書衣鈐"數"朱印。書中鈐"雙峰軒圖書子孫保之"朱印。

精選唐宋千家聯珠詩格卷之五

番易默齋于　濟德夫
建安蒙齋蔡正孫粹然　編集

用今日字格

汴州聞角　武元衡

增汴州在豫州之域殷仲丁遷于囂即其地今爲開封府通禮儀纂蚩尤帥魑魅與黃帝戰帝始命吹角作龍鳴以禦之軍中置之以司昏曉鼓角爲軍容也徐廣車服志角本出羌胡以驚中國之馬也

何處金笳月裏悲　胡人卷蘆葉吹謂之笳增杜詩客淚墮悲笳

悠悠邊客夢先知　夢先知之字有意增悠悠遠而未至之貌

單于城上關山曲　增單于匈奴號象天單于然廣大也曲一本作月關山月曲名樂府鼓角横吹十五曲之一也王褒詩無復漢地關山月

今日中原總解吹　夷狄之音流入中國天下事可知也增解曉也

峽口送友人　司空曙

精選唐宋千家聯珠詩格三卷

日本弘化二年（1845）刻本

DC0824三册

元于濟、蔡正孫編集。

書高11釐米，寬15.6釐米。版框高9.2釐米，寬12.8釐米。每半葉十二行，行十字，字旁有日文訓讀。白口，四周單邊。版心上方記“聯珠詩格”及卷次，下方記葉次。內封鐫“唐宋聯珠詩格”。書末有弘化二年刊記。

卷上首葉第一行題“精選唐宋千家聯珠詩格卷之上”，第二、三行題“番易默齋于濟德夫/建安蒙齋蔡正孫粹然編集”，第四行起正文。

書首有庚子蔡正孫序，大德己亥王淵濟序，大德丁酉于濟序。

書中鈐“大谷”朱印。

精選唐宋千家聯珠詩格卷之上

番易默齋于濟　德夫　編集

建安蒙齋蔡正孫　粹然

○四句全對格

（先）漫興　杜工部

糝徑楊花鋪白氈　點溪荷葉疊青錢　竹根稚子無人見　沙上鳧雛傍母眠

（先）絶句

兩箇黄鸝啼翠柳　一行白鷺上青天　牕含西嶺千秋雪　門泊東呉萬里船

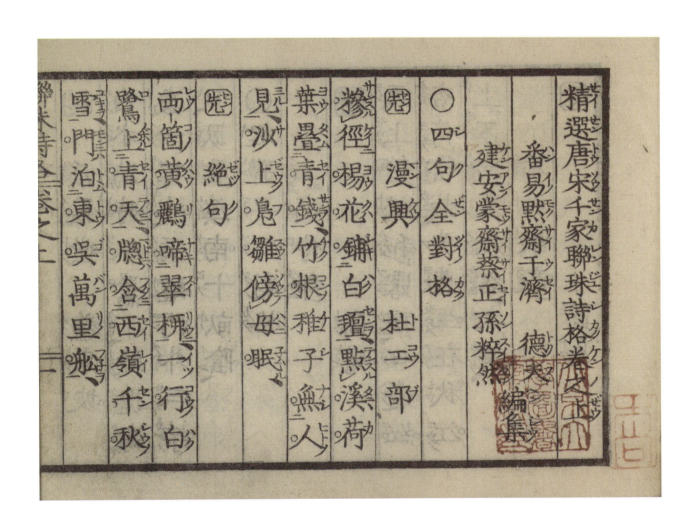

續唐宋聯珠詩格二卷

日本嘉永五年（1852）刻本

DC0825二册

日本東條信升編集。

書高10.9釐米，寬15.8釐米。版框高8.9釐米，寬14釐米。每半葉十六行，行十五字，字旁有日文訓讀。白口，四周單邊。版心上方記"續詩格"及卷次，下方記葉次。書末有嘉永五年刊記。

卷一首葉第一行題"續唐宋聯珠詩格卷一上册"，第二行下題"東條信升士階編集"，第三行下題"門人大野賴行校字"，第四行起正文。

書首有天保甲午大窪行"續唐宋聯珠詩格序"，辛卯東條升撰"附言"，"續唐宋聯珠詩格采用書目"。

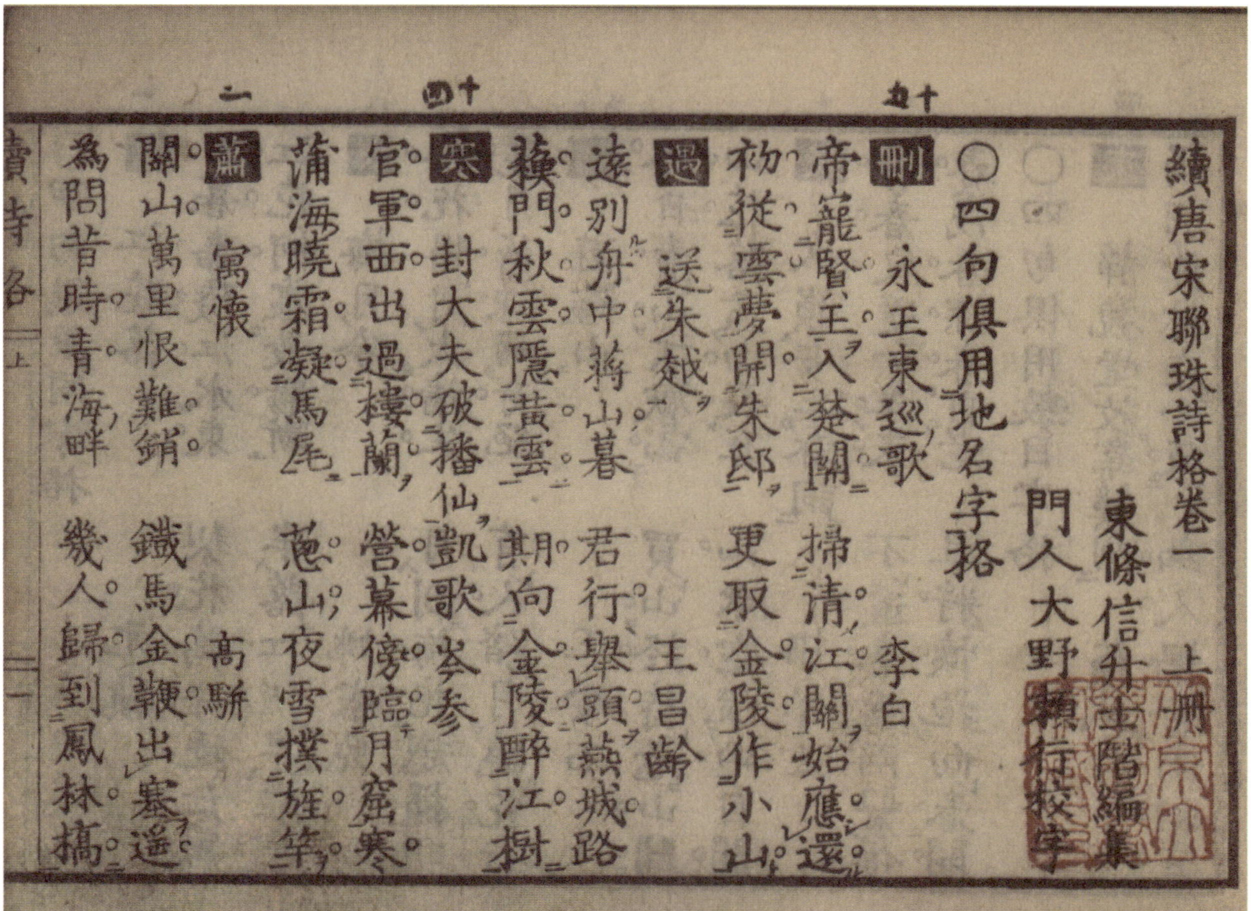

續唐宋聯珠詩格卷一 上冊

東條信升士階編集

門人大野頼行校字

○四句俱用地名字格

永王東巡歌 李白

刪 帝寵賢王入楚關 掃清江漢始應還

初從雲夢開朱邸 更取金陵作小山

過 送朱越 王昌齡

遠別舟中蔣山暮 君行舉頭燕城路

薊門秋雲隱黃雲 期向金陵醉江樹

実 封大夫破播仙凱歌 岑參

官軍西出過樓蘭 營幕傍臨月窟寒

蒲海曉霜凝馬尾 蔥山夜雪撲旌竿

斋 寓懷 高駢

關山萬里恨難銷 鐵馬金鞭出塞遙

為問昔時青海畔 幾人歸到鳳林橋

續詩格 上 一

河汾諸老詩集八卷

明弘治十一年(1498)刻本

DC0360一函一册

元房祺編。

房祺,生卒年不詳,自號横汾隱者,臨汾人。為河中、大同兩路教授,終潞州判官。

書高28釐米,寬15.8釐米。版框高20.1釐米,寬12.7釐米。每半葉十行,行十七字。單黑魚尾,或無魚尾,上下大黑口,四周雙邊。下黑口上方記葉次。卷八後鐫"弘治十壹年季夏河南汝州郟縣刊"。

卷一首葉第一行題"河汾諸老詩集卷之一",第二行題"横汾隱者房祺編",第三行起正文。

書首有明弘治十一年河南按察司副使晉城車璽"河汾諸老詩序",河汾諸老詩集目録。書末有大德辛丑房祺"河汾諸老詩集後序",尊賢堂高昂霄具白八行。

書中鈐"翰林院印"(滿漢文)、"教經堂錢氏章"、"西亭收藏"、"三住蓬山"、"辛道人"、"犀盦藏本"、"歙州汪氏一隅草堂藏書"、"大倉文化財團藏書"朱印。

案語:《四庫全書總目》"卷一百八十八·集部四十一·總集類三"録此書,為安徽巡撫採進本,毛晉汲古閣所刊,並言"今舊刻皆佚"。今查《中國古籍善本書目》未見汲古閣刻本。此版中國國家圖書館有藏。

河汾諸老詩集卷之一

横汾隱者房祺編

貽溪庵先生華信之

上雲内帥賈君

北極長虹掣西垣太白高千年知運圯四海共兵鏖霧黒龍蛇閙山昏虎豹嗥石傷填海羽波動負山鼇遺介潜寒渚驚飈走夜窂江山留慘黷天地入焄蒿衆折思枝拄初寒俟蠒繅明良逢慶會鄉曲得名豪渠棟因人出艅艎爲世操安流欣皷枻奔浪獨能篙日出

天下同文前甲集五十卷

清初鈔本

DC0351一函二册

元周南瑞輯。

周南瑞，生卒年不詳，字敬修，安成人。

書高26.8釐米，寬17.7釐米。無行欄。每半葉十四行，行二十四字。

卷一首葉第一行題"天下同文前甲集卷第一"，第二行起正文。

書首有大德甲辰盧陵劉將孫撰"天下同文集敘"，"天下同文總目"。

闕卷十七至十八、三十至三十一、三十四至三十五、四十一。

目録下方有同治八年徐時棟墨書，鈐"柳泉"朱印。

書中鈐"述古堂藏書記"、"城西草堂"、"徐時棟秘笈印"、"柳泉書畫"、"大倉文化財團藏書"朱印。

天下同文前甲集卷第一

制誥

建國號制

上天眷命

皇帝聖旨誕膺

景命奄四海以

宅尊必有美名紀百王而紀統肇從隆古匪獨

我家且唐之為言蕩也堯以之而著稱虞之為言樂也舜

因之而作號馭至禹興而湯造亥名夏大以殷中世降以

還事殊非古雖乘時而有國不因義而制稱為秦為漢者

蓋從初起之地名曰隋曰唐者又即始封之爵邑皆徇百

姓見聞之狃習要一時經制之權宜槩以至公得無少貶

我

太祖聖武皇帝握乾符而起朔土以

皇元風雅三十卷

清鈔本

DC0352一函八册

元蔣易輯。

蔣易，生卒年不詳，字師文，號鶴田，建陽人。

書高25.4釐米，寬16釐米。無行欄。每半葉十行，行十八字。書口中部記卷次，下記葉次。避"玄"、"弘"等字，不避"寧"字。

卷一首葉第一行題"皇元風雅卷之一"，下空一格題"贊善大夫容城劉因夢吉"，第二行起正文。卷四首葉第一行頂格題"皇元風雅卷之四"，下空一格題"學士承旨吳興趙孟頫"，第二行起正文。

書首有至元三年蔣易"皇元風雅集引"，至元四年黄清老"皇元風雅集序"，至元己卯雍虞"皇元風雅序"，"皇元風雅總目"。

首册序、總目、卷一至三以日本皮紙鈔補。

有朱筆校。卷四前有同治八年徐時棟題記二則，鈐"柳泉"、"徐時棟印"朱印。書末録黄丕烈跋二則，徐時棟墨筆識語，鈐"柳泉"朱印。

書中鈐"柳泉書畫"、"董康秘篋"、"誦芬堂藏書記"、"毗陵董氏誦芬室收藏舊槧精鈔書籍之印"、"廣川書庫"、"大倉文化財團藏書"朱印。

皇元風雅卷之一　賛善大夫容城劉因夢吉

黄金臺

燕山不改色易水無新聲誰知数尺臺中有萬古情區〻後世人猶愛黄金名黄金亦何物能為賢重輕德輝照九仞鳳鳥才一鳴伊誰腐鼠弃坐見飢鳶争周道日東漸二老皆西行養民以致賢王業自此成黄金與山平不救兵縱横落日下荒臺山水有餘清

仙臺

碣石来海際西南奄全燕中有學仙臺燕平欲

皇元風雅前集六卷後集六卷

明鈔本

DC0353一函六册

元傅習采集，元孫存吾編類。

傅習，生卒年不詳，清江人。孫存吾，生卒年不詳，原名不詳，以字行，號如山，廬陵人。官儒學學正。

書高26.9釐米，寬17.9釐米。無行欄。每半葉八行，行二十字。前集六卷書口中部記“雅前”及卷次，下記葉次。後集六卷書口中部記“雅后”記卷次，下記葉次。

卷一首葉第一行頂格題“皇元風雅卷之一”，下空十一格題“前集”，第二行題“盱江梅谷傅習說卿采集”，第三行題“儒學學正孫存吾如山編類”，第四行題“奎章學士虞集伯生校選”，第五行起正文。

書首有至元二年虞集序，“皇元風雅姓氏”。後集書首有至元二年謝升孫序，姓氏目録。

有董康藍朱筆校。虞集序後有壬子董康題誌。

書中鈐“莊同生澹庵氏珍賞”、“歙西長塘鮑氏知不足齋藏書印”、“老屋三間賜書萬卷”、“蔣維基印”、“子垢”、“茹古主人”、“茹古精舍”、“蔣氏子垢”、“蔣氏祕笈”、“世守陳編之家”、“吳昌綬讀”、“伯宛審定”、“董康宣統建元以後所得”、“廣川書庫”、“大倉文化財團藏書”朱印。

皇元風雅卷之一　　前集

盱江梅谷　傅習　說卿　采集

儒學學正　孫存吾　如山　編類

奎章學士　虞集　伯生　校選

劉靜脩　先生名因字夢吉保定人

裕宗皇帝在青宮聞其賢以賛善大夫召至京師未

幾以親老求歸養居數歲

朝廷尊仰德義拜集賢學士又以疾辭踰年遂不

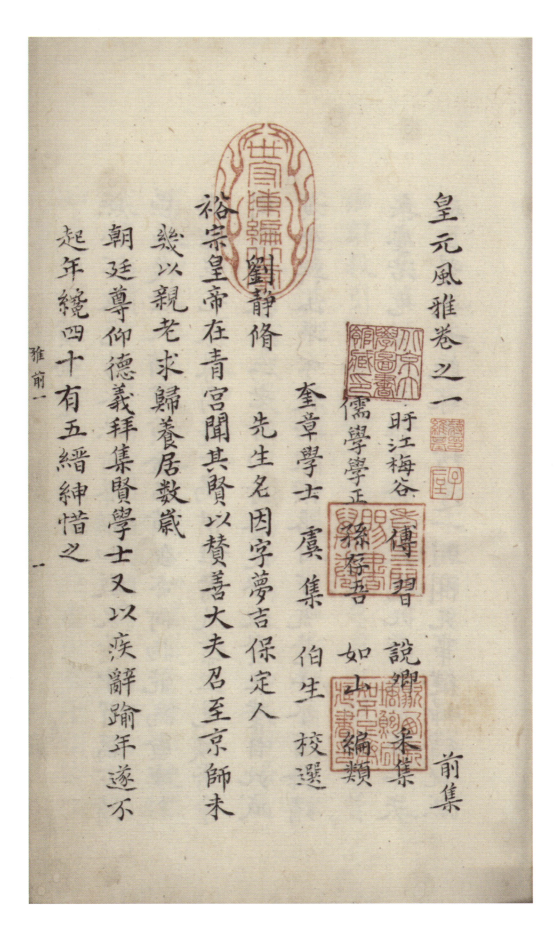

起年纔四十有五縉紳惜之

玉山名勝集不分卷外集一卷

明鈔本

DC0358五册

元顧瑛輯。

顧瑛（1310—1369），一名阿瑛，又名德輝，字仲瑛。昆山人。

書高25.8釐米，寬17.5釐米。無行欄。每半葉十行，行二十二字。版心偶鈔細目。不避清諱。

卷一首葉第一行題“玉山名勝集”，第二行題“元顧瑛編”，第三行起正文。

書中鈐“大倉文化財團藏書”朱印。

玉山名勝集

元 顧瑛 編

玉山堂

玉山名勝集卷一 玉山堂

古文眞寶後集諺解大成二十卷

日本寬文三年（1663）村上平樂寺刻本

DC0826十册

日本林道春諺解，日本鵜飼信之大成。

書高26.8釐米，寬19.2釐米。版框高22.3釐米，寬17.4釐米。無行欄。每半葉九行，行二十字，小字雙行，每行字數不等，字旁有日文訓讀。白口，四周雙邊。版心中上方記“古文諺解”及卷次，下方記葉次。卷二十末葉鐫“寬文三稔癸卯十一月吉旦/二條通玉屋町村上平樂寺/開板之”。

卷一首葉第一行題“古文眞寶後集諺解大成”，第二行題“羅山林道春諺解”，第三行題“石齋鵜信之大成”，第四行起正文。

書首有寬文三年霞谷山人撰“古文眞寶諺解大成序”，“古文眞寶諺解大成目録”，書末有寬文癸卯鵜信之“古文眞寶諺解大成跋”。

書衣書籤墨筆題“古文眞寶諺解”及卷次。書中鈐“雙峰軒圖書子孫保之”朱印。

古文眞寶後集諺解大成

羅山　林　道春諺解
石齋　鵜　信之大成

古文眞寶序

序ハ。左傳正義曰。序ハ與敘音義同。爾雅ノ釋詁ニ云。敘ハ緒也。然ラバ則チ舉ニ其ノ綱要ヲ若シ繭之抽クガ緒ヲ撥スルニ。敘ハ次第也。ツイデ共。ツイヅ共讀ム。緒ハ繭ノイトグチ也。是モツイテト訓ズ。言フ心ハ。凡ソ序文ニハ。必ス先ツ其ノ書一部ノ簡要次第ヲ舉ゲ記ス者也。譬ヘバ。繭ノ緒ヲ抽キ出セバ。其ノ絲縷分ケ易キ如ク。其序ニ依テ。其ノ書ノ大義已ニ知ヘシ

萬里居士ノ解ニ。此序分ツ七段。自リ六藝至テ意也。第一段。論學問之次第也。自リ眞寶至テ微意也。第二段。此書所ノ編之深奧之義也。自リ惜乎至テ感焉。第三段。論此書舊刊。往往ニ不ル正也。自リ有三山至テ後已。第四段。

古文眞寶諺解大成二十卷

日本寬文三年（1663）村上平樂寺刻後印本

DC0827一册

日本林道春諺解，日本鵜飼信之大成。

書高26.1釐米，寬18.7釐米。版框高22.1釐米，寬17.4釐米。無行欄。半葉九行，行二十字，小字雙行，字數不等，字旁有日文訓讀。白口，四周雙邊。版心中上方題"古文諺解"及卷次，下方記葉次。

卷七首葉第一行題"古文眞寶諺解大成卷之七"，第二行起正文。

存卷七至卷八。

書中鈐"成章堂"朱印。

書衣書籤墨筆題"古文眞寶諺解七八"及卷次。

古文眞寳諺解大成卷之七

送李愿歸盤谷序 公年三十四、脱汴京之亂、來居洛。方且求官京師、鬱於中而見於外。故其辭如此。〔評〕云、一節節是形容得意人、一節是形容閑居人、一節是形容奔走伺候人、卻結在人賢不肖何如也。一句上、終篇全擧李愿説話、自説只數語、其實非李愿言。此又別是一格也 韓退之

萬姓統譜、李晟字良器、洮州臨潭人、年十八從王忠嗣征吐蕃、稱萬人敵、克平朱泚、收復京師、號令嚴明、公私按堵、其露布云、臣已肅清宮禁、祗謁寢園、鐘簴不移、廟貌如故、德宗覽之泣曰、天生李晟以爲社稷、非爲朕也、以功累官至司徒兼中書令、封西平郡王、子十五人、知名者愿憲愬聽、李愿ハ李晟ガ子ニシテ賢才ノ人也、退之其故鄉ニ皈ルニ依テ、此送行ノ序ヲ作テ贈ル也〔注〕公年三十四、退之ハ代宗大暦二年戊申ニ生ルレバ、德宗貞元七年辛未ニ至テ二十四歳也、但シ通鑑ニ貞元十一年秋七月

唐詩品彙九十卷拾遺十卷

明嘉靖刻本

DC0343十六册

明高棅編。

高棅（1350—1423），字彦恢，後改名廷禮，號漫士，福建長樂人。永樂初以布衣征為翰林待詔，遷典籍。

書高27.9釐米，寬18釐米。版框高21.8釐米，寬15.4釐米。每半葉十行，行二十字，小字雙行，字數同。白口，單黑魚尾，左右雙邊。魚尾下方記“唐詩”及卷次，版心下記刻工及葉次。

卷一首葉第一行頂格題“五言古詩卷之一”，下空三格題“唐詩品彙一”，第二行題“新寧高棅編”，第三行起正文。

卷首有洪武辛巳馬得華序，王偁序，洪武乙亥林慈序，洪武癸酉高棅“唐詩品彙總序”，多人撰序，“引用諸書”，“歷代名公敘論”，“凡例”，“詩人爵里詳節”，“唐詩品彙總目”。書末有成化十三年陳煒後序。

書中鈐“綠筠書屋珍藏”、“芝石山房”、“芾南氏手校”、“葉滋棠印”、“古閩葉氏芾南珍藏”、“大倉文化財團藏書”朱印。

五言古詩卷之一　　唐詩品彙一

新寧高　棅　編

正始上

太宗皇帝

○幸武功慶善宮賦上所生之宮也貞觀六年幸之宴從臣賞賜閭里同漢沛宛帝歡甚賦詩起居郎呂才被之管絃為功成慶善樂名九功之舞

壽丘唯舊跡豐邑乃前基粤予承累聖懸弧亦在茲

弱齡逢運改提劍鬱匡時指麾八荒定懷柔萬國夷

梯山盛入款駕海亦來思單于陪武帳日逐衛文螭

端扆朝四岳無為任百司霜節明秋景輕冰結水湄

明高廷禮唐詩正聲二十二卷

日本天保十四年(1843)南勢古人居刻本

DC0780十册

明高棅輯,日本東褧箋註。

書高26.3釐米,寬18.2釐米。版框高20.2釐米,寬15.3釐米。每半葉十行,行二十字,小字雙行,字數同。字旁有日文訓點。白口,單黑魚尾,四周雙邊。魚尾下記"唐詩正聲箋註"及卷次,版心下方記葉次。書衣書籤題"唐詩正聲箋注"。書內封鐫"唐詩正聲箋註/古人居藏版"。書末版框外左下方鐫"櫟陰堂刻"。書尾有天保十四年刊記,鈐"古人居藏版記"朱印記。

卷一首葉第一行題"明高廷禮唐詩正聲卷一",第二行題"南勢後學東褧伯頎箋註",第三行起正文。

書首有天保十二年浪華筱崎弼序,文政五年菅晉帥"唐詩正聲箋註序",壬寅東褧識語,文政十二年小濱大海序,天保庚子東褧自序,附言,高棅"唐詩正聲序","唐詩正聲凡例",詩人世次爵里補遺。書末有壬寅益周跋,癸卯夢亭居士刻成識語。

書中鈐"陸川氣仙郡廣田邑吉田農三千兼古健藏書"、"家在□倉山北"朱印。

明高廷禮唐詩正聲卷一

南勢後學東㚖伯傾箋註

五言古詩

陳子昂

感遇 唐書陳子昂傳唐興文章承徐庾餘風子昂始變雅正初為感遇詩三十八章王適曰是必為海内文宗按感遇有感其所遇曰以宣志意也

白日每不歸 楚詞白日晼晩其將入 青陽時暮矣 爾雅春為青陽詩歳云暮矣 茫茫吾何思 韻會茫茫廣大貌 林臥觀無始 莊子彼至人者歸精神乎無始而目瞑乎無何有之鄕又出入無窮與日無始 衆芳委時晦 離騷昔三后純粹兮固衆芳之所在註衆芳喩群賢詩遵養時晦 鶗鴂鳴悲耳 離騷恐鵜鴂之先鳴兮使彼百草為

中州名賢文表三十卷

明成化刻本

DC0361四函二十册

明劉昌輯。

劉昌（1424—1480），字欽謨，號椶園，南直隸蘇州府長洲人。正統十年進士，授南京工部主事，遷河南提學副使，擢廣東布政司左參政。

書高31.4釐米，寬19.9釐米。版框高22.6釐米，寬15.6釐米。每半葉十行，行二十字。上下細黑口，雙黑魚尾，四周雙邊。上書口正面記“内集”，背面記字數，上魚尾下記“中州文表”及卷次，下魚尾下記葉次，下書口正面記寫工姓名，背面記刻工姓名。

卷一首葉第一行頂格題“中州名賢文表卷一”，下空一格小字題“内集”，第二行題“姑蘇劉昌欽謨”，第三行起正文。

書首有成化七年劉昌“中州名賢文表序”。

有鈔配。

書首襯葉有辛巳晚香居士汪鏞題記，鈐“汪鏞頌堂”朱印。書中鈐“臣鏞江南布衣”、“韓江汪氏家藏”、“大倉文化財團藏書”朱印。

中州名賢文表卷一　內集

姑蘇劉昌欽謨

許文正公　遺書

奏議

時務五事 至元三年

臣衡誠惶誠恐謹奏呈時務五事伏念臣性識愚陋學術荒踈不期虛名偶塵聖聽陛下好賢樂善舍短取長雖以臣之不才亦叨寵遇自甲寅至今十有三年凡八被詔旨中懷自念何以報塞又日者面奉德音叮嚀懇至中書大務容臣盡言臣雖昏愚荷陛下

皇明文衡一百卷目録二卷

明嘉靖八年（1529）宗文堂刻本

DC0354八函四十八册

明程敏政選編。

程敏政（1446—1499），字克勤，中年後號篁墩，又號篁墩居士、篁墩老人、留暖道人，南直隸徽州府人。成化二年進士，官至禮部右侍郎。

書高25.4釐米，寬16.5釐米。版框高18.2釐米，寬12.9釐米。每半葉十二行，行二十三字。白口，雙黑魚尾，四周單邊。上魚尾下方記“皇明文衡”及卷次，下魚尾下方記葉次。序後有“嘉靖戊子歲宗文堂新刊”牌記，目録後有“皇明文衡一書原板出在金陵迺於我/朝名賢之所著纂集百餘卷其間載有/聖道治度詔誥表章詩書禮樂詞賦碑/銘序文形物議論諸事類正後跋俱全/集也今書坊宗文堂購得是本命工刊/行以廣其傳四方君子幸為鑑焉時/嘉靖八年孟春月穀旦本堂告白”牌記。跋後有“書林精舍京本重刊”。

卷一首葉第一行題“皇明文衡卷之一”，第二行題“翰林院學士新安程學敏選編”，第三行題“鄉進士國子監助教永康范震校正”，第四行題“賜進士應天府儒學教授郊郢李文會重校”，第五行起正文。

書首有程敏政“皇明文衡序”。書末有嘉靖己丑康盧焕“文衡後跋”。

有鈔配，殘破有傷字。

書中鈐“高平隆長”、“臺”、“篁邨島田氏家藏圖書”、“島田翰讀書記”、“大倉文化財團藏書”朱印。

皇明文衡卷之一

翰林院學士新安程敏政選編
鄉進士國子監助教永康范震校正
賜進士應天府儒學教授永鄞李文會重校

代言

檄

諭中原檄　宋濂

自古帝王臨御天下中國居內以制夷狄夷狄居外以奉中國未聞以夷狄治天下也自宋祚傾移元以北狄入主中國四海內外罔不臣服此豈人力實乃天授然達人志士尚有冠履倒置之嘆自是以後元之臣子不遵祖訓廢壞綱常有如大德廢長立幼泰定以臣弑君天曆以弟酖兄至於弟收

新安文獻志一百卷先賢事略二卷目録二卷

明弘治十年（1497）刻本

DC0359十三册

明程敏政編。

書高28.9釐米，寬16.4釐米。版框高19釐米，寬13.4釐米。每半葉十三行，行二十七字。白口，雙白魚尾，左右雙邊。上魚尾下記"志甲"及卷次，下魚尾上記葉次，下記刻工。

卷一首葉第一行頂格題"新安文獻志卷一"，下空十八格題"甲集"，第二行起正文。

書末有弘治十年王宗植跋、弘治十年程敏政跋，"先賢之後尚義之家樂助工食人姓名"，刻梓姓氏。

闕先賢事略二卷、目録二卷。

書首有同治八年徐時棟題記，鈔補"新安文獻志目"，目後有徐時棟識語三則。

書中鈐"四明范光華家藏印"、"柳泉書畫"、"月湖長"、"甬上"、"柳泉"、"城西草堂"、"挑燈花館"、"大倉文化財團藏書"朱印。

新安文獻志卷一　甲集

辭命

李繼捧責授右千牛衛上將軍封宥罪侯賜第京城仍賜姓名

趙保忠制　張密學

王者推車轂以命將推赤心以待人儻蹇節之有虧於國法而何逭前定難節度使李繼捧家于邊徼世嗣弓裘頃者自構閱牆始求宿衛朕含容待遇恩禮有加大旆雙旌屢委十連之任解衣推食亟承三接之恩既換高牙俾還舊地兼佩相印仍齒宗盟賜予殊常寵榮備極而小人革命狼子野心潛結手足之親自為唇齒之援離城郭而野處協比狡童誘戎虜而內侵撓敗王略此而或恕孰不可容載念累世之勳特免三章之議曲貸異門之戮俾參環衛之班尚預列侯無忘省過屈茲典憲深用愧懷可右千牛衛上將軍封宥罪侯賜第於京城中仍舊賜姓名趙保忠

唐宋八大家文鈔一百六十六卷

明崇禎元年(1628)方應祥刻本

DC0796六十二册

明茅坤批評。

茅坤(1512—1601),字順甫,號鹿門,歸安人。嘉靖十七年進士,官廣西兵備僉事。

書高26釐米,寬16釐米。版框高20.4釐米,寬14.2釐米。每半葉九行,行二十字。白口,白魚尾,四周單邊。魚尾上方記“韓文”,魚尾下方記卷次,又下方記葉次。

卷一首葉第一行題“唐大家韓文公文抄卷之一”,第二行題“歸安鹿門茅坤批評”,第三行起正文。

書首有崇禎元年方應祥“重刻八大家文鈔敘”,萬曆己卯茅坤“唐宋八大家文鈔總敘”,“八大家文鈔凡例”,“八大家文鈔論例”,“唐大家韓文公文抄目録”。

書中鈐“明倫藏書”、“學”朱印。

子目:

唐大家韓文公文抄十六卷　唐韓愈撰

唐大家柳柳州文抄十二卷　唐柳宗元撰

宋大家歐陽文忠公文抄三十二卷歐陽文忠公新唐書抄二卷歐陽文忠公五代史抄二十卷　宋歐陽修撰

宋大家蘇文公文抄十卷　宋蘇洵撰

宋大家蘇文忠公文抄二十八卷　宋蘇軾撰

宋大家蘇文定公文抄二十卷　宋蘇轍撰

宋大家曾文定公文抄十卷　宋曾鞏撰

宋大家王文公文抄十六卷　宋王安石撰

案語:書經日人改裝,與日本享和四年尚德精鈔本《唐宋八家全集録》合訂。

唐大家韓文公文抄卷之一

歸安鹿門茅坤批評

表狀

進撰平淮西碑文表

不獨碑文冠當世而表亦壯

臣某言伏奉正月十四日勅牒以收復淮西羣臣請刻石紀功明示天下爲將來法式陛下推勞臣下允其志願使臣撰平淮西碑文者聞命震駭心識顛倒非其所任爲愧爲恐經涉旬月不敢措手竊惟自古

詩紀一百五十六卷目録三十六卷

明萬曆刻本

DC0769六函五十四册

明馮惟訥彙編。

馮惟訥(1513—1572),字汝言,號少洲,山東臨朐人。嘉靖戊戌進士,官至光禄正卿。

書高27.2釐米,寬16.8釐米。版框高20.2釐米,寬13.7釐米。每半葉九行,行十九字,小字雙行,字數同。白口,單黑魚尾,四周雙邊。魚尾上方記"詩紀",下方記類目卷次,又下記葉次。

卷一首葉第一行頂格題"古逸第一",下空八格題"詩紀一",第二行題"北海馮惟訥彙編",第三行題"海寧方天眷重訂",第四行起正文。

書首有嘉靖戊午張四維"詩紀序",王世貞"詩紀序",刻詩紀凡例,引用諸書。

古逸第一　詩紀一

北海馮惟訥彙編
海寧方天眷重訂

歌上

彈歌

吳越春秋曰越王欲謀復吳范蠡進善射者陳音音楚人也越王請音而問曰孤聞子善射道何所生音曰臣聞弩生于弓弓生于彈彈起于古之孝子不忍見父母爲禽獸所食故作彈以守之歌云云○劉勰云黄歌斷竹質之至也又曰斷竹黄歌乃二言之始○黄
黄帝
也

李于鱗唐詩廣選七卷

明末吳興淩氏刻朱墨套印本

DC0785一函八册

明李攀龍輯。

李攀龍（1514—1570），字于鱗，號滄溟，山東濟南人。嘉靖二十三年進士，官至河南按察使。

書高27.2釐米，寬18.2釐米。版框高21.7釐米，寬14.5釐米。無行欄。每半葉八行，行十八字，字旁天頭有朱字校點。白口，無魚尾，四周單邊。版心上記“唐詩廣選”及卷次，下記葉次。

卷一首葉第一行題“李于鱗唐詩廣選卷一”，第二行起正文。

書首有淩濛初“唐詩廣選序”，王世貞“古今詩删序”，李攀龍“選唐詩序”，“評詩名家姓字”，名家姓字後有吳興淩瑞森、淩南榮識語。各卷卷首有目録。

書中鈐“張大賡書畫印”、“雲濤閣”、“大倉文化財團藏書”朱印。

蔣春甫曰用韵先四仄次四平後復五仄結響玲瓏

李于鱗唐詩廣選卷一

五言古

太宗皇帝

飲馬長城窟行

塞外悲風切交河冰已結瀚海百重波陰山千里雪迥戍危烽火層巒引高節悠悠卷旆旌飲馬出長城寒沙連騎迹朔吹斷邊聲胡塵清玉塞羌笛韻金鉦絕漠干戈戢車徒振原隰都尉

唐詩集註七卷

日本安永三年（1774）平安書林文林刻本

DC0783四册

明李攀龍選編，明蔣一葵註，明唐汝詢解，日宇鼎纂，日宇鑒訂，日竺顯常大典集補。

蔣一葵，字仲舒，號石原，江蘇常州人。萬曆二十二年舉人，官至南京刑部主事。唐汝詢（約1624左右），字仲言，華亭人。

書高25.9釐米，寬18.6釐米。版框高20釐米，寬16釐米。每半葉十行，行二十字，小字雙行，字數同。上天頭有墨色校注，字旁有日文訓讀。白口，左右雙邊。版心中部記"唐詩集註"及卷次，下記葉次。書末鐫"安永三年甲午六月/平安書林文林軒欽行"，後半葉後左下角題"京都室町六角下ル町/田原勘兵衛"。

卷一首葉第一行題"唐詩集註卷之一"，第二行題"明濟南李攀龍于鱗選，第三行下題"晉陵蔣一葵仲舒註"，第四行下題"華亭唐汝詢仲言解"，第五行下題"日本近江宇鼎士新纂"，第六行下題"弟鑒士朗訂"，第七行下題"竺顯常大典集補"，第八行起正文。

書首有安永甲午菅原世長"唐詩集注序"，"唐詩集註凡例"，"詩人爵里詳節"，"唐詩集註目録"，李攀龍"唐詩選序"。

唐詩集註卷之一

明 濟南李攀龍于鱗 選

晉陵蔣一葵仲舒 註

華亭唐汝詢仲言 觧

日本近江宇 鼎士新 纂

弟 鑒士朗 訂

竺顯常大典集補

五言古 五言起於蘇李然夏歌楚謡間用五字成句雖詩體未全是五言之濫觴也

魏徵

述懷 唐詩紀事作出關（唐書本傳）徵少有大志從李密来京師未知名自請安輯山東乃

箋註唐詩選七卷

日本天明四年(1784)小林新兵衛刻本

DC0782八册

明李攀龍編選,日碕允明箋註。

書高22.4釐米,寬15釐米。版框高18.5釐米,寬13.7釐米。每半葉九行,行二十字,小字雙行,字數同,字旁有日文訓讀。白口,單黑魚尾,四周單邊。魚尾上方記"箋註",魚尾下記卷次,又下方記葉次。書衣書籤題"箋註唐詩選"。內封鐫"淡園先生著不許翻刻/千里必究/箋註唐詩選/江都書肆嵩山房梓",鈐"嵩山房"朱印記。書末有天明四年江都書肆刊記。

卷一首葉第一行題"唐詩選卷之一",第二行題"明濟南李攀龍編選",第三、四行題"日本/常陽碕允明箋註/東都山本信有校",第五行起正文。

書首有安永庚子源融"唐詩選箋註序",李攀龍"選唐詩序",附言,箋註凡例,世次,"唐詩選總目"。書末有物茂卿"跋唐詩選"。

書衣鈐"竹下氏藏書"朱印。

唐詩選卷之一

明 濟南 李攀龍 編選
常陽 碕允明 箋註
日本 東都 山本信有 校

五言古詩

魏徵

字玄成。魏州曲城人。少孤落魄。有志膽。通貫書術。初爲隱太子洗馬。太子敗。事太宗。拜諫議大夫。每犯顔進諫。或引臥内訪天下事。貞觀三年。以秘書監參預朝政。俄撿校侍中。進爵郡公。後封鄭國公。多病辭職。乃拜特進。知門下省事。朝章國典參議得失。十七年薨。帝臨哭。罷朝五日。贈司空。謚曰文貞。

文體明辯六十一卷卷首一卷目録六卷

明萬曆建陽游榕金屬活字印本

DC0366六函三十四册

明徐師曾纂。

徐師曾(1517—1580),字伯魯,號魯菴。南直隸蘇州府吳江人。嘉靖三十二年進士。官至刑科給事中等。

書高25.4釐米,寬16.9釐米。版框高18.9釐米,寬14.6釐米。每半葉十行,行十九字,小字雙行,字數同。白口,單線魚尾,四周單邊。魚尾上記"文體明辯",魚尾下記卷次,又下記葉次。序末印"歸安少溪茅乾健夫校正/閩建陽游榕製活板印行"。

卷一首葉第一行題"文體明辯卷之一",第二行題"大明吳江徐師曾伯魯纂",第三行題"歸安茅乾健夫校正",第四行題"建陽游榕活板印行",第五行起正文。

書首有萬曆改元徐師曾"文體明辯序"。

書中鈐"韞輝"、"查瑩之印"、"澹遠堂圖書"、"慧梅樓藏書印"、"大倉文化財團藏書"朱印。

文體明辯卷之一

大明吳江徐師曾伯魯纂
歸安茅乾健夫校正
建陽游榕活板印行

古歌謠辭

歌○謠○謳○誦○詩○辭○諺附

按歌謠者朝野詠歌之辭也廣雅云聲比於琴瑟曰歌爾雅云徒歌謂之謠韓詩章句云有章曲謂之歌無章曲謂之謠則歌與謠之辨其來尚矣然考上古之世如卿雲采薇並爲徒歌不皆稱謠擊壤扣角亦皆可歌不盡比於琴瑟則

宋藝圃集二十二卷續集三卷

明萬曆五年（1577）暴孟奇刻本

DC0347十六册

明李蓘編選。

李蓘（1513—1609），字子田，號黄穀，内鄉人。嘉靖三十二年進士，官至貴州提學副使。

書高25.9釐米，寬17.2釐米。版框高20.9釐米，寬14.1釐米。每半葉十行，行二十字。白口，單黑魚尾，四周雙邊。魚尾上記“宋藝圃集”，下題卷次，版心下方記葉次，底部記刻工姓名。

卷一首葉第一行題“宋藝圃集卷之一”，第二行題“中鄉李蓘子田編選”，第三行題“上黨門人暴孟奇校梓”，第四行起正文。

書首有隆慶元年李蓘“宋藝圃集序”，“宋藝圃集目録”。書後有萬曆五年李蓘後序及暴孟奇跋。後附《宋藝圃集續集》三卷，題“順陽李蓘子田編刻”。

書中鈐“大中丞章”、“金欿□印”、“欿翁”、“大倉文化財團藏書”朱印。

宋藝圃集卷之一

中鄉李蓘子田編選
上黨門人暴孟奇校梓

廖融三首

贈天台逸人

移檜託禪子攜家上赤城拂琴天籟寂欹枕海濤生雪白寒峯晚鳥歌春谷晴又聞求桂楫載月十洲行

夢仙謠

琪木扶踈繫碎邪麻姑夜宴紫皇家銀河旌節摇波影珠閣笙簫吸月華翠鳳引遊三島路赤龍齊別五

唐詩所四十七卷歷朝名氏爵里一卷

明萬曆丙午（三十四年，1606）刻本

DC0784二函十六册

明臧懋循輯。

臧懋循（1550—1620），字晉叔，號顧渚山人，浙江長興人。萬曆八年進士，官至南京國子監博士。

書高27.6釐米，寬17.4釐米。版框高20.6釐米，寬13.7釐米。每半葉十行，行二十一字，小字雙行，字數同。白口，左右雙邊。版心上記類目，中記卷次，下記葉次。

卷一首葉第一行題"唐詩所第一卷"，下小字題"古樂府"，下空七格題"前集"，第二行起正文。

書首有萬曆丙午臧懋循"唐詩所序"，"唐詩所凡例"，"唐詩所目録"。

卷三十四有鈔配。

書中鈐"龍化寶善堂"、"大倉文化財團藏書"朱印。

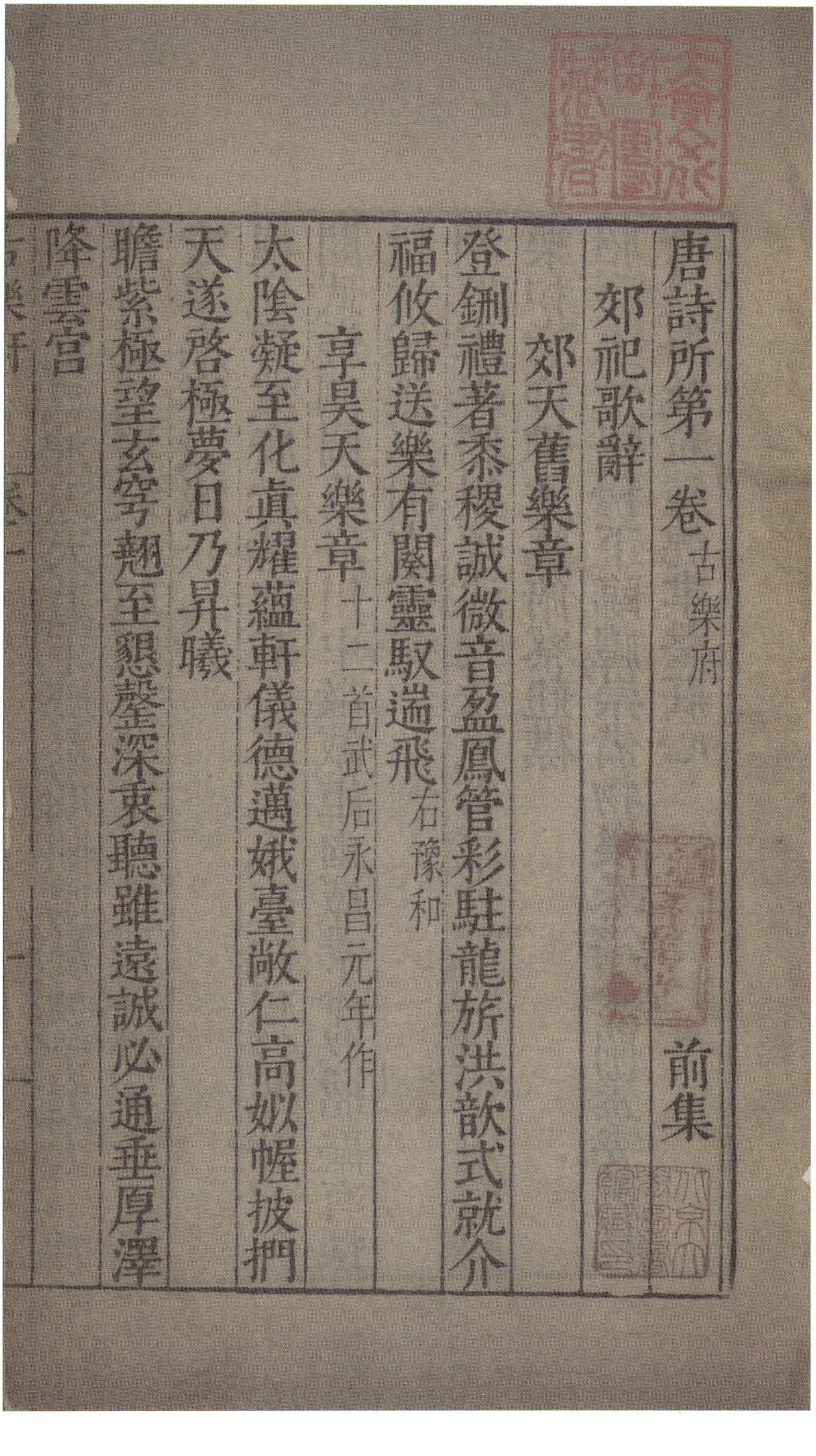
唐詩所第一卷 古樂府 前集

郊祀歌辭

郊天舊樂章

登鉶禮著黍稷誠微音盈鳳管彩駐龍旂洪歆式就介
福攸歸送樂有闋靈馭遄飛 右豫和

享昊天樂章 十二首武后永昌元年作

太陰凝至化眞耀蘊軒儀德邁娥臺敞仁高姒幄披捫
天遂啓極夢日乃昇曦

瞻紫極望玄穹翹至懇罄深衷聽雖遠誠必通垂厚澤
降雲宮

古樂府 卷之一 一

唐詩紀一百七十卷目録三十四卷

明萬曆乙酉（十三年，1585）刻本

DC0781二函二十六册

明方一元彙編，明方天眷重訂。

書高26.4釐米，寬17.2釐米。版框高20釐米，寬13.7釐米。每半葉九行，行十九字，小字雙行，字數同。白口，單黑魚尾，四周雙邊。魚尾上方記"詩紀"，魚尾下記"初唐"或"盛唐"及卷次，版心下方記葉次。

卷一首葉第一行頂格題"初唐第一"，下空七格題"唐詩紀一"，第二行至三行上空二格題"豫章李明睿閲"，下題"滁陽方一元彙編/海寧方天眷重訂"，第四行正文。

書首有萬曆乙酉李維楨"初盛唐詩紀序"，萬曆乙酉方沆"唐詩紀序"，"刻唐詩紀凡例"。

書中鈐"紅葯山房"、"長白"、"大倉文化財團藏書"朱印。

初唐第一　　唐詩紀一

豫章李明睿　閲　　滁陽方一元彙編
　　　　　　　　　海寧方大春重訂

太宗皇帝本紀云姓李氏諱世民高祖第二子高祖起義兵拜右領大都督封燉煌郡公徙封趙國公高祖受禪拜尚書令右武候大將軍進封秦王海內漸平乃銳意經籍開文學館以待四方之士杜如晦等十有八人爲學士與之討論高祖傳位在位二十四年崩謚文皇帝有集四十卷。帝嘗作宮體詩使虞世南賡和世南曰聖作誠工然體非雅正上有所好下必有甚焉恐此詩一傳天下風靡不敢奉詔帝曰朕試卿爾後帝爲詩一篇述古興亡既而歎曰鍾子期死伯牙不復鼓琴朕此詩何所示邪勑褚遂良即世南

文致不分卷

明天啟元年（1621）閔元衢刻朱墨套印本

DC0829二函十册

明劉士鏻原選，明閔無頗集評，明閔昭明集評。

劉士鏻，生卒年不詳，字越石。

書高27.8釐米，寬17.2釐米。版框高20.5釐米，寬14.5釐米。無行欄。每半葉八行，行十八字。書眉鐫朱評行五字。白口，四周單邊。版心上方記“文致”及類目。

卷一首葉第一行題“文致”，第二行起正文。

書首有辛酉沈聖岐撰“文致敘”，末鈐“沈聖岐印”、“千秋”朱印；天啟元年閔元衢撰“文致小敘”，末鈐“閔元衢印”、“康侯”朱印；“劉越石文致原序”，“姓氏”，“文致目録”。

書中鈐“大倉文化財團藏書”朱印。

案語：金鑲玉夾襯重裝，類目“文”中“修竹彈甘蕉文”、“漢雜事秘辛”、“農夫禱”三篇誤置於類目“紀事”前。

此與宋玉諷賦同一詞旨而更覺婉媚

文致

美人賦　　司馬相如

司馬相如美麗閑都遊於梁王梁王悅之鄒陽譖之於王曰相如美則美矣然服色容冶妖麗不忠將欲媚辭取悅遊王後宮王不察之乎王問相如曰子好色乎相如曰臣不好色也王曰子不好色何若孔墨乎相如曰古之避色孔墨之徒聞齊饋女而遐逝望朝歌而廻車譬於防

文致　賦

列朝詩集七集八十一卷

清順治九年(1652)錢氏絳雲樓刻本

DC0355八函六十一册

清錢謙益編。

書高26.2釐米,寬16.8釐米。版框高20.5釐米,寬13.4釐米。每半葉十五行,行二十八字。白口,雙黑魚尾,四周雙邊。上魚尾下方記"列朝詩集"及集次、卷次,下魚尾下方記葉次。內封鐫"絳雲樓選/列朝詩集/本衙藏板",鈐"汲古閣"、"毛氏正本"印記。詮次版心鐫"絳雲樓"。

卷一首葉第一、二行大字題"列朝詩集",其下小字"乾集之上",第三行起正文。

書首有玄黓執徐錢謙益"列朝詩集序","列朝詩集詮次"。

全書分乾集二卷、甲前集十一卷、甲集二十二卷、乙集八卷、丙集十六卷、丁集十六卷、閏集六卷。

殘破有傷字,修補過。

書中鈐"大倉集古館印"朱印。

列朝詩集

乾集之上

聖製

太祖高皇帝二十八首
建文惠宗讓皇帝三首
太宗文皇帝二首
仁宗昭皇帝九首
宣宗章皇帝四十二首
孝宗敬皇帝一首
武宗毅皇帝四首
興獻王睿宗獻皇帝一首
世宗肅皇帝二首
神宗顯皇帝一首

○太祖高皇帝

唐宋八家全集録十種

日本享和四年（1804）尚德精鈔本

DC0796三册

清儲欣録。

儲欣（1631—1706），字同人，清朝宜興人。

版框高19.6釐米，寬14.3釐米。每半葉九行，行二十五字。白口，雙白魚尾，左右雙邊。上魚尾下方記“某某先生全集録”及卷次，版心中記類目，下魚尾上方記葉次。

卷一首葉第一行題“習之先生全集録卷一”，第三行題“後學宜興儲欣同人録”，第二至四行下題“受業吳蔚起豹文参校/吳咼又葵/姪孫大文六雅仝校”，第五行起正文。

《可之先生全集録》卷末墨題“享和四甲子春韭齋外史尚德謹寫”，鈐“韭”、“齋”朱印。

書衣鈐“明倫藏書”朱印。書中鈐“學”朱印。

存二種：

習之先生全集録二卷　唐李翺撰

可之先生全集録二卷　唐孫樵撰

案語：書經日人改裝。與明崇禎元年方應祥刻本《唐宋八大家文鈔》合訂。

習之先生全集錄卷一

受業　吳蔚起豹文衮校

後學宜興儲　欣同人錄

吳　暠又葵

姪孫大文六雅　全校

賦原第一卷

感知己賦并序○梁補闕肅

貞元九年，翺始就州府之貢舉人事，其九月，執文章一通，謁于右補闕安定梁君。是時梁君之譽塞天下，屬詞求進之士，奉文章造梁君門下者，蓋無虛日。梁君知人之過也，亦既相見，遂於翺有相

感舊集十六卷附小傳補遺

清乾隆十七年(1752)盧氏雅雨堂刻本

DC0363二函十六册

清王士禛選,清盧見曾補傳。

盧見曾(1690—1768),字澹園,又字抱孫,號雅雨,又號道悦子,山東德州人。康熙六十年進士,歷官洪雅知縣、灤州知州、永平知府、長蘆、兩淮鹽運使。

書高27.3釐米,寬17.3釐米。版框高18.4釐米,寬14.5釐米。每半葉十一行,行二十一字,小字雙行,行三十一字。白口,單黑魚尾,左右雙邊。魚尾下記"感舊集"及卷次,版心下記葉次。

卷一首葉第一行題"感舊集卷一",第二行空二格題"漁洋山人選",又空五格題"德州盧見曾補傳",第三行起正文。

書首有乾隆壬申盧見曾"刻漁洋山人感舊集序",朱彝尊"感舊集原序",康熙十三年王士正自序,盧見曾"感舊集補傳凡例","感舊集目録"。書末有乾隆十七年張元"刻感舊集後序"。

書中鈐"水雲鄉中人"、"大倉文化財團藏書"朱印。

感舊集卷一

漁洋山人選　德州盧見曾補傳

錢謙益 二十二首補遺十五首

謙益字受之號牧齋一號蒙叟晚自稱東澗遺老江南常熟人萬歷庚戌進士及第官禮部尚書有初學有學等集 古夫于亭雜錄余初以詩贄于虞山錢先生時年二十有八其詩皆丙申後少作也先生一見欣然為之序又贈長句騏驥奮蹴踏萬馬喑不驕勿以獨角麟儷彼萬牛毛蓋用宋文憲贈方正學語也又采其詩入所撰吾炙集所以題拂而揚詡之者無所不至余嘗有詩云不薄今人愛古人龍門登處最嶙峋山中柯爛蓬萊淺又見先生著作新白首文章老鉅公未遺許友入閩風如何百代論騷雅也許憐才到阿蒙今將五十年回思往事眞平生第一知己也　吳駿公偉業梅村集致復社諸子書弇州先生專主盛唐力還大雅其詩學之雄乎雲間諸子繼弇州而作者也龍眠西陵繼雲間而作者也風雅一道舍開元大歷其將誰歸至古文辭則規先秦者失之摹擬學六朝者失之輕靡震川毘陵扶衰起敝崇尚八家而鹿門分條晰委開示後學若集衆長而掩前哲其在虞

又一部

DC0816二函十六册

書高27.1釐米，寬16.8釐米。版框高18.5釐米，寬14.4釐米。

書中鈐“劉承恩堂”、“原名星平”、“大倉文化財團藏書”朱印。

感舊集卷一

漁洋山人選　德州盧見曾補傳

錢謙益 二十二首補遺十五首

謙益字受之號牧齋一號蒙叟晚自稱東澗遺老江南常熟人萬歷庚戌進士及第官禮部尚書有初學有學等集 古夫于亭雜錄余初以詩贄于虞山錢先生時年二十有八其詩皆丙申後少作也先生一見欣然為之序又贈長句騏驥奮蹴踏萬馬喑不驕勿以獨角麟儷彼萬牛毛蓋用宋文憲贈方正學語也又采其詩入所撰吾炙集所以題拂而揚詡之者無所不至余嘗有詩云不薄今人愛古人龍門登處最嶙峋山中柯爛蓬萊淺又見先生著作新白首文章老鉅公未遺許友入鬬風如何百代論騷雅也許憐才到阿蒙今將五十年回思往事眞平生第一知己也　吳駿公偉業梅村集致復社諸子書弇州先生專主盛唐力還大雅其詩學之雄乎雲間諸子繼弇州而作者也龍眠西陵繼雲間而作者也風雅一道舍開元大歷其將誰歸至古文辭則規先秦者失之摹擬學六朝者失之輕靡震川毘陵扶衰起敝崇尚八家而鹿門分條晰委開示後學若集衆長而掩前哲其在虞

明詩綜一百卷

清康熙四十四年（1705）秀水朱氏刻雍正乾隆間六峰閣印本

DC0356四函二十四册

清朱彝尊録，清汪森等緝評。

汪森（1653—1726），字晉賢，一字文梓，號碧巢，浙江桐鄉人。康熙間拔貢生，官户部江西司郎中。

書高26釐米，寬16.8釐米。版框高18.8釐米，寬14.4釐米。每半葉十一行，行二十一字。白口，單黑魚尾，左右雙邊。魚尾下方記"明詩綜"及卷次，版心下方記葉次。內封鐫"朱竹垞太史選本/明詩綜/六峰閣藏版"。

卷一首葉第一行題"明詩綜卷一上"，第二行題"小長蘆朱彝尊録"，第三行題"休陽汪森緝評"，第四行起正文。

書首有康熙四十四年朱彝尊序，"家數"。

書中鈐"秀水吳氏藏書畫印"、"大倉文化財團藏書"朱印。

明詩綜卷一上

小長蘆朱彝尊錄

休陽汪森緝評

太祖高皇帝三首

帝諱元璋姓朱氏字國瑞濠之鍾離東鄉人元至正十一年辛卯起兵丁未稱吴元年戊申建元洪武在位三十一年崩葬孝陵在應天府治東北鍾山之陽永樂元年上尊謚曰聖神文武欽明啓運俊德成功統天大孝高皇帝廟號太祖嘉靖十七年改上尊謚曰開天行道肇紀立極大聖至神仁文義武俊德成功高皇帝有御製詩集五卷

又一部

DC0805六函三十六册

書高25.6釐米，寬16.9釐米。版框高18.8釐米，寬14.4釐米。書內封刻“朱竹坨太史選本/明詩綜/六峰閣藏版”，鈐“研經博物”、“六峰閣藏”朱印。

書中夾紙籤墨題“慊堂先生藏書印”。書中鈐“辛卯明復”朱印。

明詩綜卷一上

小長蘆 朱彝尊 錄
休陽 汪森 緝評

太祖高皇帝 三首

帝諱元璋。姓朱氏。字國瑞。濠之鍾離東鄉人。元至正十一年辛卯起兵。丁未稱吳元年。戊申建元洪武。在位三十一年崩。葬孝陵。在應天府治東北鍾山之陽 永樂元年。上尊謚。曰聖神文武欽明啓運俊德成功統天大孝高皇帝。廟號太祖。嘉靖十七年。改上尊謚。曰開天行道肇紀立極大聖至神仁文義武俊德成功高皇帝。有御製詩集五卷。

明詩綜一百卷

清康熙四十四年（1705）秀水朱氏刻後印本

DC0804四函三十册

清朱彝尊録，清汪森等緝評。

書高25.4釐米，寬16.5釐米。版框高18.8釐米，寬14.5釐米。每半葉十一行，行二十一字，小字雙行，行三十一字。白口，單黑魚尾，左右雙邊。魚尾下方記“明詩綜”及卷次，又下記葉次。

卷一首葉第一行題“明詩綜卷一上”，第二行題“小長蘆朱彝尊録”，第三行題“休陽汪森緝評”，第四行起正文。

書首有康熙四十四年朱彝尊序，“家數”。

書根墨題“明詩綜”及卷次、册次。

明詩綜卷一上

小長蘆　朱彝尊　錄
休陽　汪　森　緝評

太祖高皇帝 三首

帝諱元璋姓朱氏字國瑞濠之鍾離東鄉人元至正十一年辛卯起兵丁未稱吳元年戊申建元洪武在位三十一年崩葬孝陵（在應天府治東北鍾山之陽）永樂元年上尊謚曰聖神文武欽明啓運俊德成功統天大孝高皇帝廟號太祖嘉靖十七年改上尊謚曰開天行道肇紀立極大聖至神仁文義武俊德成功高皇帝有御製詩集五卷

宋詩鈔初集一百一十種

清康熙辛亥（十年，1671）吳氏鑑古堂刻本

DC0348二十四册

清吳之振等編。

吳之振（1640—1717），字孟舉，號橙齋，别號黄葉村農，浙江石門人。貢生，官内閣中書。

書高26.3釐米，寬17.6釐米。版框高17.9釐米，寬13.9釐米。每半葉十二行，行二十二字。上下黑口，雙黑魚尾，左右雙邊。上魚尾下方記細目名，下魚尾下方記葉次。

是書不分卷，收一百家共計一百一十種。每種首葉第一行題細目名。

書首有康熙辛亥洲錢吳之振序，“宋詩鈔初集凡例”，“宋詩鈔初集目録”。

卷十一配同版印本。

書中鈐“大倉文化財團藏書”朱印。

小畜集鈔

王禹偁字元之濟州鉅野人九歲能文大平興國八年進士授成武主簿徙知長洲縣端拱初召試擢右拾遺直史館拜左司諫知制誥坐劾妖尼貶商州團練使量移解州進拜左正言直弘文館出知單州尋召爲禮部員外郎再知制誥至道元年入翰林爲學士知審官院兼通進銀臺封駁司又坐謗訕罷爲工部郎中知滁州揚州召還知制誥又坐實錄直書出知黃州徙蘄州而卒年四十八今有小畜集六十二卷紹興丁卯沈虞卿所編也當時元之自編按其序則三十卷宋史言二十卷脫誤也元之詩學李杜故其贈朱嚴詩云誰憐所好還同我韓柳文章李杜詩學杜而未至故其示子詩云

古文淵鑒六十四卷

清康熙二十四年(1685)内府刻五色套印本

DC0830四函二十四册

清聖祖御選。

書高26.6釐米,寬16.2釐米。版框高19.5釐米,寬14.1釐米。無行欄。每半葉九行,行二十字,小字雙行,字數同。天頭有朱、黄、緑、藍四色校注,正文有朱筆圈點。上下黑口,雙黑魚尾,四周單邊。上魚尾下記"古文淵鑒正集"及卷次,下記小題,又下記篇名,下魚尾下方記葉次。

卷一首葉第一行題"古文淵鑒卷第一",第二行題"御選",第三、四行空二格題"内閣學士兼禮部侍郎教習庶吉士臣徐乾學等奉/旨編注",第五行起正文。

書首有康熙二十四年御製序,每卷前有目録。

書中鈐"大倉文化財團藏書"朱印。

古文淵鑒卷第一

御選

内閣學士兼禮部侍郎教習庶吉士臣徐乾學等奉

旨編注

周姬姓黃帝苗裔后稷之後武王伐紂而有天下至幽王爲犬戎所弑謂之西周平王東遷洛邑謂之東周即春秋之始也

左傳

左丘明著丘明魯史也孔子將修春秋與丘明乘如周觀書於周史歸而修春秋之經七十子之徒口受其傳丘明懼弟子之各安其意失其眞故論其語成左氏春秋或先經以始事或後經以終事或依經以辯理或錯經以合異隨義而發是爲春秋內傳

御定歷代賦彙一百四十卷目録二卷外集二十卷逸句二卷補遺二十二卷

清康熙四十五年（1706）内府刻本

DC0368四夾板六十四册

清陳元龍編輯。

陳元龍（1652—1736），字廣陵，號乾齋，浙江省海寧縣人。康熙二十四年進士一甲第二名，官至文淵閣大學士，兼禮部尚書。謚文簡。

書高25.2釐米，寬16.5釐米。版框高19.1釐米，寬14.3釐米。每半葉十一行，行二十一字。上下粗黑口，單黑魚尾，左右雙邊。魚尾下方記“歷代賦彙”及卷次、類目，版心下方下記葉次。内封刻“御定歷代賦彙”。

卷一首葉第一行題“御定歷代賦彙卷第一”，第二、三行題“經延日講官起居注詹事府詹事兼翰林院侍讀學士加三級臣陳元龍奉/旨編輯”，第四行起正文。

書首有康熙四十五年“御製歷代賦彙序”，凡例，康熙四十五年陳元龍“御定歷代賦彙告成進呈表”，“御定歷代賦彙總目”。

御定歷代賦彙卷第一

經筵日講官起居注詹事府詹事兼翰林院侍讀學士加三級臣陳元龍奉

旨編緝

天象

天地賦有序

晉成公綏

賦者。貴能分賦物理。敷演無方。天地之盛。可以致思矣。歷觀古人未之有賦。豈獨以至麗無文。難以辭贊。不然。何其闕哉。遂爲天地賦。

惟自然之初載兮。道虛無而玄清。太素紛以溷淆兮。始有物而混成。何一元之芒昧兮。廓開闢而著形。爾乃清濁剖分。玄黃判離。太極既殊。是生兩儀。星辰煥列。日月

又一部

DC0834八函八十册

書高25.7釐米，寬16釐米。版框高19.1釐米，寬14.3釐米。

書中鈐“大倉文化財團藏書”朱印。

御定歷代賦彙卷第一

經筵日講官起居注詹事府詹事兼翰林院侍讀學士加三級臣陳元龍奉

旨編輯

天象

天地賦有序　　晉成公綏

賦者貴能分賦物理敷演無方天地之盛可以致思矣歷觀古人未之有賦豈獨以至麗無文難以辭贊不然何其闕哉遂爲天地賦

惟自然之初載兮道虛無而玄清太素紛以溷淆兮始有物而混成何一元之芒昧兮廓開闢而著形爾乃清濁剖分玄黄判離太極既殊是生兩儀星辰煥列日月

全唐詩九百卷目録十二卷

清康熙四十六年（1707）揚州詩局刻本

DC0786六木匣十二夹板一百一十九册

清聖祖敕編。

書高23.4釐米，寬14.3釐米。版框高16.9釐米，寬11.7釐米。每半葉十一行，行二十一字。上下細黑口，雙黑魚尾，左右雙邊。上魚尾上方記帝王，下記全唐詩及詩人姓名，下魚尾上記葉次。

卷一首葉第一行題"全唐詩"，第二行起正文。

書首有康熙四十六年"御製全唐詩序"，"第一函全唐詩目"，凡例，又凡例，曹寅等進書表，職名。

闕第十一函第八册。

鈐"安石榴齋"朱印。

全唐詩

太宗皇帝

帝姓李氏諱世民神堯次子聰明英武貞觀之治庶幾成康功德兼隆由漢以來未之有也而銳情經術初建秦邸即開文學館召名儒十八人爲學士既即位殿左置弘文館悉引内學士番宿更休聽朝之間則與討論典籍雜以文詠或日昃夜艾未嘗少怠詩筆草隸卓越前古至於天文秀發沈麗高朗有唐三百年風雅之盛帝實有以啓之焉在位二十四年謚曰文集四十卷館閣書目詩一卷六十九首今編詩一卷

帝京篇十首 并序

又一部

DC0787十二函一百一十六册

書高22.8釐米，寬14.2釐米。版框高16.9釐米，寬11.8釐米。

闕第三函第八册、第八函第三册、第十一函第十册、第十二函第二册。

全唐詩

太宗皇帝

帝姓李氏諱世民神堯次子聰明英武貞觀之治庶幾成康功德兼隆由漢以來未之有也而銳情經術初建秦邸即開文學館召名儒十八人爲學士既即位殿左置弘文館悉引内學士番宿更休聽朝之間則與討論典籍雜以文詠或日昃夜艾未嘗少怠詩筆草隸卓越前古至於天文秀發沈麗高朗有唐三百年風雅之盛帝實有以啓之焉在位二十四年謚曰文集四十卷館閣書目詩一卷六十九首今編詩一卷

帝京篇十首 并序

佩文齋詠物詩選四百八十六卷

清康熙四十六年（1707）內府刻本

DC0369四夾板三十二册

清張玉書等彙閲。

書高24.1釐米，寬15.4釐米。版框高16.2釐米，寬11.4釐米。每半葉十一行，行二十一字。白口，雙黑魚尾，左右雙邊。版心上方記類目，上魚尾下方記“佩文齋詠物詩選”，下魚尾上方記葉次。內封刻“御定佩文齋詠物詩選”。

卷一首葉第一行題“佩文齋詠物詩選”，第二行起正文。

書首有康熙四十五年“御製佩文齋詠物詩選序”，康熙四十六年高輿“御定佩文齋詠物詩選告成進呈表”，“佩文齋詠物詩選彙閲編輯官銜名録”，“佩文齋詠物詩選總目”。

書中鈐“震澤徐氏收藏經籍之印”，“大倉文化財團藏書”朱印。

佩文齋詠物詩選

天類

四言古

八伯歌　古逸詩

明明上天爛然星陳日月光華宏予一人

釋天地圖贊　晉郭璞

祭地肆瘞郊天致禋氣升太乙精渙九淵至敬不文明德惟虔

天贊　宋何承天

軒轅改物以經天人容成造曆大撓創辰龍集有次星紀乃分

又一部

書高23釐米，寬14.3釐米。版框高16.6釐米，寬11.5釐米。無內封。

佩文齋詠物詩選

天類

四言古

八伯歌　古逸詩

明明上天爛然星陳日月光華宏予一人

釋天地圖贊　晉 郭璞

祭地肆瘞郊天致禋氣升太乙精淪九淵至敬不文明德惟虔

天贊　宋 何承天

軒轅改物以經天人容成造曆大撓創辰龍集有次星紀乃分

又一部

DC0836四函三十二册

書高23釐米，寬14.4釐米。版框高16.6釐米，寬11.5釐米。無内封。

佩文齋詠物詩選

天類

四言古

八伯歌　古逸詩

明明上天爛然星陳日月光華宏予一人

釋天地圖贊　晉　郭璞

祭地肆瘞郊天致禋氣升太乙精渙九淵至敬不文明德惟虔

天贊　宋　何承天

軒轅改物以經天人容成造曆大撓創辰龍集有次星紀乃分

佩文齋詠物詩選初編不分卷目録二卷
二編不分卷目録二卷

日本嘉永三年（1850）江戶書林萬笈堂刻本

DC0837四册

清張玉書等彙閲，日本館機樞卿鈔録。

書高9.5釐米，寬18.5釐米。版框高7.7釐米，寬16.1釐米。每半葉二十一行，行十四字，字旁有日文訓讀。白口，無魚尾，四周單邊。版心記“佩文齋詠物詩選初編”及類目，版心下方記葉次。內封鐫“佩文齋詠物詩選/萬笈書坊梓行”。初集書末有嘉永三年刊記。二集書末有文政十三年刊記。

卷一首葉第一行題“佩文齋詠物詩選”，第二行題“館機樞卿鈔録”，第三行起正文。

書首有康熙四十五年“御製佩文齋詠物詩選序”，末署“文化五年十二月二十八日卷大任書”。二集書末有文政庚寅館機跋，“萬笈堂藏版目録”。

二集第二册配文政十三年刻本。

書中鈐“鈴木敏行藏書之印”朱印。

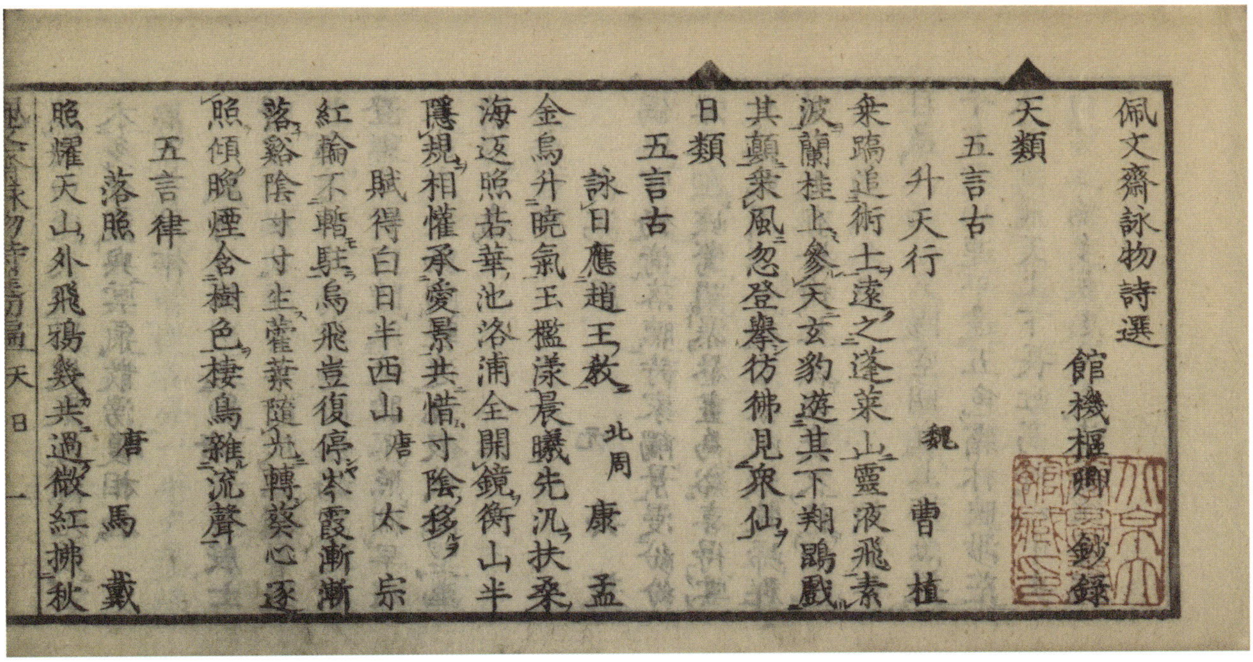
佩文齋詠物詩選　館機樞卿鈔錄
天類
五言古
升天行　魏　曹植
乘蹻追術士遠之蓬萊山靈液飛素
波蘭桂上參天玄豹遊其下翔鵾戲
其顛乘風忽登舉彷彿見眾仙
日類
五言古
詠日應趙王教　北周　康孟
金烏升曉氣玉檻漾晨曦先汎扶桑
海返照若華池洛浦全開鏡衡山半
隱規相催承愛景共惜寸陰移
賦得白日半西山　唐　太宗
紅輪不暫駐烏飛豈復停岑霞漸漸
落谿陰寸寸生藿葉隨光轉葵心逐
照傾晚煙含樹色棲鳥雜流聲
五言律
落照　唐　馬戴
照耀天山外飛鴉幾共過微紅拂秋
佩文齋詠物詩選　天　日　一

御定歷代題畫詩類一百二十卷

清康熙四十六年（1707）內府刻本

DC0610二木匣二十四册

清陳邦彥奉敕編。

陳邦彥（1678—1752），字世南，一作思南，號匏廬，匏廬道人，又號春暉，晚自稱春暉老人，浙江海寧人。康熙四十二年進士，官至禮部侍郎。

書高26.4釐米，寬17.4釐米。版框高18.7釐米，寬12.8釐米。每半葉十一行，行二十三字。上下黑口，單黑魚尾，左右雙邊。魚尾下記"歷代題畫詩類"及卷次、類目，又下記葉次。

卷一首葉第一行題"御定歷代題畫詩類卷第一"，第二、三行題"翰林院編脩臣陳邦彥奉/旨校刊"，第四行起正文。

書首有康熙四十六年"御定歷代題畫詩類序"，凡例，"御定歷代題畫詩總目類"。

木匣鐫"殿板題畫詩"。書中鈐"大倉文化財團藏書"朱印。

御定歷代題畫詩類卷第一

翰林院編修臣陳邦彦奉

旨校刊

天文類

觀慶雲圖　唐李行敏

縑素傳休祉，丹青狀慶雲。非煙凝漠漠，似蓋乍紛紛。尚駐從龍意，全舒捧日文。光因五色起，影向九霄分。裂素觀嘉瑞，披圖賀聖君。寧同窺汗漫，方此覩氛氳。

觀慶雲圖　唐柳宗元

設色初成象，卿雲示國都。九天開祕祉，百辟贊嘉謨。抱日依龍衮，非煙近御爐。高標連汗漫，向望接虛無。裂素榮光發，舒

又一部

DC0134 二十四册

書高26釐米，寬16.87釐米。版框高18.6釐米，寬12.9釐米。

書首有康熙四十六年“御製歷代題畫詩類序”，“御製歷代題畫詩類目録”。

末册卷一百十六至一百二十用同版印本配。

書中鈐“大倉文化財團藏書”朱印。

御定歷代題畫詩類卷第一

翰林院編脩臣陳邦彥奉

旨校刊

天文類

觀慶雲圖

唐李行敏

縑素傳休祉丹青狀慶雲非煙凝漠漠似蓋乍紛紛尚駐從龍意全舒捧日文光因五色起影向九霄分裂素觀嘉瑞披圖賀聖君寧同窺汗漫方此覩氛氳

觀慶雲圖

唐柳宗元

設色初成象卿雲示國都九天開祕祉百辟贊嘉謨抱日依龍袞非煙近御爐高標連汗漫向望接虛無裂素榮光發舒

御選宋金元明四朝詩三百四卷姓名爵里十三卷

清康熙四十八年（1709）刻本

DC0806二十四函九十六册

清聖祖御定。

書高23.1釐米，寬14.4釐米。版框高17釐米，寬11.8釐米。每半葉十一行，行二十一字，小字雙行，行三十一字。白口，雙黑魚尾，左右雙邊。上魚尾上方記"御選宋詩"或"御選金詩"、"御選元詩"、"御選明詩"，下方記卷次及著者，下魚尾上方記葉次。

卷一首葉第一行題"御選宋詩卷第一"，第二行起正文。

書首有康熙四十八年"御製四朝詩選序"，御選宋金元明四朝詩纂選官人員職名。

書根墨題"御製四朝詩"及朝代、册次。書中鈐"汪士鐘印"、"春霆"、"黎陽"、"夢鷗僊館"、"士鐘"、"閬源"朱印。

子目：

御選宋詩七十八卷姓名爵里二卷

御選金詩二十四卷姓名爵里一卷卷首一卷

御選元詩八十卷姓名爵里二卷卷首一卷

御選明詩一百二十卷姓名爵里八卷

御選宋詩卷第一

帝製詩

太祖

初日詩

欲出未出光邋遢千山萬山如火發須臾走向天上來趕却殘星趕却月

太宗

賜陳摶

曾向前朝號白雲後來消息杳無聞如今若肯隨徵召總把三峰乞與君

眞宗

御選唐詩三十二卷目録三卷

清康熙五十二年（1713）武英殿刻朱墨套印本

DC0788二木匣四函十六册

清聖祖御選。

書高28.2釐米，寬16.5釐米。版框高19釐米，寬12.6釐米。每半葉七行，行十七字，小字雙行，二十三至二十七字不等。白口，單黑魚尾，四周雙邊。魚尾上方記"御選唐詩"，魚尾下方記卷次，版心下方記葉次。

卷一首葉第一行題"御選唐詩第一卷"，第二行起正文。

書首有康熙五十二年"御選唐詩序"，"康熙五十二年開載御選唐詩閲纂校寫監造官員職名"，"御選唐詩目録"。

木匣鎸"殿版御選唐詩"。書中鈐"大倉文化財團藏書"朱印。

御選唐詩第一卷

五言古

唐太宗皇帝 帝姓李氏諱世民神堯次子初建秦邸即開文學館既即位殿左置弘文館悉引內學士番宿更休聽朝之閒則與討論典籍雜以文詠詩筆草隸卓越前古至於天文秀發沈麗高朗有唐三百年風雅之盛帝實有以啟之焉

帝京篇

秦川雄帝宅 三秦記長安正南秦嶺嶺根水流為秦川一名樊川魏明帝詩出身秦川爰居伊洛

宋百家詩存二十卷

清乾隆六年（1741）嘉善曹氏二六書堂刻本

DC0349二十册

清曹庭棟選。

曹庭棟（1700—1785），字楷人，一字六吉。號六圃，又自號慈山居士，嘉善人。乾隆六年舉人，中年後，絕意仕途。

書高28釐米，寬17.7釐米。版框高17.4釐米，寬13.1釐米。每半葉十一行，行二十一字，小字雙行，字數同。白口，單黑魚尾，左右雙邊。魚尾下方記細目名，又下記葉次。內封鐫“嘉善曹六圃選/宋百家詩存”，右下刻牌記“古□塘中和里二六書堂藏板”。

第一卷首葉第一行題“慶湖集”，第二行題“嘉善曹庭棟六圃選”，第三行正文。卷一目次首葉第一行題“宋百家詩存卷第一”，第二行題“目次”，第三行題細目。

書首有乾隆六年曹庭棟“宋百家詩存序”，“例言”，“宋百家詩存總目”。書末有乾隆六年曹庭樞“宋百家詩存後序”。

書中鈐“留畊書屋藏本”、“大倉文化財團藏書”朱印。

慶湖集

嘉善 曹庭棟 六圃 選

賀鑄字方回衞州人孝惠王后之族孫氣字雄爽面鐵色喜譚當世事可否不稍假借博學彊記工語言尤善度曲掇拾人所棄遺少加櫽括皆爲新奇自言吾筆端驅使李商隱溫庭筠常奔命不暇元祐七年李清臣薦爲承事郎判泗洲又判太平州遷奉議郎年五十八致仕甫二年復起管洞霄宮以后族恩遷朝奉郎明年又致仕自號慶湖遺老裒集歌詞題曰東山樂府黃庭堅最賞其梅子黃時雨之句時稱賀梅子有二子曰房曰廩房從方廩從回蓋寓父字於

重訂唐詩別裁集二十卷

清乾隆二十八年（1763）教忠堂刻本

DC0791二函十二册

清沈德潛選。

書高28.4釐米，寬17釐米。版框高16.6釐米，寬13.3釐米。每半葉十行，行十九字，小字雙行，行二十八字。白口，單黑魚尾，左右雙邊。魚尾上方記“重訂唐詩別裁集”，魚尾下方記卷次，又下方記葉次，版心下記“教忠堂”。內封鐫“長洲沈歸愚選評/重訂唐詩別裁集/教忠堂藏版”。各卷末葉鐫“男種松校字”。

卷一首葉第一行題“重訂唐詩別裁集卷一”，第二行題“長洲沈德潛歸愚選”，第三行起正文。

書首有康熙五十六年沈德潛“原序”，乾隆癸未沈德潛“重訂唐詩別裁集序”，凡例。

書中鈐“大倉文化財團藏書”朱印。

重訂唐詩別裁集卷一

長洲沈德潛歸愚選

五言古詩

魏徵 字元成鉅鹿人初事隱太子繼事太宗直言極諫參預朝政後封鄭國公謚文貞

述懷 樂府作出關

中原還逐鹿投筆事戎軒縱橫計不就慷慨志猶存杖策謁天子驅馬出關門請纓繫南越憑軾下東藩鬱紆陟高岫出沒望平原古木鳴寒鳥空山啼夜猿既傷千里目還驚九折魂豈不憚艱險深懷國士恩季布無二諾侯嬴重一言人生感意氣

明詩別裁集十二卷

清刻本

DC0807一函四册

清沈德潛、周準輯。

書高28.9釐米，寬17.8釐米。版框高16.5釐米，寬13.8釐米。每半葉十行，行十九字，小字雙行，行二十九字。白口，單黑魚尾，左右雙邊。魚尾下方記“明詩別裁集”及卷次，又下記葉次。書內封刻“明詩別裁集”。

卷一首葉第一行題“明詩別裁集卷一”，第二、三行題“長洲沈德潛確士/周準欽萊同輯”，第四行起正文。

書首有乾隆三年沈德潛“明詩別裁集序”，乾隆己未蔣重光“明詩別裁集序”，乾隆戊午周準“明詩別裁集序”。每卷前各有目録。

書中鈐“大倉文化財團藏書”朱印。

明詩別裁集卷一

長洲 沈德潛確士
周 準欽萊 同輯

劉 基 基字伯温，青田人。元進士。洪武中以佐命功封誠意伯。後爲胡惟庸毒死。正德中追謚文成。○元季詩都尚辭華，文成獨標高格，時欲追逐杜、韓，故超然獨勝，允爲一代之冠。○樂府高於古詩，古詩高於近體，五言近體又高於七言。

走馬引

天冥冥，雲濛濛，當天白日中貫虹。壯士拔劍出門去，手提讐頭擲草中。擲草中，血漉漉，追兵夜至深谷伏。精誠感天天心哀，太一乃遣天馬從天來。揮霍雷電揚風埃，壯士呼，天馬馳，橫行白晝吏不敢

欽定國朝詩別裁集三十二卷

清乾隆二十六年(1761)刻本

DC0811一夾板十六册

清沈德潛纂評。

書高27.7釐米,寬17.3釐米。版框高17釐米,寬13.4釐米。每半葉十行,行十九字,小字雙行,行二十九字。白口,單黑魚尾,左右雙邊。魚尾上方記“國朝詩別裁集”,魚尾下方記卷次,版心下記葉次。內封鐫“欽定國朝詩別裁集/禮部尚書臣沈德潛纂評”。

卷一首葉第一行題“欽定國朝詩別裁集卷一”,第二行題“禮部尚書臣沈德潛纂評”,第三行起正文。

書首有乾隆二十六年“御製沈德潛選國朝詩別裁集序”(朱印),凡例,“欽定國朝詩別裁集目次”。

書根墨題“國朝詩別裁集”及册次。書中鈐“嚴啟豊印”、“迪莊珍藏”、“大倉文化財團藏書”朱印。

欽定國朝詩別裁集卷一

禮部尚書臣沈德潛纂評

慎郡王紫瓊主人著有花間堂詩鈔○王勤政之假禮賢下士畫宗元人詩宗唐人品近河間東平而多能游藝又間平所未聞也

灌花

階砌羅羣芳宛然如藻繢照日相鮮新臨風各向背盱睢忘憂子淡焉此靜對榮謝寄流轉采色看迭代體茲造化心澤物恐不逮園丁汲井欄時時自灌溉題雖灌花意在澤及庶物胸次正大於觸物處抒寫之

樵歌

唐宋八大家文讀本三十卷續十八卷

日本文政八年（1825）刻本

DC0797二函十册

清沈德潛評點，日本村瀨誨輔編次。

書高22.9釐米，寬15.2釐米。版框高15.3釐米，寬11.9釐米。每半葉十行，行二十字。字旁有日文訓讀，版框上有眉注。白口，單黑魚尾，左右雙邊。上有眉注。魚尾上方記“唐宋八大家讀本”，魚尾下方記卷次，又下方記葉次。書衣書籤題“官板唐宋八大家讀本”。卷三十卷末鐫“文化十年刊”。書末有“文政八年乙酉九月新刻”刊記。

卷一首葉第一行題“唐宋八家文讀本卷一”，第二行空一格題“韓愈退之著”，下又空二格題“後學沈德潛確士評點”，第三行起正文。續卷一首葉第一行題“續唐宋八大家讀本卷一”，第二行空一格題“韓愈退之著”，下又空二格題“後學村瀨誨輔季德編次”，第三行起正文。

書首有乾隆十五年沈德潛序，凡例十則，“唐宋八大家讀本目録”，萬曆己卯茅坤“唐宋八大家文鈔總敘”，“八大家文鈔凡例”，“八大家文鈔論例”，“唐大家韓文公文抄目録”。續書首有丙戌賴襄序，文政八年林皝“唐宋八家文讀本續集序”，文政二年劉煜序，文政二年佐藤坦“續八大家讀本序”，“續唐宋八大家讀本例言”，“采用原書目”，“續唐宋八大家讀本目録”。書末有文政九年不二石莾主人識語。

書中鈐“靜觀亭圖書”朱印。

孔子論仁或從體言或從用言此對煦煦爲仁立論故云博愛不得議其有用無體

唐宋八家文讀本卷一

韓愈退之著　後學沈德潛確士評點

原道

博愛之謂仁行而宜之之謂義由是而之焉之謂道[illegible]握定仁義作主此單刀直入法也足乎已無待於外之謂德仁與義爲定名道與德爲虛位故道有君子小人而德有凶有吉老子之小仁老子云大道廢有仁義義非毀之也其見者小也坐井而觀天曰天小者非天小也彼以煦煦爲仁孑孑爲義其小之也亦宜其如道可道非常道是也如上德不德是以有德是也所謂道道其所道非吾所謂道也其所謂德德其所入手至此見無離仁義而可德非吾所謂德也凡吾所謂道德云者合仁與義言

唐詩金粉十卷

日本安永三年（1774）刻本

DC0789一函六册

清沈炳震纂輯。

書高26釐米，寬18釐米。版框高18.7釐米，寬14.6釐米。每半葉十一行，行約二十二字，小字雙行，行三十三字。白口，單黑魚尾，左右雙邊。魚尾上方記“唐詩金粉”，魚尾下方記卷次、類目、細目，又下方記葉次，各卷首葉版心下記“古愚書堂藏版”。內封鐫“北海先生閲/唐詩金粉”。書末有“安永三歲甲午十有一月發賣”刊記。

卷一首葉第一行題“唐詩金粉卷一”，第二行空二格題“歸安沈炳震東甫纂輯”，第二行至第三行空十三格題“男/生倬雲將/生霖雨叔/訂正”，第四行題“孫華錦榮斯讐校”，第五行起正文。

書首有雍正甲辰沈炳震“唐詩金粉自序”，“唐詩金粉例”，“唐詩金粉目”。

書中鈐“大倉文化財團藏書”朱印。

唐詩金粉卷一

歸安沈炳震東甫纂輯

男 生倬雲将 生霖雨叔 訂正

孫華錦榮斯讐校

天文

天

圓盖 太宗 圓盖歸天壤方輿入地荒 圜宰 郊廟樂章 有赫圜宰深仁曲成 丹青 褒宇 丹青褒宇宮徵山川 昭世 王維 無容客昭世哀髩日如蓬 蔚藍天 杜甫 上有蔚藍天註蔚藍言茂蔚之藍天之青色若此 翠虛 翠虛捎魍魎猶碧虛也 乾清坤夷 韓愈 乾清坤夷境落褰輿 天門九扇 天門九扇相當開 滉蕩天門 滉蕩天門高 褒灝清謐 歐陽詹 詳贊譽

調運翁 孟郊 仰謝調運翁請命願有徵 紺滑 盧仝 天色紺滑凝不流 夢天 李賀 夢天詩老兎寒蟾泣天色雲樓半開壁斜白玉輪軋露濕團光鸞佩相逢桂香陌黃塵清水三山下更變千年如走馬遥望齊州九點烟一泓海水杯中瀉 圓蒼 圓蒼低迷盖張地 碧落 李商隱 由來碧

古愚書堂藏版

唐詩金粉十卷

日本安永三年（1774）刻天保七年（1836）修補本

DC0790六册

清沈炳震纂輯。

書高22.5釐米，寬18.9釐米。版框高18.5釐米，寬14.7釐米。每半葉十一行，行約二十二字，小字雙行，行三十三字。白口，單黑魚尾，左右雙邊。魚尾上方記"唐詩金粉"，魚尾下方記卷次、類目、細目，又下方記葉次，版心下偶記"古愚書堂藏版"。內封鐫"唐詩金粉/東都千鍾房藏"，書衣籤題"唐詩金粉"。書末有"安永三歲甲午十有一月發賣"刊記。

卷一首葉第一行題"唐詩金粉卷一"，第二行空二格題"歸安沈炳震東甫纂輯"，第二行至第三行空十三格題"男/生倬雲將/生霖雨叔/訂正"，第四行題"孫華錦榮斯讐校"，第五行起正文。

書首有天保丙申久保謙"唐詩金粉序"，雍正甲辰沈炳震"唐詩金粉自序"，"唐詩金粉例"，"唐詩金粉目"。

書中鈐"大倉文化財團藏書"朱印。

唐詩金粉卷一

歸安沈炳震東甫纂輯

男 生倬雲将 生霖雨叔 訂正

孫華錦榮斯讐校

天文

天

圓蓋（太宗）圓蓋歸天壤方輿入地荒 圜宰（郊廟樂章）有赫圜宰深仁曲成 丹青寰宇 丹青寰宇宮徵山川 昭世（王維）無容客昭世哀騶曰如蓬 蔚藍天（杜甫）上有蔚藍天註蔚藍言茂蔚之藍天之青色若此 翠虛 翠虛捎魍魎猶碧虛也 乾清坤夷（韓愈）乾清坤夷境落褰舉 天門九扇 天門九扇相當開 滉蕩天門 滉蕩天門高 寰瀛清謐（歐陽詹）詳贊譽 調運翁（孟郊）仰謝調運翁請命願有徵 紺滑（盧仝）天色紺滑凝不流 夢天（李賀）夢天詩老兎寒蟾泣天色雲樓半開壁斜白玉輪軋露濕團光鸞佩相逢桂香陌黃塵清水三山下更變千年如走馬遥望齊州九點烟一泓海水杯中瀉 圓蒼 圓蒼低迷蓋張地 碧落（李商隱）由來碧

御選唐宋文醇五十八卷

清乾隆三年（1738）武英殿刻三色套印本

DC0800二函二十册

清高宗選。

書高26.2釐米，寬16.6釐米。版框高18.9釐米，寬14.3釐米。每半葉九行，行二十二字。白口，單黑魚尾，四周單邊。魚尾上方記“御選唐宋文醇”，魚尾下方記卷次、著者姓氏、文類，版心下方記葉次。

卷一首葉第一行題“御選唐宋文醇卷之一”，第二行起正文。

書首有乾隆三年“御選唐宋文醇序”，凡例，“乾隆三年九月初九日開列校刻諸臣職名”，“御選唐宋文醇目録”。

書衣和書套有墨筆籤題“唐宋文醇”，鈐印“謹堂圖章”。

書中鈐“大倉文化財團藏書”朱印。

御選唐宋文醇卷之一

昌黎韓愈文一

原毀

古之君子其責已也重以周其待人也輕以約重以周故不怠輕以約故人樂為善聞古之人有舜者其為人也仁義人也求其所以為舜者責於已曰彼人也予人也彼能是而我乃不能是早夜以思去其不如舜者就其如舜者聞古之人有周公者其為人也多才與藝人也求其所以為周公者責於已曰彼人也予人也彼能是而我乃不能

御選唐宋文醇五十八卷

清末刻四色套印本

DC0801四函十六册

清高宗選。

書高28.7釐米，寬16.5釐米。版框高17.8釐米，寬13.3釐米。每半葉九行，行二十二字。白口，單黑魚尾，左右雙邊。魚尾上方記"御選唐宋文醇"，魚尾下方記卷次、著者姓氏、文類，版心下方記葉次。内封鐫"御選唐宋文醕"。

卷一首葉第一行題"御選唐宋文醇卷之一"，第二行起正文。

書首有乾隆三年"御選唐宋文醇序"，凡例，"乾隆三年九月初九日開列校刻諸臣職名"，"御選唐宋文醇目録"。

書中鈐"大倉文化財團藏書"朱印。

御選唐宋文醇卷之一

昌黎韓愈文一

原毀

古之君子其責己也重以周其待人也輕以約重以周故不怠輕以約故人樂爲善聞古之人有舜者其爲人也仁義人也求其所以爲舜者責於己曰彼人也予人也彼能是而我乃不能是早夜以思去其不如舜者就其如舜者聞古之人有周公者其爲人也多才與藝人也求其所以爲周公者責於己曰彼人也予人也彼能是而我乃不能

御選唐宋詩醇四十七卷目録二卷

清乾隆十六年（1751）武英殿刻四色套印本

DC0798四函二十册

清高宗選。

書高27釐米，寬16.9釐米。版框高19釐米，寬14釐米。每半葉九行，行十九字。白口，單黑魚尾，四周單邊。魚尾上方記“御選唐宋詩醇”，魚尾下方記卷次、著者姓氏、詩體，版心下方記葉次。

卷一首葉第一行題“御選唐宋詩醇卷之一”，第二行起正文。

書首有凡例，“乾隆十六年五月二十六日奉旨開列校刻諸臣職名”，“御選唐宋詩醇目録”。

書中鈐“大倉文化財團藏書”朱印。

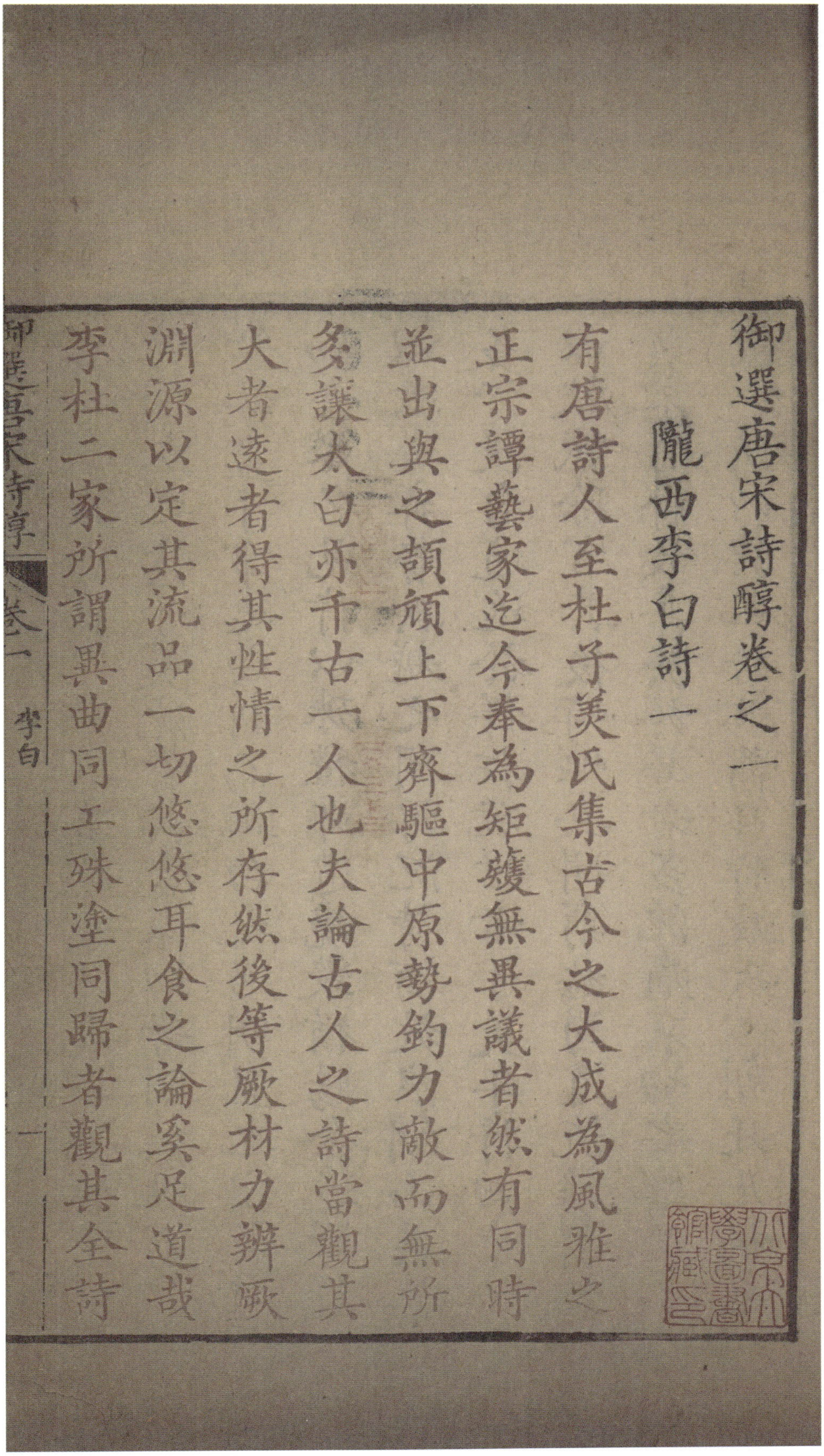

御選唐宋詩醇卷之一

隴西李白詩一

有唐詩人至杜子美氏集古今之大成為風雅之正宗譚藝家迄今奉為矩矱無異議者然有同時並出與之頡頏上下齊驅中原勢鈞力敵而無所多讓太白亦千古一人也夫論古人之詩當觀其大者遠者得其性情之所存然後等厥材力辨厥淵源以定其流品一切悠悠耳食之論奚足道哉李杜二家所謂異曲同工殊塗同歸者觀其全詩

御選唐宋詩醇 卷一 李白 一

御選唐宋詩醇四十七卷目録二卷

清兩儀堂朱墨套印本

DC0799四函二十四册

清高宗選。

書高28.8釐米，寬16.5釐米。版框高18.6釐米，寬13.9釐米。每半葉九行，行十九字。白口，單黑魚尾，四周雙邊。魚尾上方記"御選唐宋詩醇"，魚尾下方記卷次、著者姓氏、詩體，版心下方記葉次。內封鐫"乾隆二十五年歲次庚辰奏明重刊/御選唐宋詩醇/兩儀堂藏板"。

卷一首葉第一行題"御選唐宋詩醇卷之一"，第二行起正文。

書首有乾隆十五年"御選唐宋詩醇序"，乾隆二十五年陳弘謀請重刊奏疏，"乾隆十六年五月二十六日奉旨開列校刻諸臣職名"，凡例，"御選唐宋詩醇目録"。

書中鈐"大倉文化財團藏書"朱印。

御選唐宋詩醇卷之一

隴西李白詩一

有唐詩人至杜子美氏集古今之大成爲風雅之正宗譚藝家迄今奉爲矩矱無異議者然有同時並出與之頡頏上下齊驅中原勢鈞力敵而無所多讓太白亦千古一人也夫論古人之詩當觀其大者遠者得其性情之所存然後等厥材力辨厥淵源以定其流品一切悠悠耳食之論奚足道哉李杜二家所謂異曲同工殊塗同歸者觀其全詩

御選唐宋詩醇 卷一 李白

千叟宴詩三十四卷卷首二卷

清乾隆五十年（1785）武英殿刻本

DC0812六函三十六册

清高宗敕編。

書高29.6釐米，寬19.5釐米。版框高21.7釐米，寬16.5釐米。每半葉九行，行十九字，小字雙行，字數同。白口，單黑魚尾，四周雙邊。魚尾上方記"千叟宴詩"，魚尾下方記卷次，版心下方記葉次。函套、書衣書籤題"千叟宴詩"。

卷一首葉第一行題"千叟宴詩"，下小字題"乾隆五十年"，第二行題"卷之一"，第三行正文。

書首有乾隆四十九年諭旨，"千叟宴詩總目"。

千叟宴詩 乾隆五十年

卷之一

預宴十八人詩六十三首

郡王品級多羅貝勒允祁 年七十四

紹繩

家法洽

重熙三世重逢介

壽祺例溯

堯衢開鉅典

庚辰集五卷唐人試律說一卷

清刻本

DC0809一函六册

清紀昀編。

書高23.6釐米，寬14.8釐米。版框高17.9釐米，寬12.5釐米。每半葉九行，行二十字，小字雙行，字數同。白口，單黑魚尾，四周單邊。版心魚尾下記“庚辰集”及卷次，版心下方記葉次。內封刻“河間紀曉嵐編/庚辰集/□（康）熙庚辰科至乾隆庚辰科館閣/□（詩）併試卷行卷後附唐人試律說”。唐人試律說內封刻“唐人試律說/紀曉嵐撰/壬午重刊定本”。

卷一首葉第一行題“庚辰集卷一”，下空七格題“館閣詩一”，第二行題“河間紀昀編”，第三行起正文。

書首有辛巳紀昀序，壬午紀昀序，凡例，“刊庚辰集卷頁數目”，總目。《唐人試律說》卷末有己卯葆善識語，庚辰紀昀識語。

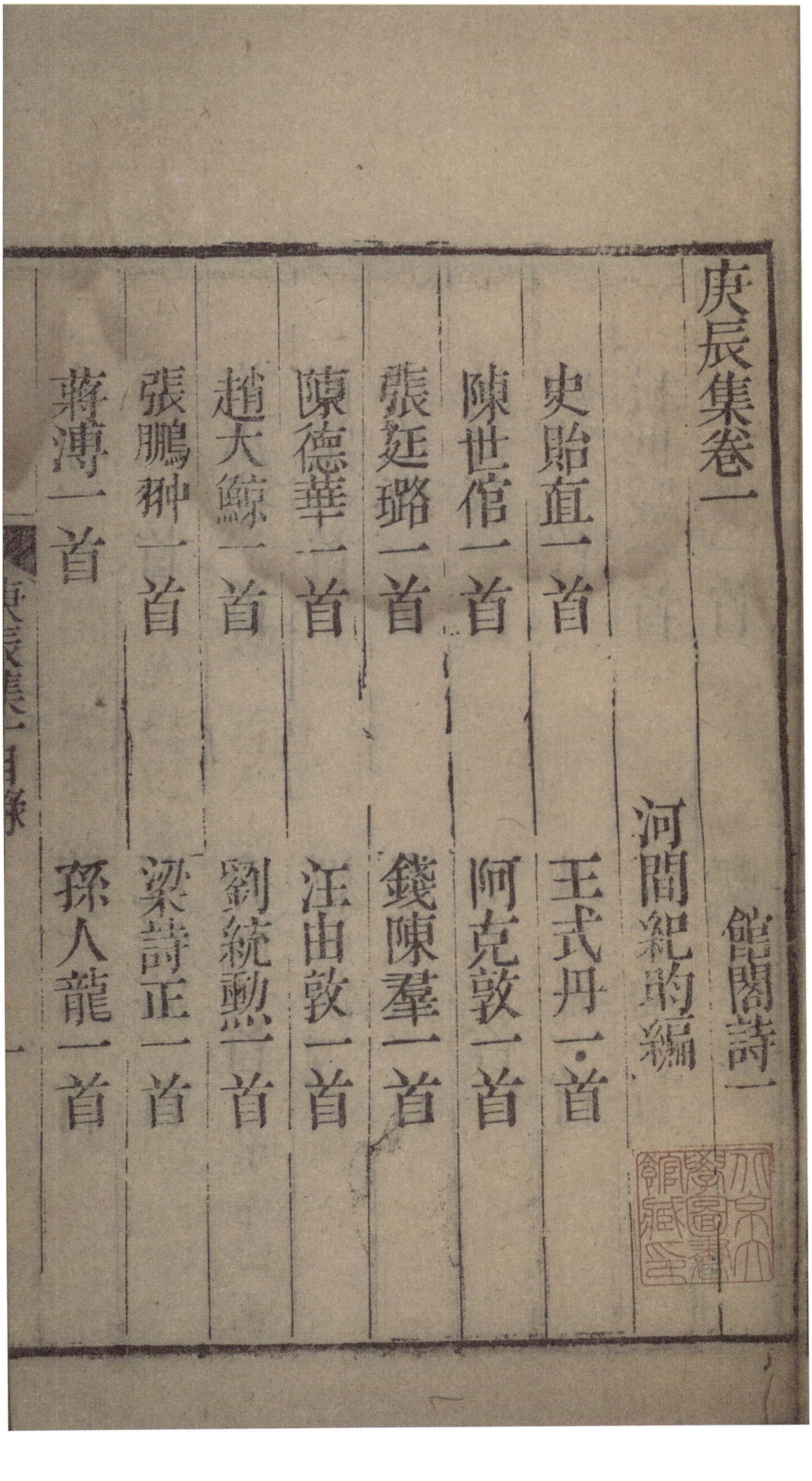

庚辰集卷一　　館閣詩一

河間紀昀編

史貽直一首　王式丹一首

陳世倌一首　阿克敦一首

張廷璐一首　錢陳羣一首

陳德華一首　汪由敦一首

趙大鯨一首　劉統勳一首

張鵬翀一首　梁詩正一首

蔣溥一首　孫人龍一首

庚辰集一　目錄　一

庚辰集五卷唐人試律說一卷

清刻本

DC0810一函六册

清紀昀編。

書高23.1釐米，寬14.9釐米。版框高17.6釐米，寬12.5釐米。每半葉九行，行二十字，小字雙行，字數同。白口，單黑魚尾，四周單邊。版心魚尾下記"庚辰集"及卷次，版心下方記葉次。書內封刻"河間紀曉嵐編/京東琉璃廠/文盛堂藏板/庚辰集/康熙庚辰科至乾隆庚辰科館閣/詩併試卷行卷後附唐人試律說"。

卷一首葉第一行題"庚辰集卷一"，下空七格題"館閣詩一"，第二行題"河間紀昀編"，第三行起正文。

書首有辛巳紀昀序，壬午紀昀序，凡例，"刊庚辰集卷頁數目"，總目。《唐人試律說》卷末有己卯葆善識語，庚辰紀昀識語。

庚辰集卷一　館閣詩一

河間紀昀編

史貽直一首　乾坤為天地　王式丹一首　菊殘猶有傲霜枝

陳世倌一首　西王母獻益地圖　阿克敦一首

張廷璐一首　錢陳羣一首

陳德華一首　汪由敦一首

趙大鯨一首　劉統勳一首

張鵬翀一首　梁詩正一首

蔣溥一首　孫人龍一首

湖海文傳七十五卷

清道光十九年（1839）經訓堂刻本

DC0817二函十六册

清王昶輯。

書高24.6釐米，寬15.3釐米。版框高18釐米，寬13.1釐米。每半葉十二行，行二十三字。上下黑口，雙黑魚尾，左右雙邊。上魚尾下記卷次及類目，下魚尾上記葉次。

卷一首葉第一行題"湖海文傳卷一"，第二行題"青浦王昶德甫輯"，第三行起正文。

書首有阮元致函，道光十九年吳淮"刻湖海文傳緣起"、道光十九年朱琦序、道光十七年婁姚椿序、道光己亥倪皋序、己亥陳鏻序，"參校姓氏"、嘉慶乙丑王昶"湖海文傳凡例"，"湖海文傳目録"。書末有阮元"誥授光禄大夫刑部右侍郎述庵王公神道碑"，道光十九年王紹基跋。

書根墨題"湖海文傳"及類目、册次。

湖海文傳卷一

青浦王　昶德甫輯

賦一

聖駕東巡盛京恭謁

祖陵大禮慶成賦謹序　　　　竇光鼐

乾隆八年秋七月

皇帝時巡於東京祗謁

三陵纘舊服也臣聞之孝經曰昔者明王以孝治天下故得

萬國之歡心以事其先王王者家四海子萬姓民康物阜備

腯咸有所謂馨香無讒慝也我　朝肇基遼陽奄有區夏

聖

聖繼承肅將祀事

欽定全唐文一千卷總目三卷

清嘉慶十九年（1814）刻本

DC0345一百函一千四册

清董誥等奉敕編輯。

董誥（1740—1818），字雅倫，一字西京，號蔗林，一號柘林，浙江富陽人。乾隆二十九年進士，累官至東閣大學士、太子太傅。

書高32.2釐米，寬19.5釐米。版框高20.2釐米，寬14.4釐米。每半葉九行，行二十二字。白口，單黑魚尾，四周雙邊。魚尾上方記“欽定全唐文”，下方記卷次及人名，版心下記葉次。函套書籤、書衣書籤題“欽定全唐文”。

卷一首葉第一行題“欽定全唐文卷一”，第二行起正文。

書首有嘉慶十九年“御製全唐文序”，嘉慶十九年董誥等奉表，職名，凡例。

書根書籤墨題“欽定全唐文”，鈐“錫晉齋印”朱印。書中鈐“恭親王章”、“正誼書屋珍藏圖書”、“大倉文化財團藏書”朱印。

欽定全唐文卷一

高祖皇帝

帝姓李氏諱淵字叔德其先隴西成紀人後徙長安祖虎佐周有功爲柱國追封唐公帝生襲封隋大業十二年十二月爲太原留守明年五月舉義兵十一月入長安尊立恭帝自爲大丞相進爵爲王義寧二年戊寅五月受禪建元武德在位九年八月傳位太子年七十一謚曰大武皇帝廟號高祖追尊神堯大聖大光孝皇帝

授老人等官教

又一部

DC0792五十夾板一千四册

書高32釐米，寬19.3釐米。版框高20釐米，寬14.4釐米。

書中鈐"大倉文化財團藏書"朱印。

欽定全唐文卷一

高祖皇帝

帝姓李氏諱淵字叔德其先隴西成紀人後徙長安祖虎佐周有功爲柱國追封唐公帝生襲封隋大業十二年十二月爲太原留守明年五月舉義兵十一月入長安尊立恭帝自爲大丞相進爵爲王義寧二年戊寅五月受禪建元武德在位九年八月傳位太子年七十一謚曰大武皇帝廟號高祖追尊神堯大聖大光孝皇帝

授老人等官教

六朝文絜四卷

清道光五年(1825)享金寶石齋刻朱墨套印本

DC0771一函二册

清許槤評選。

許槤(1787—1862),字叔夏,號珊林,浙江海寧人。道光十三年進士。

書高29.5釐米,寬17釐米。版框高17.2釐米,寬11.5釐米。每半葉九行,行十八字。書眉印朱筆點校。上下黑口,單黑魚尾,左右雙邊。魚尾下方記“六朝文絜”及卷次、類目,版心底部記葉次。書内封鐫“許槤評選/朱鈞參校/六朝文絜/享金寶石齋/臧版”,内封背面有牌記鐫“道光五年乙/酉七月訖功”。

卷一首葉第一行題“六朝文絜卷一”,第二行空三格題“海昌許槤評選”,下空三格題“朱鈞參校”,第三行起正文。

書首有道光五年許槤敘,“六朝文絜目録”。

書中鈐“芳蘭竟體”、“海昌許氏古珍閣藏書”、“味經精舍”、“長安市上”、“太痩生”、“宗慈平生心力所萃”、“珊羽”、“梅道人”、“蘊生審定”、“叔夏”、“蘊生小印”、“靜斅齋”、“藹餘”、“晏振憲印”、“晏宋凱印”、“蘊生珍賞之章”、“蘊生氏讀書記”、“不求甚解”、“大倉文化財團藏書”朱印。

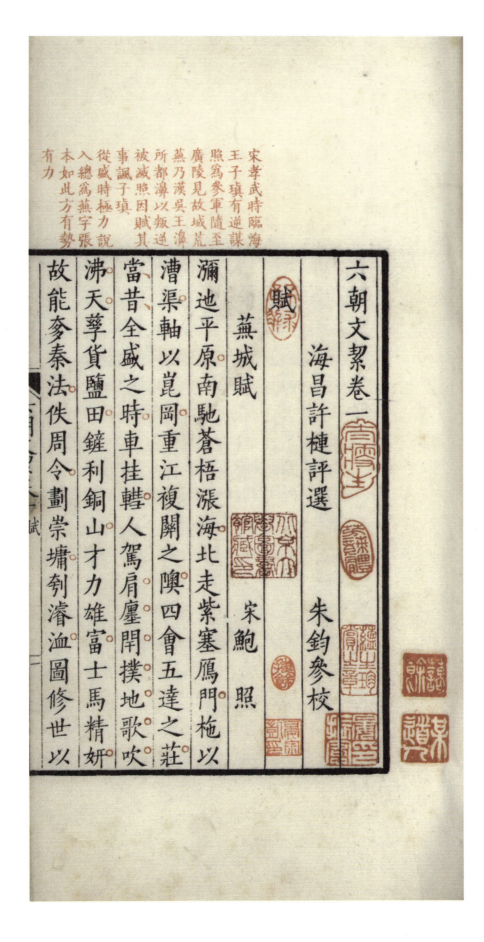

宋孝武時臨海王子頊有逆謀照爲參軍隨至廣陵見故城荒蕪乃漢吳王濞所都濞以叛逆被滅照因賦其事諷子頊

從盛時極力說入總爲蕪字張本如此方有勢有力

六朝文絜卷一

海昌許槤評選　朱鈞參校

賦

蕪城賦　宋鮑照

瀰迆平原南馳蒼梧漲海北走紫塞鴈門柂以漕渠軸以崑岡重江複關之隩四會五達之莊當昔全盛之時車挂轊人駕肩廛閈撲地歌吹沸天孳貨鹽田鏟利銅山才力雄富士馬精妍故能奓秦法佚周令劃崇墉刳濬洫圖修世以

國初十大家詩鈔七十五卷

清道光十年（1830）信芳閣活字本

DC0357四函十六册

清王相輯。

王相（1789—1852），字雨卿，號惜庵，浙江秀水人。

書高28釐米，寬17.8釐米。版框高19.8釐米，寬14.3釐米。每半葉九行，行二十字。白口，單黑魚尾，四周單邊。魚尾上方記"靜惕堂詩"，魚尾下方記卷次及葉次。版心下印"信芳閣藏"。內封印"國初十大家詩鈔/信芳閣藏"，鈐"百花卍卷草堂"印記。

卷一首葉第一行題"靜惕堂詩卷一"，第二行題"檇李曹溶倦圃著"，第三行起正文。

書首有道光十年成僎序，上章攝提格楊欲仁序，道光十年盛大士序，道光十年王相"刊十家詩鈔自序"，凡例，"國初十大家詩鈔總目"，總目後列參訂分校姓氏。

書中鈐"大倉文化財團藏書"朱印。

子目：

靜惕堂詩八卷　清曹溶撰

賴古堂詩十二卷　清周亮工撰

南田詩五卷　清惲格撰

采山堂詩八卷　清周篔撰

十笏草堂詩四卷　清王士禄撰

遺山詩四卷　清高詠撰

青門詩十卷　清邵長蘅撰

陋軒詩六卷　清吳嘉紀撰

畏壘山人詩十卷　清徐昂發撰

弱水詩八卷　清屈復撰

靜惕堂詩卷一

檇李曹　溶倦圃著

苦寒行

雲中天下脊分壤環定襄攢山絡長城幽翳如大荒
夾嶺動千盤赤莽枯兩旁驚飈號其巔白日空走藏
猛勢捲拳石積歲頹高崗陰有遠古雪閃爍騰晶光
溽節被重裘況乃經萎黃生民皆穴居周道多豺狼
出門一行役人馬同時僵噓氣成堅冰手足裂爲瘡
遍野艱宿儲飢饉恒相望來此亦以久化俗無善方

續古文苑二十卷

清翻刻嘉慶十七年(1812)冶城山館本

DC0831十册

清孫星衍輯。

孫星衍(1753—1818),字淵如,號伯淵,别署芳茂山人、微隱,陽湖人,後遷居金陵。乾隆五十二年殿試榜眼,歷任翰林院編修、刑部主事、刑部郎中、道臺、署理按察使等職。

書高25.7釐米,寬15釐米。版框高17.2釐米,寬11.3釐米。每半葉十一行,行二十字。上下黑口,雙黑魚尾,左右雙邊。上魚尾下記"續苑"及卷次,下魚尾上記葉次。内封鐫"嘉慶壬申歲嘉平月刊成/續古文苑/冶城山館藏版",内封背面有"蘇州振新書社印刷發行"朱印記。書首序末行小字刻"金陵劉文奎弟文楷/模鐫"。

卷一首葉第一行題"續古文苑卷第一",第二行題"賜進士及第授通奉大夫山東通省督糧道加三級孫星衍撰",第三行起正文。

書首有嘉慶十二年孫星衍撰"續古文苑序","續古文苑凡例","續古文苑目録"。

書中鈐"大倉文化財團藏書"朱印。

續古文苑卷第一

賜進士及第授通奉大夫山東通省督糧道加三級孫星衍撰

鐘鼎文

周宗周鐘銘

王肇逮省文武堇（覲）疆土。南或（國）服要。敢爲虐我土。王辜（享）我其至。戮伐乃都。服要廼遣閒來逆邵（昭）王。南人東人具見廿有六邦。佳（惟）皇上帝百神。保余小子朕猷。有成亡競。我佳司配皇天王。對乍（作）宗周寶鐘。倉二宅二。雄二雝二。用邵（昭）各（格）不顯且（祖）考先王。其嚴在上。熊二數二。降余多福。二余氵孫。参壽佳利。㝬句其萬季眈（畯）保三或（國）

十八家詩鈔二十八卷

清同治甲戌（十三年，1874）傳忠書局刻本

DC0832二函二十八册

清曾國藩纂，李鴻章審訂。

書高25.5釐米，寬16釐米。版框高21.2釐米，寬14釐米。每半葉十行，行二十四字。白口，單黑魚尾，左右雙邊。魚尾上方記“十八家詩鈔”，魚尾下方記卷次、篇名及著者，又下方記葉次。內封鐫“十八家詩鈔”，內封背面牌記題“同治甲戌季秋/傳忠書局校栞”。

卷一首葉第一行題“十八家詩鈔卷一”，第二行空二格題“湘鄉曾國藩纂”，下空一格題“合肥李鴻章審訂”，下空一格題“東胡王定安校”，第三行起正文。

書首有“十八家詩鈔總目”。

書根墨題“十八家詩鈔”及册次。書中鈐“大倉文化財團藏書”朱印。

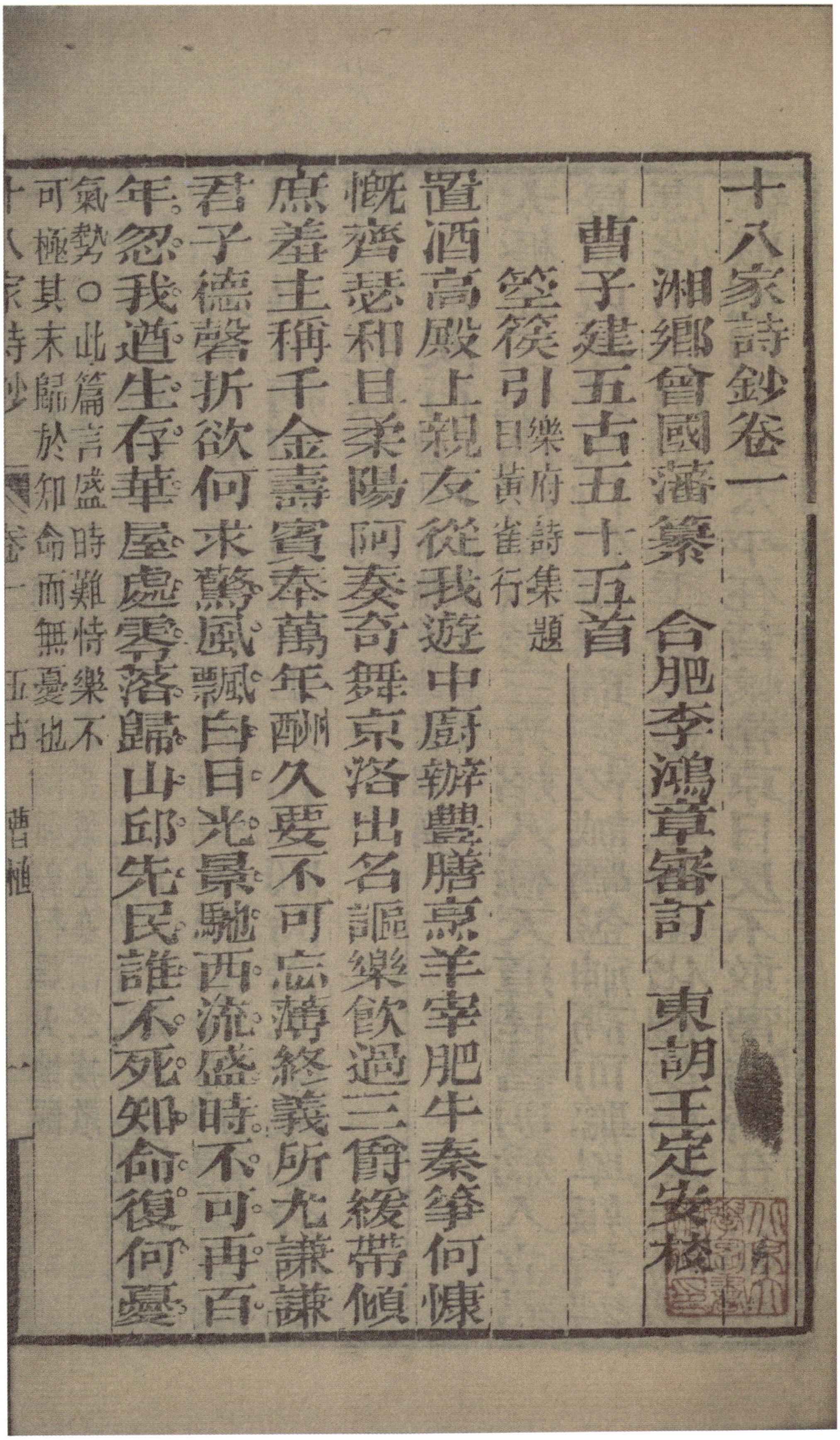
十八家詩鈔卷一

湘鄉曾國藩纂　合肥李鴻章審訂　東湖王定安校

曹子建五古五十五首

箜篌引樂府詩集題曰黃雀行

置酒高殿上親友從我遊中廚辦豐膳烹羊宰肥牛秦箏何慷慨齊瑟和且柔陽阿奏奇舞京洛出名謳樂飲過三爵緩帶傾庶羞主稱千金壽賓奉萬年酬久要不可忘薄終義所尤謙謙君子德磬折欲何求驚風飄白日光景馳西流盛時不可再百年忽我遒生存華屋處零落歸山丘先民誰不死知命復何憂

氣勢○此篇言盛時難情樂不可極其末歸於知命而無憂也

十八家詩鈔　卷一　五古　曹植　一

十八家詩鈔二十八卷

民國庚申（九年，1920）上海商務印書館鉛印本

DC0833十六册

清曾國藩輯，清李鴻章審訂。

書高19.9釐米，寬13釐米。版框高15.7釐米，寬11.3釐米。每半葉十二行，行三十一字，小字雙行，字數同。下細黑口，單黑魚尾，四周雙邊。魚尾上方記"十八家詩鈔"，魚尾下方記卷次、類目及著者，又下方記葉次。版心下方記"商務印書館藏版"。書衣書籤題"十八家詩鈔"及册次。内封印"十八家詩鈔"，内封背面牌記印"庚申年春月上海商務印書館用活字版精印"。

卷一首葉第一行題"十八家詩鈔卷一"，第二行空二格題"湘鄉曾國藩纂"，下空一格題"合肥李鴻章審訂"，下空一格題"東胡王定安校"，第三行起正文。

書首有"十八家詩鈔總目"。

書中鈐"大倉文化財團藏書"朱印。

十八家詩鈔卷一

湘鄉曾國藩纂　合肥李鴻章審訂　東湖王定安校

曹子建五古五十五首

箜篌引（樂府詩集題曰黃雀行）

置酒高殿上親友從我遊中廚辦豐膳烹羊宰肥牛秦箏何慷慨齊瑟和且柔陽阿奏奇舞京洛出名謳樂飲過三爵緩帶傾庶羞主稱千金壽賓奉萬年酬久要不可忘薄終義所尤謙謙君子德磬折欲何求驚風飄白日光景馳西流盛時不可再百年忽我遒生存華屋處零落歸山邱先民誰不死知命復何憂（氣勢○此篇言盛時難恃樂不可極其末歸於知命而無憂也）

薤露行（樂府解題云曹植擬薤露行爲天地國藩按薤露蒿里並喪歌也亦謂之挽歌）

天地無窮極陰陽轉相因人居一世閒忽若風吹塵願得展功勤輸力於明君懷此王佐才慷慨獨不羣鱗介尊神龍走獸宗麒麟蟲獸猶知德何況於士人孔氏

南社湘集第七期文録一卷詩録一卷詞録一卷附録二卷

民國二十六年（1937）松嵐印刷局鉛印本

DC0838一册

南社湘集編輯。

書高19.9釐米，寬13.4釐米。版框高15釐米，寬11.4釐米。每半葉十二行，行三十字。上下黑口，單黑魚尾，四周雙邊。魚尾下記類目，又記葉次，版心下記“南社湘集”。内封印“南社湘集第七期”，内封背面印“南社湘集簡章”。書末有刊記。

卷端第一行題“南社湘集文録”，第二行起正文。

書首有“南社湘集第七期目次”，“南社湘集丙集子上巳雅集攝影”，“南社圖”，“傅鈍安先生遺詞墨蹟”。

南社湘集文錄

明南園詩社女侍張麗人傳　梅縣古直層冰

張麗人名喬字喬倩母本吳儂以善歌入粵生喬生有天豔幼卽能記歌曲尤好詩詞及古俠女傳記每吟唐人銅雀春深之句掩抑弗勝遂自號二喬或謂二喬雙稱也不如小喬卽應聲曰衆金雙璧名有相當因笑指鏡中影曰此亦一喬也志潔韻孤性不諧俗與羣輩處嘈唼滿前兀坐凝睇似都不涉機鋒一及隨變應對故逼謔之者終亦無可加喬稍長母欲擇贅顧喬志存文雅思得辭采有心之人永相屬和嘗爲詩見志云朱門粉隊古相輕莫擬侯家說定情金屋貯嬌渾一夢不如寒淡嫁書生自憐孤韻不投時嬾學逢迎惹世嗤筆墨有靈偏伴我風花無力欲依誰空宵臥病禪心進幽夢侵愁瘦影知得遇梁鴻與偕隱百年甯負住山期喬傲睨有躳目無金夫時時虞人見奪有覬爲落籍者每婉轉托辭三城豪華子弟有以三斛珠挑之甚至設機械張畢羅冀買其

隣交徵書初篇二卷二篇二卷三篇二卷

日本天保九年至十一年（1838—1840）刻本

DC0922六册

日伊藤松輯。

書高25.8釐米，寬18.5釐米。版框高18.9釐米，寬13.8釐米。每半葉十行，行二十二字，小字雙行，字數同。白口。版心上方記"隣交徵書"及篇次，中部記卷次及朝代，下記葉次，版心下方記"學本堂藏"。書首內封鐫"隣交徵書"。初篇卷末鐫"天保九年歲次戊戌季冬仲漸新鐫"，二篇卷末鐫"天保十年歲次己亥季冬仲漸新鐫"，三篇卷末鐫"天保十一年歲次庚子孟冬上澣新鐫"。

卷一首葉第一行題"隣交徵書初篇卷之一"，下小字注"詩文部"，第二行題"豊前伊藤松貞一輯男鶴挍"，第三行起正文。

書首有天保戊戌仁科幹撰"隣交徵書序"，凡例。

書中鈐"種竹藏書"朱印。

隣交徵書初篇卷之一 詩文部

豐前 伊藤松貞一輯 男鶴校

隋

○國書 煬帝

皇帝問倭皇。使人長吏大禮蘇因高等至，具懷。朕欽承寶命，臨御區宇，思弘德化，覃被含靈，愛育之情，無隔遐邇。知皇介居海表，撫寧民庶，境内安樂，風俗融和，深氣至誠，遠脩朝貢，丹款之美，朕有嘉焉。稍暄，比如常也。故遣鴻臚寺掌客裴世（一無世）清等稱宜往意，并送物如別。○蘇因高，妹子也。按日本書紀，推古天皇十五年，小野臣妹子使于隋，鞍作福利爲通事。明年，妹子歸其國，遣世清奉書，是也。

絕句類選二十一卷

日本文久二年（1862）刻本

DC0885二册

日本津阪孝綽編輯。

書高19.5釐米，寬13.5釐米。版框高15.1釐米，寬11釐米。每半葉十行，行二十一字，字旁有日文訓讀，天頭有墨色校注。白口，單黑魚尾，左右雙邊。魚尾上方記“絕句類選”，魚尾下記卷次，下方記類目，又下方記葉次。書衣書籤題“絕句類選評本”。內封鐫“文久壬戌新鐫/東陽先生輯拙堂先生評/絕句類選/抱樸軒藏板”。書末有文久二年刊記。

卷一首葉第一行題“絕句類選卷之一”，第二行下題“伊勢津阪孝綽君裕編輯”，第三、四行下題“男達有功/平松正慤子愿同校”，第五行起正文。

書首有文正七年東陽老人序，例言，萬延庚申川北長顒“絕句類選評本跋”，“絕句類選目次”。

書中鈐“小林家藏書”、“渡邊圖書”朱印。

有德者之語自有道氣

絶句類選卷之十

伊勢津阪孝綽君裕編輯
男　達有功
平松正愨子愿　同校

節序類

立春　宋　張栻

律回歲晚冰霜少春到人間草木知便覺眼前生意滿東風吹水綠差差

立春　金　朱淑真　婦人

自折梅花插鬢端韭黄蘭茁簇春盤潑醅酒軟渾無力

歷代詩學精選十卷後編七卷

日本三木玉淵堂刻本

DC0890十一册

日本藤良國編輯。

書高17.5釐米，寬11.9釐米。版框高14.4釐米，寬10.1釐米。兩截版，上截版高8.5釐米，下截版高5.9釐米。每半葉九行，中日文混排，字旁有日文訓讀。白口，單黑魚尾，左右雙邊。魚尾上方記"詩學精選"，魚尾下記卷次，又下記葉次。書衣書籤題"歷代詩學精選"。内封鐫"皇都藤良國先生輯/歷代詩學精選/浪華書林三木玉淵堂梓"。

卷一首葉第一行題"歷代詩學精選卷之壹"，第二行下題"平安藤良國編輯"，第三行起正文。卷十末葉附《歷代詩學精選》貳編説明。後編行款同上。

書首有嘉永壬子史清敬直序，凡例，"歷代詩學精選總目"。書末有大阪書林售書目。

書中鈐"荒尾藏書"、"荒尾"朱印。

歷代詩學精選卷之壹

平安　藤良國　編輯

春部

立春　十二月又正月ニアツテサダマリナシ　除日立春　元日立春

土牛　生菜　春幡　花勝

綵燕　立春　早春　春牛　東郊　青

葭灰　灰飛　青陽　條風

東風　解凍　綵勝　迎春　新

送寒　穠祥　房星　泥牛

東　千門東　御街東

鳳城東　帝　畫樓東　橋

紫白東　到　曉雲紅　雪

動條風　一番風　花信

花信風　一信風　花

歷代詩學精選十卷二編七卷

日本羣玉堂刻本

DC0891一函五册

日本藤良國編輯。

書高18.1釐米，寬12.4釐米。版框高14.3釐米，寬10.1釐米。每半葉九行，字旁有日文訓讀。白口，單黑魚尾，左右雙邊。魚尾上方記“詩學精選”，魚尾下記卷次，又下記葉次。書衣書籤題“歷代詩學精選”。內封鐫“皇都藤良國先生輯/歷代詩學精選/浪華書林岡田羣玉堂梓”。書末有書肆書聖萃房刊記。

卷一首葉第一行題“歷代詩學精選卷之壹”，第二行下題“平安藤良國編輯”，第三行起正文。

書首有嘉永壬子史清敬直序，凡例，“歷代詩學精選總目”。

歷代詩學精選卷之壹

平安 藤良國 編輯

春部

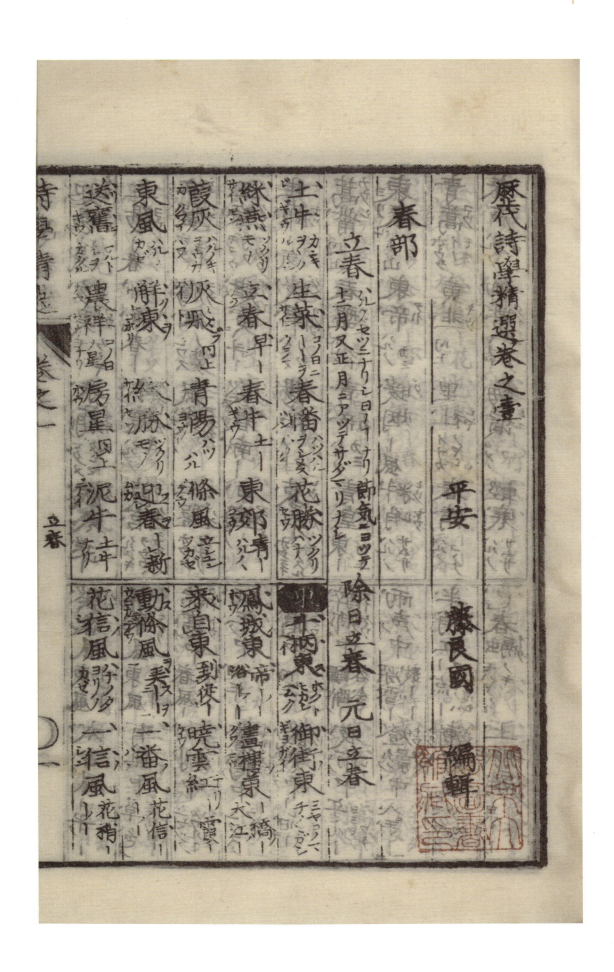

立春 十二月又正月ニアツテサダマリナシ 節氣 除日立春 元日立春

土牛 生菜 春盤 花勝

綵燕 立春 早ー 春牛 土ー 東郊 青ー

葭灰 灰琯 青陽 條風

東風 鮮東 勝 迎春 ー新

送舊 農祥 房星 泥牛 土牛

平 斗柄東 御街東

鳳城東 帝ー 畫棟東 ー橋 大江

來自東 到 從ー 曉雲 紅 ー霞

動條風 ー 一番風 花信ー

花信風 一信風 花梢ー

清廿四家詩三卷

日本明治十一年（1878）刻本

DC0814三册

日本中嶋一男編纂。

書高23.3釐米，寬13.8釐米。版框高14.8釐米，寬11.5釐米。每半葉十行，行二十一字，字旁有日文訓讀。上下黑口，單黑魚尾，左右雙邊。魚尾下記卷次及詩家姓號，又下記葉次。書衣書籤題"廿四家選/清廿四家詩"。內封鐫"明治十一年十年月鼎鐫/廿四家選本/清廿四家詩/廿四書肆發允"。書末有明治十一年刊記。茉莉巷凹處發行書目，發行書肆。

卷上首葉第一行題"廿四家選清廿四家詩"，第二行題"冬野中嶋一男編纂"，第三行起例言，背面第三行起目次，第三葉第一行題"錢牧齋詩"，第二行題"雲沼漁父北川泰明選"，第三行起正文。

書首有明治戊寅川田剛敘。書末有明治戊寅百川跋。

書中鈐"紅蕫主人"朱印。

錢牧齋詩

雲沿漁父北川泰明 選

錢謙益字受之。號牧齋。江南常熟人。官禮部尚書。著有初學有學集

留題秦淮丁家水閣四首 錄一

苑外楊花待暮潮。隔溪桃葉限紅橋。夕陽凝望春如水。丁字簾前是六朝。

徐州雜題三首 錄一

重瞳遺跡已冥冥。戲馬臺前鬼火青。十丈黃樓臨泗水。行人猶說霸王廳。

洗塵集

日本大正丙寅（十五年，1926）稿本

DC0943一册

日本大倉喜七郎輯。

書高31釐米，寬22.1釐米。無版框行欄。每半葉十行，行十七字，小字雙行，字數同。書衣書籤題“洗塵集稿本”。

卷端第一行頂格題“洗塵集”，下空一格小字題“排比依韻序”，第二行正文。

書末有丙寅大倉喜七郎識語。

洗塵集

排比依韻序

丙寅五月田邊碧堂歸自臺灣大倉聽
松爲設洗塵筵於酣春樓席上分韻
得真　碧堂　田邊華
綠樹成陰花作塵薰風滿座越羅新東都詞
客豪襟在一酌還將酣百春
得文　天淵　加藤虎
月自清涼風自薰玉纖捧盞有紅裙如斯豪
興難多得一曲瑤琴遏夜雲
三臺一覽勝千聞騷客説遊辭涌雲囊有新

文鏡秘府論六卷

日本昭和五年（1930）東方文化學院影印本

DC0880一函六册

日本遍照金剛撰。

書高29.1釐米，寬17.1釐米。無行欄。每半葉七行，行十五至十七字不等，字旁有日文訓讀。書衣書籤題"文鏡秘府論"。書末有版權葉。蝴蝶裝。

卷一首葉第一行題"文鏡秘府論"，下小字注"并序"，又下小字題"天"，第二行題"金剛峰寺禪念沙門遍照金剛撰"，第三行正文。

各册末葉鈐"東方文化叢書第一/古鈔本文鏡祕府論"朱印記。

文鏡秘府論 天 并序

金剛峯寺禪念沙門遍照金剛撰

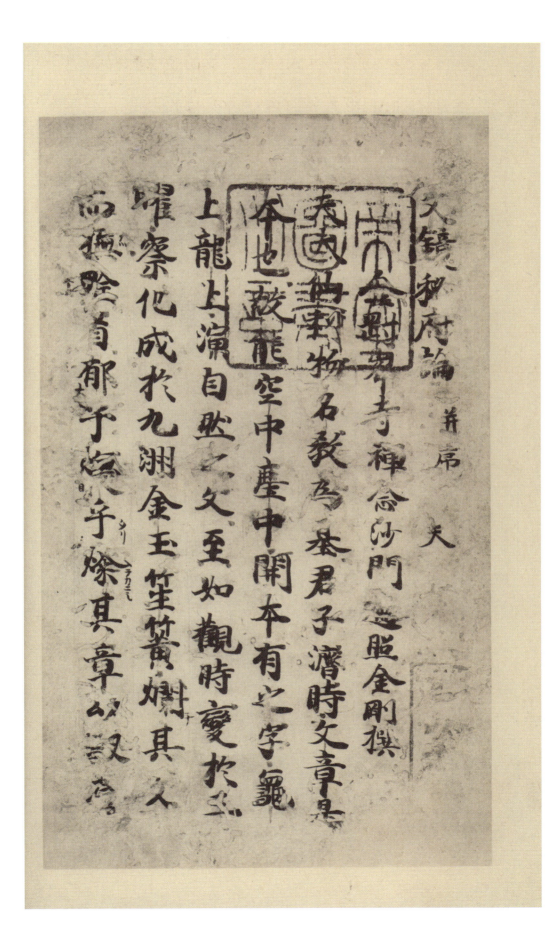

夫大仙利物，名教為基；君子濟時，文章是本也。故能空中塵中，開本有之字；龜上龍上，演自然之文。至如觀時變於三曜，察化成於九州，金玉笙簧，爛其文而撫黔首，郁乎焕乎，燦其章以馭蒼

增修詩話總龜四十八卷後集五十卷

明嘉靖乙巳（二十四年，1545）月窗道人刻本

DC0373二函十册

宋阮閲編。

阮閲，生卒年不詳，原名美成，字宏休，號散翁，亦稱松菊道人，舒城人。元豐八年進士，官至中奉大夫、袁州知州。

書高27釐米，寬16.7釐米。版框高17釐米，寬13.3釐米。每半葉十一行，行二十二字。白口，單黑魚尾，四周單邊。版心上方記"詩話總龜"及卷次，魚尾下記葉次，版心下記天干。

卷一首葉第一行頂格題"增修詩話總龜卷之一"，下空九格題"甲集"，第二行題"龍舒散翁阮一閲宏休編"，第三行題"皇明宗室月窗道人刊"，第四行題"鄱陽亭梧程珖舜用校"，第五行起正文。卷九首葉第一行頂格題"增修詩話總龜卷之一"，下空九格題"乙集"，第二行題"舒城阮一閲編"，第三行題"皇明宗室月窗道人刊"，第四行題"鄱陽程珖校"，第五行起正文。後集卷一首葉第一行題"百家詩話總龜後集卷之一"，下空九格題巳集"，第二行題"龍舒散翁阮一閲宏休編"，第三行題"皇明宗室月窗道人刊"，第四行題"鄱陽亭梧程珖舜用校"，第五行起正文。

書首有嘉靖甲辰張嘉秀"詩話總龜序"，李易序，"集一百家詩話總目"，"增修詩話總龜分門目録"。後集卷首有"百家詩話總龜後集目録"，"百家詩話總龜後集門類"。書後有嘉靖乙巳程珖"詩話總龜跋"。

書首序、總目、目録、卷一至卷八鈔配。

書中鈐"大倉文化財團藏書"朱印。

百家詩話總龜後集卷之一

龍舒散翁阮一閱宏休編
皇明宗室月窓道人刊
鄱陽亭梧程珖舜用校

御製

王師圍金陵，唐使徐鉉來朝。鉉伐其能，欲以口舌解圍，謂盛称其主博學多藝，有聖人之能，使誦其詩，曰《秋月》之篇，天下誦傳之，其句云云。　太祖大笑曰：寒士語耳，吾不道也。鉉内不服，謂太言無實，可窮也，以謂。殿上驚懼相目。　太祖曰：吾微時自秦中歸，道華下，醉卧田間，覺而月出，有句曰：未離海底千山黑，纔到天中萬國明。鉉大驚，殿上稱壽。後山詩話

全唐詩話六卷

明鈔本

DC0371二册

宋尤袤撰。

尤袤(1127—1202),字延之,號遂初居士,無錫人。紹興十八年進士,官至禮部尚書兼侍讀。謚文簡。

書高26.4釐米,寬17.9釐米。每半葉九行,行十七字。不避清諱。

卷一首葉第一行題"全唐詩話卷之一",第二行起正文。

書首有嘉靖甲寅張鶚翼"全唐詩話序",遂初堂自序。書末有萬曆己丑張自憲識語。

書中鈐"韓氏藏書"、"小亭"、"韓泰華印"、"滎陽潘世倉亭藏書"、"大倉文化財團藏書"朱印。

全唐詩話卷之一

太宗

貞觀六年九月帝幸慶善宮帝生時故宅也因與貴臣宴賦詩起居郎請平宮商被之管絃命曰功成慶善樂使童子八佾爲九功之舞大宴會與破陣舞偕奏於庭

帝嘗作宮體詩使虞世南賡和世南曰聖作誠工然體非雅正上有所好下必有甚焉恐此詩一傳天下風靡不敢奉詔帝曰朕

唐詩紀事八十一卷

明嘉靖乙巳（二十四年，1545）張子立刻本

DC0370四函二十四册

宋計有功撰。

計有功，生卒年不詳，大邑安仁人。紹興五年以右承議郎知簡州，提舉兩浙西路常平茶鹽公事。

書高29.5釐米，寬16.8釐米。版框高19.5釐米，寬13.2釐米。每半葉十行，行二十一字。白口，四周單邊。版心中部記"唐詩紀事"及卷次，版心下方記葉次。

卷一首葉第一行題"唐詩紀事卷第一"，第二行起正文。

書首有嘉靖乙巳張子立"唐詩紀事序"，計有功"唐詩紀事序"，嘉定甲申王禧慶"唐詩紀事序"，"唐詩紀事標目"，標目後有張子立識語。

卷六至八配同版印本。

書中鈐"大倉文化財團藏書"朱印。

唐詩紀事卷第一

太宗　高宗　中宗

太宗

帝京篇序云余以萬機之暇遊息藝文觀列代之皇王考當時之行事軒昊舜禹之上信無間然矣至於秦皇周穆漢武魏明峻宇雕墻窮侈極麗征税殫於宇宙轍跡徧於天下九域無以稱其求江海不能贍其欲覆亡顛沛不亦宜乎余追蹤百王之末馳心千載之下慷慨懷古想彼哲人庶以堯舜之風蕩秦漢之弊用咸英之曲變爛漫之音求之人情不為難矣故觀文教於六經

漁隱叢話前集六十卷後集四十卷

清耘經樓刻本

DC0375一函十册

宋胡仔纂集。

胡仔（1110—1170），字元任，號苕溪漁隱，績溪人。以父蔭補將仕郎，授迪功郎，監潭州南嶽廟，升從仕郎，轉文林郎、承直郎，後其父遭秦檜陷害，遂隱居浙江湖州之苕溪。

書高28.1釐米，寬16.7釐米。版框高18.5釐米，寬13.2釐米。每半葉十三行，行二十一字。上下細黑口，雙黑魚尾，左右雙邊。上魚尾下記“前集”或“後集”及卷次，下魚尾上記葉次。內封鐫“依宋板重雕/苕溪漁隱叢話/前集六十卷/後集四十卷/耘經樓藏板”。

卷一首葉第一行頂格題“漁隱叢話卷第一”，下空六格陰文題“前集”，第二行題“苕溪漁隱胡仔纂集”，第三行起正文。

書首有戊辰胡仔“序漁隱詩評叢話前集”，序後題“紹興甲寅槐夏之月陳奉議刊於萬卷堂”，“苕溪漁隱叢話前集目録”。後集卷首有丁亥胡仔“序漁隱詩評叢話後集”，“苕溪漁隱叢話後集目録”。

書中鈐“寧靜齋圖書印”、“學治印信”、“紅豆詩人”、“大倉文化財團藏書”朱印。

漁隱叢話卷第一 前集

苕溪漁隱胡　仔　纂集

國風漢魏六朝上

張文潛云詩三百篇雖云婦人女子小夫賤隸所爲要之非深於文章者不能作如七月在野至入我牀下於七月已下皆不道破直至十月方言蟋蟀非深於文章者能爲之邪

漫叟詩話云詩三百篇各有其旨傳注之學多失其本意而流俗狃習至不知觚尚多若惟桑與梓必恭敬止謂桑梓以人賴其用故養而成之莫肯凌賤則有恭敬之道父子相與豈特如人之視桑梓今乃言父母之邦者必稱桑梓非也

宋子京筆記云山東曰朝陽山西曰夕陽故詩曰度其

精選古今名賢叢話詩林廣記前集十卷後集十卷

日本寬文八年(1668)中野六右衛門刻本

DC0839十二册

宋蔡正孫編，日本鵜飼金平訓點。

蔡正孫，生卒年不詳，字粹然，號蒙齋野逸。

書高27.6釐米，寬18.5釐米。版框高20.9釐米，寬15釐米。每半葉十行，行二十字。白口，單黑魚尾。魚尾上方記"詩林廣記"，魚尾下方記卷次，又下記葉次。書末有刊記"寬文八年戊申春正月/鵜飼金平眞昌訓點/中野六右衛門繡梓"。

卷一首葉第一行題"精選古今名賢叢話詩林廣記卷之一"，第二行題"蒙齋野逸蔡正孫粹然"，第三行起正文。

書首有弘治丁巳張鼐"重刊詩林廣記序"，屠維赤奮若蔡正孫序，"新刊名賢叢話詩林廣記總目"。

書中鈐"竹弄書庫"、"歐陽閣圖書記"、"一掌亭藏書記"朱印。

精選古今名賢叢話詩林廣記卷之一

蒙齋野逸蔡　正孫　粹然

陶淵明

朱文公云作詩須從陶柳門庭中來乃佳不如是無以發蕭散沖澹之趣不免局促塵埃無由到古人佳處

楊龜山云陶淵明詩所不可及者沖澹深粹出於自然若曾用力學詩然後知淵明詩非着力之所能及

詩話十卷

明弘治庚戌（三年，1490）馮忠刻本

DC0374一函六册

明楊成玉輯。

楊成玉生卒事蹟不詳，明成化弘治間曾任揚州知府。

書高27.2釐米，寬17.3釐米。版框高20.5釐米，寬18.2釐米。每半葉十行，行二十字。上下粗黑口，雙黑魚尾，四周雙邊。魚尾間記"詩話"及卷次，下魚尾下方記葉次。

卷一首葉第一行題"詩話卷第一"，第二行題"劉攽貢父"，第三行正文。卷尾題"劉攽貢父詩話終"。

書首有弘治庚戌馮忠"重刊詩話引"。

書中鈐"北海草堂"、"北平黄氏養素堂曝書"、"大倉文化財團藏書"朱印。

子目：

詩話卷第一：劉攽貢父詩話　宋劉攽撰

詩話卷第二：六一居士詩話　宋歐陽修撰

詩話卷第三：司馬溫公詩話　宋司馬光撰

詩話卷第四：後山居士詩話　宋陳師道撰

詩話卷第五：東萊呂紫微詩話　宋呂本中撰

詩話卷第六：竹坡老人詩話　宋周紫芝撰

詩話卷第七：許彦周詩話　宋許顗撰

詩話卷第八：珊瑚鈎詩話　宋張表臣撰

詩話卷第九：石林詩話　宋葉夢得撰

詩話卷第十：庚溪詩話　宋陳巖肖撰

案語：據《中國古籍善本書目》，此書僅上海圖書館有藏，存卷一至七。

詩話卷第一

劉攽貢父

太宗好文每進士及第賜聞喜宴常作詩賜之累朝以為故事仁宗在位四十二年賜詩尤多然不必盡上所自作景祐初賜詩落句云寒儒逢景運報德合何如論者謂質厚宏壯真詔旨也

劉子儀贈人詩云惠和官尚小師達禄須干取下惠聖之和師也達而子張學干之事或有除六官字示人曰此必蕃僧也其名達禄須干聞者大笑詩有詩病俗忌當避之此[illegible][illegible][illegible]合無若輕薄子何非筆力

冰川詩式十卷

日本萬治三年（1660）刻本

DC0840一函七册

明梁橋著。著者生平不詳。

書高26.6釐米，寬17.2釐米。版框高20.9釐米，寬15.2釐米。每半葉十行，行二十字，字旁有日文訓讀。白口，單黑魚尾。版心魚尾上方記"冰川詩式"，魚尾下方記卷次，版心下方記葉次。書末有刊記"萬治三庚子歲仲复吉且/室町通鯉山町/玉村次左衛門/小嶋弥平次/板梓"。

卷一首葉第一行題"冰川詩式卷之一"，第二行上空九格題"眞定梁橋著"，下空一格題"弟梁相校"，第三行起正文。

書首有隆慶辛未朱睦㮮"刻冰川詩式序"，嘉靖己酉張渙"冰川詩式序"，嘉靖乙巳梁橋"冰川詩式引"，"冰川詩式目録"。書末有隆慶庚午梁夢龍"冰川詩式題辭"，隆慶壬申查志立"重刻冰川詩式後序"，隆慶壬申潘允端"重刻冰川詩式後敘"，隆慶壬申朱觀熰"重刻冰川詩式後序"，萬治庚子田中宗務跋。

氷川詩式卷之一

真定梁橋著　弟梁相校

定體

五言絕句

五言始于李陵蘇武或云枚乘

五言絕句作自古漢魏樂府古辭則有白頭吟出塞曲等篇下及六代述作漸繁唐人以來工之者甚衆

絕句衆唐人是一樣少陵是一樣韓退之是一樣絕句者截句也句絕而意不絕截律詩中或

宋詩紀事一百卷

清乾隆十一年(1746)樊榭山房刻本

DC0372四函二十四册

清厲鶚、馬曰琯緝。

書高27.5釐米,寬17.3釐米。版框高19.8釐米,寬14.4釐米。每半葉十一行,行二十二字,小字雙行,行二十八字。上下細黑口,單黑魚尾,左右雙邊。魚尾下方記"宋詩紀事"及卷次,版心下記葉次。內封鐫"宋詩紀事/樊榭山房藏板"。

卷一首葉第一行題"宋詩紀事卷一",第二行題"錢唐厲鶚緝",第三行題"祁門馬曰琯同緝",第四行起正文。

書首有乾隆十一年厲鶚序,"宋詩紀事總目"。

書中鈐"大倉文化財團藏書"朱印。

宋詩紀事卷一

錢唐 厲鶚 緝

祁門 馬曰琯 同緝

太祖皇帝

帝諱匡引姓趙氏涿郡人仕周爲殿前都點檢檢校太尉恭帝七年禪位於帝建元建隆乾德開寶在位十七年謚曰英武聖文神德皇帝廟號太祖葬永昌陵大中祥符元年加上尊謚曰啟運立極英武睿文神德聖功至明大孝皇帝

詠初日

太陽初出光赫赫千山萬山如火發一輪頃刻上天衢逐

分類詩腋八卷

清同治丙寅（五年，1866）連元閣刻本

DC0679一函四册

清李楨編。

書高16.2釐米，寬11.2釐米。版框高11釐米，寬9.7釐米。每半葉九行，行二十字。白口，單黑魚尾，四周單邊。無行欄。魚尾下記卷次及類目，又下方記葉次。内封鎸"同治丙寅新鎸/潛江黄老夫子鑒定/分類詩腋/連元閣藏板"。

卷一首葉第一行題"分類詩腋卷一"，第二行下題"寧都李楨守齋編"，第三行題"潛江黄理齋夫子鑒定"，下空三格題"男煒雲/亡校"，第四行起正文。

書首有嘉慶二十二年黄永綸"分類詩腋序"。

分類詩腋卷一

潛江黃理齋夫子鑒定

寍都李　楨守齋編

男　煒亡校

論押韻

作試帖詩未求句工先求韻穩韻不穩妥雖有佳句卒爲韻掩況不善用韻者必不能有佳句也凡韻中字眼不外虛字實字半虛實之字其有現成典故者固妙即未必有典故而運用揣摩須令人一讀亦如出自現成方爲穩愜其于題中相生者固易押即未

唐宋詩語玉屑十卷

日本安政三年（1856）京都鳴鳳樓刻本

DC0893四册

日本高木專輔輯。

書高17.5釐米，寬11.8釐米。版框高12.7釐米，寬9.3釐米。每半葉九行，字旁有日文訓讀。白口，單黑魚尾，左右雙邊。魚尾上方記“詩語玉屑”，魚尾下記卷次、類目，又下方記葉次。内封鐫“安政三辰年增補再刻/矢上快雨先生校/唐宋詩語玉屑/京攝書林五書房同梓”。

卷一首葉第一行題“唐宋詩語玉屑卷之一”，第二行下題“淡島高木專輔輯”，第三行起正文。

書首有文政十三年江村有儀序，“唐宋詩語玉屑目録”。書末有浪萃書肆售書目。

仄仄　平平

唐宋詩語玉屑卷之一

淡島　高木專輔　輯

天文門

天

九漢テン　玉宇同　日躔同　廣漢同　碧落天ノアヲキ

覆物万物ヲオヽヲ　卵色ソラノイロ　廣大テンノヒロクオホキナル　杳二テンノ　浩二テンノヒロク

丹霄テン　蒼天ハルノテン　金天アキノソラ　高天同　長天ナガキソラ

青天アヲキテン　晴天ハレタルテン　遙天ハルカナルソラ　中天テンノナカ　梅天ツユノソラ

胡天エビスノテン　天涯テンノハテ　虛空オホソラ　天邊　連天ニ

律詩韻函五卷

日本天保十五年（1844）刻本

DC0884五册

日本沖穆編輯。

書高22.1釐米，寬15.4釐米。版框高16.3釐米，寬12.1釐米。二截版。下截版高14.8釐米，每半葉十行，字旁有日文訓讀。白口，單黑魚尾，左右雙邊。魚尾上方記“律詩韻函”，魚尾下記卷次，又下方記葉次。上截版高1.5釐米。書衣書籤題“律詩韻函”。內封鐫“天保十五甲辰春新刻/律詩韻函全部五册/京攝書林合梓”。書末有浪花書林售書目録，河内屋藏兵衛刊記。

卷一首葉第一行題“律詩韻函卷之一”，第二行下題“備前沖惟穆清風編輯”，第三行題“門人梶谷德景基校”，第四行起正文。

書首有浪華筱崎序，沖穆題辭，律詩韻函凡例，目録。

書中鈐“山梨郡千野村甲州杉本助”墨印。

律詩韻函卷之一

備前 沖惟穆清風編輯

門人梶谷德景基校

春部

新年作 正月元日家内安全又ハ天下太平ノコトドツクルベシ旅ナレバ客中迎春ナドノ題モアリ仕官ノ人ナレバサンダイスル体ヲ作ルベシ人日 上元ナドノ題モコノウチニテツクルベシ

仄 起結

春信回 瑞郷開 氣佳哉 起徘徊

曝檐隈 手中盃 霽邑開 皺不開

鼻中雷 帳殿開 未鶯來 暖又催

蹈紅埃 約尋梅 不辭迴 載酒來

詩礎玉振二卷

日本嘉永三年（1850）刻本

DC0886一册

日本藤良國輯。

書高8.6釐米，寬18.6釐米。版框高7.3釐米，寬17.2釐米。每半葉十六行，字旁有日文訓讀。白口，左右雙邊。版心上方記“詩礎玉振”及卷次，下記葉次。書衣書籤題“詩礎玉振”。內封鐫“詩礎玉振/嘉永三庚戌黄鐘月新版”。

卷一首葉第一行題“詩礎玉振卷上”，第二行下題“筑前藤良國輯”，第三行起正文。

書首有池內時敘，“必讀”，“詩礎玉振卷上目次”。

存卷上。

書中鈐“筏手塚藏書印”朱印。

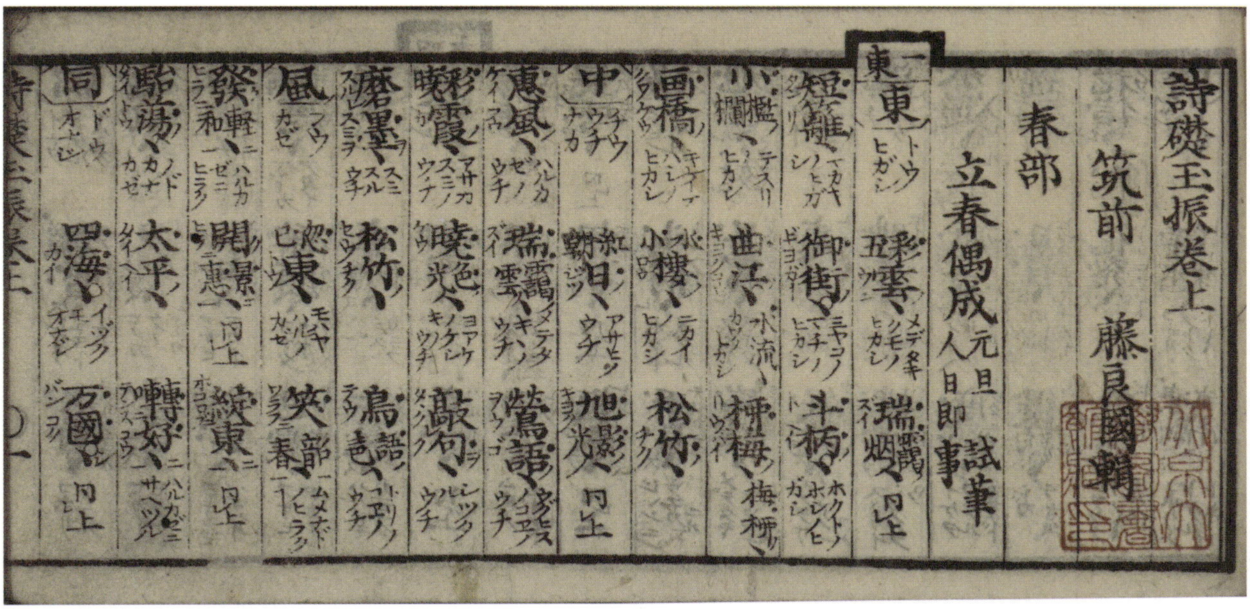

詩礎玉振卷上

筑前　藤良國輔

春部

立春偶成　元旦　人日即事　試筆

一東

東　彩雲、瑞烟、同上

短籬、御街、斗柄、

小檻、曲江、梅梢、

畫橋、小樓、松竹、

中　紅日、旭影、同上

惠風、瑞靄、鶯語、

彩霞、曉色、敲句、

磨墨、松竹、鳥語、

風　已東、笑部、

發軒、開景、同上　綻東、同上

駘蕩、太平、轉好、

同　四海、万國、同上

詩礎玉振卷上　一

詩學便覽二卷

日本嘉永四年（1851）玉淵堂刻本

DC0887一册

日本藤良國編輯。

書高11.2釐米，寬15.5釐米。版框高9.9釐米，寬14釐米。每半葉十五行，字旁有日文訓讀。上下欄版，上欄高4.9釐米，下欄高5釐米。白口，四周單邊。版心上方記"詩學便覽"及卷次，下記葉次。內封鐫"袖珍詩學便覽/嘉永四發兑/玉淵堂製本"。書首有文化十二年平安書林、江戶書林刊記。書末有大阪書林售書目。

卷一首葉第一行題"詩學便覽卷上"，第二行下題"平安藤良國編輯"，第三行起正文。

書首有庚戌梅東樵史序，"詩學便覽目次"。

書中鈐"倫"朱印。

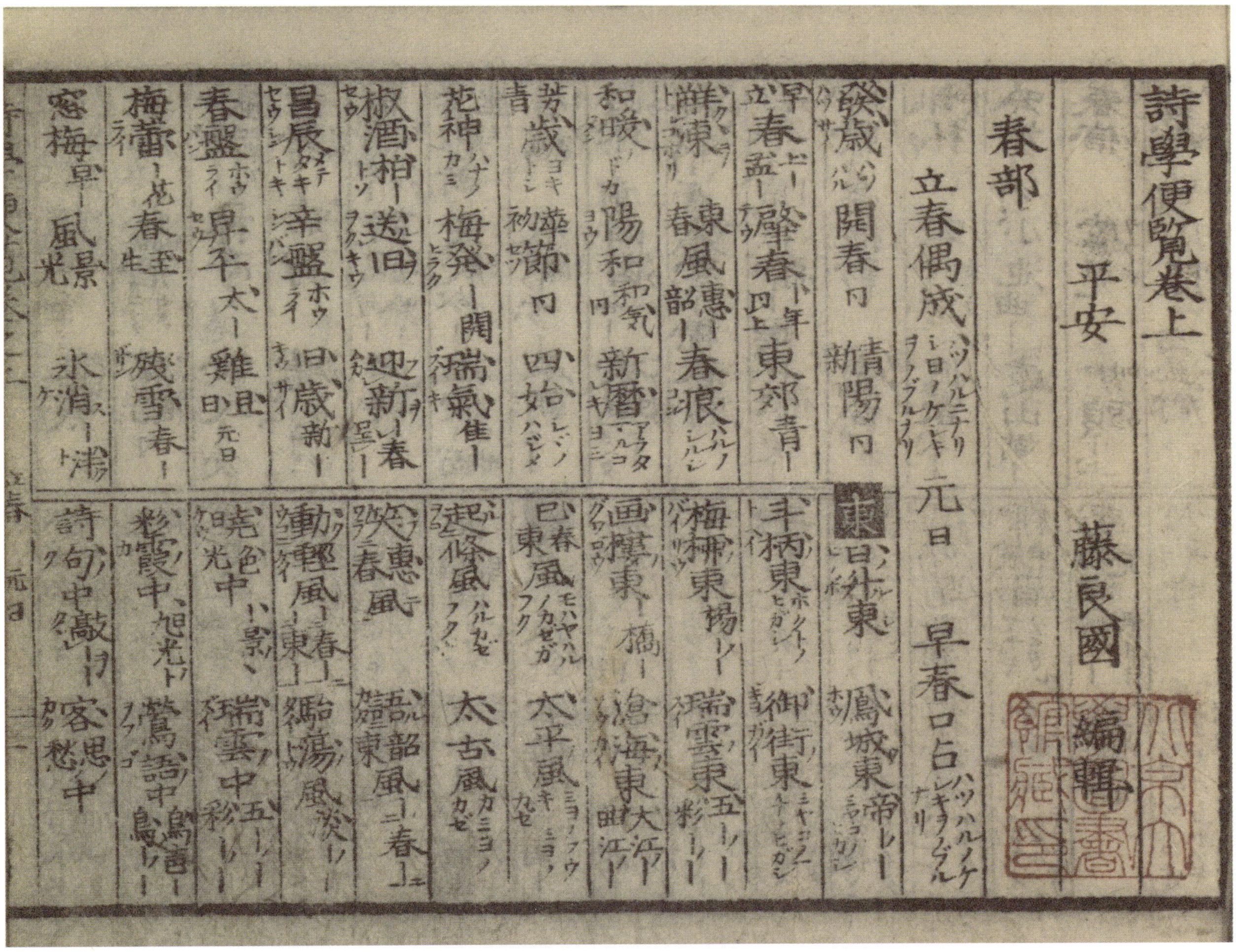
詩學便覽卷上

平安 藤良國編輯

春部

立春偶成 元日 早春口占

發歲 開春 新陽 青陽

早春 肇春 東郊青

東風惠 春風部 春痕

和暖 陽和 和氣 新曆

芳歲 韶節 四始

花神 梅發 開 瑞氣佳

椒酒 柏 送舊 迎新 春

昌辰 辛盤 舊歲 新

春盤 昇平 太 雞旦 元日

梅蕾 花 春至 殘雪 春

窗梅 早 風景 風光 氷消 泮

東

日升東 鳳城東 帝

手柄東 御街東 五

梅柳東 瑞雲東 彩

畫欄東 橋 滄海東 大江

巳春 東風 太平風

起 條風 太古風

惠風 春 韶部風 春

動 輕風 東 韶陽風

曉色中 影 瑞雲中 五 彩

彩霞中 旭光 鶯語中 鳥語 鳥

詩句中 敲 客思中 客愁

詩語拔錦十三卷

日本安政三年（1856）京都鳴鳳樓刻本

DC0892五册

日本岡崎元軌編輯，日本大沼枕山删補。

書高18.2釐米，寬12.1釐米。版框高12.3釐米，寬9釐米。每半葉八行，字旁有日文訓讀。白口，單黑魚尾，四周單邊。魚尾上方記“詩語拔錦”，魚尾下記卷次，又下方記葉次。書衣書籤題“詩語拔錦”。內封鐫“枕山大沼先生閱/詩語拔錦/東都鳴鳳樓藏板”。書末刊記刻“官許/嘉永七甲寅十月稿成/安政三丙辰八月刻成/鳴鳳樓藏板”。

卷一首葉第一行題“詩語拔錦卷之一”，第二行下題“岡崎元軌編輯”，第三下題“大沼枕山删補”，第四行起正文。

書首有嘉永五年枕山大沼厚“詩語拔錦序”，“詩語拔錦目録”。

書中鈐“小林家藏書”、“渡邊圖書”朱印。

詩語拔錦卷之一

岡崎元軌　編輯
大沼枕山　刪補

詩學部

詩法總論

○高廷禮ガ云ク詩ハ三百篇ヨリ以降漢魏ハ質文ニ過ギ六朝ハ華實ニ浮ブ二ツノ者ノ中ヲ得テ風人ノ體ヲ備ルハ惟唐詩ノミ然リトス○唐トイヘドモ

明治詩礎階梯四卷

日本明治十三年（1880）銅版印本

DC0895一册

日本堤大介編輯。

書高17.5釐米，寬12.1釐米。版框高13.6釐米，寬10.2釐米。二截版。下截版高7.3釐米，有横豎欄線，每半葉十一行，横四欄。上截版高6.3釐米，有横豎欄線，每半葉十三行，横四欄。中日文混排，字旁有日文訓讀。白口，版框外右下角刻“巻ノ一”，天頭左上角記大字篇目。書衣書籤雙行上記“明治”，下單行題“詩礎階梯”，下雙行記“堤大助著/橋本小六校”。內封鐫“明治詩礎階梯/明治庚辰二月覺書”。

卷一首葉第一行題“明治詩礎階梯卷之一”，第二行下題“阿波堤大介編輯”，第三行起正文。

書首有阿波堤大介序，附言，“明治詩礎階梯目録”。

存卷一。

書中鈐“柳齋藏書”、“住原藏書”、“春耕”。

一東

明治詩礎階梯巻之一

阿波 堤大介 編輯

○天門

天

碧落　彼蒼同　虛碧同　蒼天同

倚蓋　昊天　垂象　玄穹

峻極　上天　天体　旻蒼

恢恢　普天　無臭　穹窿

正氣　大圓　高覆　高明

杳杳　覆盂　圓碧同　高高

六氣　浩然　元氣　昭昭

有象　廣明　金闕　天心

溥博　徤行　乾象　無聲

覆育　碧天　天德　青空

廣大　晦明　生物　輕清

○一東

東

落日ー　水流ー　東復ー

月上ー　照苑ー　洛城ー　行向ー

萬岳ー　水自ー　畫樓ー　来自ー

小苑ー　道院ー　杏園ー　行淛ー

碧嶂ー　郭外ー　過橋ー　天漢ー

歲起ー　我欲ー　日升ー　禽集ー

萬丈ー　氣着ー　水西ー　西復ー

復道ー　白水ー　步林ー　星聚ー

精纂詩學新選五卷

日本明治二十四年（1891）刻本

DC0898一册

日本橋本小六編輯。

書高18.1釐米，寬12.2釐米。版框高13.3釐米，寬10.1釐米。上下二欄等高。每半葉十行，小字雙行，字數不等，中日文混排，字旁有日文訓讀。白口，單黑魚尾，四周單邊。魚尾上方記“詩學新選”，魚尾下記卷次及細目、又下方記葉次。版心下記“梅原氏”。書衣書籤題“精纂詩學新選橋本小六編輯”。內封鐫“海關橋本小六編輯/精纂詩學新選/嵩山堂梓”，內封背面鐫“版權免許”。書末有明治二十四年版權葉、和漢洋書籍發兑處。

卷一首葉第一行題“精纂詩學新選卷之一”，第二行下題“橋本小六編輯”，第三行起正文。

書首有明治癸未序，例言，“詩學新選目次”。

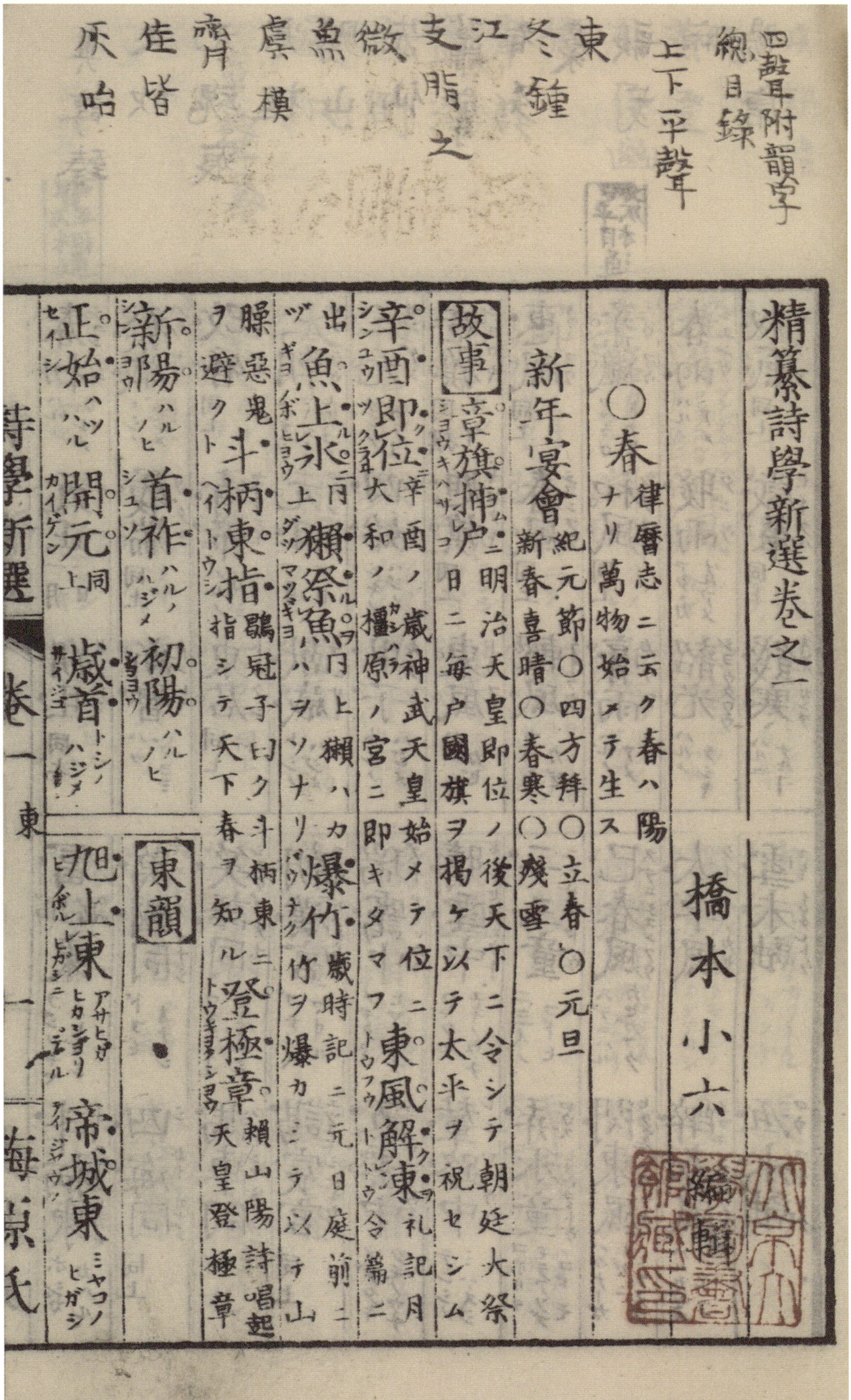
四聲附韻字
總目錄
上下平聲
東
冬鍾
江
支脂之
微
魚
虞模
齊
佳皆
灰咍

精纂詩學新選卷之一
橋本小六 編輯

○春 律曆志ニ云ク春ハ陽ナリ萬物始メテ生ス

新年宴會 紀元節○四方拜○立春○元旦 新春喜晴○春寒○殘雪

故事

章旗挿戸 明治天皇即位ノ後天下ニ令シテ朝廷大祭日ニ毎戸國旗ヲ掲ケ以テ太平ヲ祝セシム

辛酉即位 辛酉ノ歳神武天皇始メテ位ニ大和ノ橿原ノ宮ニ即キタマフ

東風解凍 礼記月令篇ニ出

魚上氷 二月

獺祭魚 上 獺ハカハヲソナリ

爆竹 歲時記ニ元日庭前ニ竹ヲ爆カシテ以テ山臊惡鬼ヲ避ク

斗柄東指 鶡冠子曰ク斗柄東ニ指シテ天下春ヲ知ル

登極章 頼山陽詩唱起天皇登極章

東韻

新陽 首祚 初陽

正始 開元 同上 歲首

旭上東 帝城東

詩學新選 卷一 東 一 毎宗氏

南詞四十二種四十九卷附録三卷

明末清初鈔本

DC0380四函十二册

輯者不詳。

書高27釐米，寬17.8釐米。每半葉八行，行十八字。

書首有天順六年西崖主人序，南詞總目。

首册書首襯葉有乾隆癸卯芸楣朱筆題記。《鳴鶴餘音》後有光緒丁未吴昌綬校記二則。《簡齋詞》、《樵歌》、《知稼翁詞》等卷末有光緒戊申董康朱筆校記。《草堂詩餘》末有題記一則，署"樊榭山民"。總目末後人墨筆書"凡汲古閣已刻者不録"。總目末條為後人剜去復墨書"草堂詩餘三卷"。書中有朱墨筆校補紙籤。《貞居詞》後有墨筆録補遺一葉。

書中鈐"知聖道齋藏書"、"南昌彭氏"、"遇讀者善"、"宣城李氏瞿硎石室圖書印記"、"李之郇印"、"宛陵李之郇藏書印"、"伯雨"、"江城如畫樓"、"伯宛校勘"、"大倉文化財團藏書"朱印。

案語：原書凡六十四種八十七卷，此本僅録四十二家，而未録者俱列於總目。今原本已佚，賴此本之存得見梗概。又據《中國古籍善本書目》，僅中國國家圖書館藏董氏誦芬室鈔本，僅十三種十六卷，亦據此鈔撮也。又案：《草堂詩餘》三卷紙墨字跡與全書皆同，實非後人補鈔，總目之剜改不知何故。

第一函

南唐二主詞一卷　南唐李璟撰　南唐李煜撰

龜峰詞一卷　宋陳人傑撰

蓬萊鼓吹一卷　宋夏元鼎撰

逍遙詞一卷　宋潘閬撰

耐軒詞一卷　明王達撰

半山詞一卷　宋王安石撰

虚靖眞君詞一卷　宋張繼先撰

後山詞一卷　宋陳師道撰

杜壽域詞一卷　宋杜安世撰

竹友詞一卷　宋謝薖撰

信齋詞一卷　宋葛郯撰

省齋詩餘一卷　宋廖行之撰

吕聖求詞一卷　宋吕濱老撰

初寮詞一卷　宋王安中撰

第二函

樂齋詞一卷　宋向鎬撰

簡齋詞一卷　宋陳與義撰

樵歌三卷　宋朱希眞撰

竹齋詞一卷　宋沈瀛撰

知稼翁詞一卷　宋黄公度撰

于湖詞二卷　宋張孝祥撰

松坡詞一卷　宋章京鎧撰

竹洲詞一卷　宋吴儆撰

晦庵词一卷　宋李處全撰

養拙堂詞一卷　宋管鑑撰

第三函

履齋先生詩餘一卷　宋吴潛撰

烘堂集一卷　宋盧炳撰

蒲江詞藁一卷　宋盧祖皐撰

克齋詞一卷　宋沈端節撰

王周士詞一卷　宋王以寧撰

白雪詞一卷　宋陳德武撰

東澤綺語一卷　宋張輯撰

僑菴詩餘一卷附録北樂府一卷　明李祺撰

樂府補題一卷

東浦詞一卷　宋韓玉撰

松雪詞一卷　元趙孟頫撰

鳴鶴餘音一卷附録一卷　元虞集撰

第四函

蛻巖詞二卷　元張翥撰

竹窗詞一卷附録北樂府一卷　元沈禧撰

古山樂府二卷　元張埜撰

雲林樂府一卷　元倪瓚撰

貞居詞一卷　元張雨撰

元草堂詩餘三卷　　鳳林書院輯

南唐二主詞

應天長 後主云先皇御製歌詞墨蹟在晁公留家

一鈎初月臨粧鏡蟬鬢鳳釵慵不整重簾靜層樓迴惆悵落花風不定　柳堤芳艸逕夢斷轆轤金井昨夜更闌酒醒春愁過却病

望遠行

玉砌花光錦繡明朱扉長日鎖長扃夜寒不去寢難成爐香烟冷自亭亭　殘月秣陵砧不傳

汲古閣未刻詞二十二種二十四卷

清乾隆彭氏知聖道齋鈔校本

DC0381一函六册

清彭元瑞輯。

書高28.6釐米，寬17.8釐米。版框高19.3釐米，寬14.9釐米。每半葉十行，行二十四字。白口，單黑魚尾，四周雙邊。每集正文首葉版心上朱筆題篇名，版心下記"知聖道齋/鈔校書籍"。

書末有彭元瑞朱筆録此本、南詞本、宋元人小詞本中汲古閣未刻種數及詳目。

書中鈐"郭誠私印"、"大倉文化財團藏書"朱印。

子目：

陽春集一卷　南唐馮延巳著

東山詞一卷　宋賀鑄著

信齋詞一卷　宋葛郯著

樂齋詞一卷　宋向滈著

樵歌詞拾遺一卷　宋朱希真著

梅詞一卷　宋朱雍著

晦菴詞一卷　宋朱熹著

竹洲詞一卷　宋吴儆著

梅屋詩餘一卷　宋許棐著

虚齋樂府二卷　宋趙以夫著

和清眞詞一卷　宋楊澤民著

白玉蟾詞一卷　宋葛長庚著

漱玉詞一卷　宋李清照著

斷腸詞一卷　宋朱淑眞著

風雅遺音二卷　宋林正大編

文山樂府一卷　宋文天祥著

松雪齋詞一卷　元趙孟頫著

雪樓先生樂府一卷　元程文海著

樵菴詞一卷　元劉因著

雁門集一卷　元薩都剌著

古山樂府一卷　元張埜著

雲林詞一卷　元倪瓚著

案語：查《中國古籍善本書目》，上海圖書館藏此書光緒鈔本，凡二十六種二十七卷，自雲林詞後多宋黄裳演山先生詞二卷、宋李綱梁谿詞一卷、宋姚勉雪坡詞一卷、宋胡銓澹庵長短句一卷，未知為彭氏所補抑後人所增。

陽春集

南唐 馮延巳著

鵲踏枝 即蝶戀花

梅落繁枝千萬片猶自多情學雪隨風轉昨夜笙歌容易散酒醒添得愁無限 樓上春山寒四面過盡征鴻暮景煙深淺一餉凭闌人不見鮫綃掩淚思量遍遍

又

誰道閑情抛擲久每到春来惆悵還依舊舊日花前常病酒敢辭鏡裏朱顔瘦 河畔青蕪堤上柳為問新愁何事年〻有獨立小樓風滿袖平林新月人歸後

國朝名家詩餘十七種四十卷附二種二卷

清康熙留松閣刻本

DC0383二函二十册

清孫默編。

孫默（1613—1678），字無言，又字桴庵，號黄嶽山人，安徽休寧人，流寓維揚。

書高21.7釐米，寬14.8釐米。版框高18.8釐米，寬13.6釐米。每半葉九行，行二十一字。白口，無魚尾，左右雙邊。版心上方記子目名，版心中記卷次，下方正面小字記類目，背面小字記葉次。版心下記“留松閣”。

《百末詞》卷上首葉第一行頂格題“百末詞”，下小字題“卷上”，第二行題“長洲尤侗梅菴譔”，第三至四行題“嘉善曹爾堪顧菴/新城王士祿西樵/評”，第五行題“休寧孫默無言較”，第六行起正文。

存九種二十二卷。

《含影詞》册首有内封墨書“乾隆辛卯年校刊/國初十大家詞/本宅藏板”。

書中鈐“大倉文化財團藏書”朱印。

子目：

百末詞二卷　清尤侗撰

含影詞二卷　清陳世祥撰

溪南詞二卷　清黄永撰

月湄詞四卷　清陸求可撰

麗農詞二卷　清鄒祇謨撰

延露詞三卷　清彭孫遹撰

衍波詞二卷　清王士禛撰

蓉渡詞三卷　清董以寧撰

玉鳧詞二卷　清董俞撰

百末詞卷上

長洲尤　侗悔菴譔
嘉善曹爾堪顧菴
新城王士禄西樵　評
休寧孫　默無言較

小令

憶王孫

懷卿謀

秋風嫋嫋洞庭波。暮雨湛湛落敗荷。數遍相思今夜多。

唐宋諸賢絕妙詞選十卷

明萬曆閼逢攝提格（四十二年，1614）秦嵋刻本

DC0376一函四册

宋黄昇編集。

黄昇，生卒年不詳，字叔暘，號玉林，又號花庵詞客，宋建安人。

書高26.6釐米，寬17.4釐米。版框高18.8釐米，寬13.7釐米。每半葉十行，行二十字，小字雙行，字數同。白口，單黑魚尾，左右雙邊。魚尾上方記詞人姓名，下方記"詞選"及卷次，版心下記葉次。

卷一首葉第一行題"唐宋諸賢絕妙詞選卷之一"，第二行起正文。綱目首葉第一、二行大字題"唐宋諸賢絕妙詞選綱目"，第三行題"花菴詞客編集"，第四行綱目。

書首有淳祐己酉胡德方"詞選序"，"唐宋諸賢絕妙詞選綱目"。

書中鈐"明善堂覽書畫印記"、"大倉文化財團藏書"朱印。

案語：與DC0377《中興以來絕妙詞選》合刻合印。别本卷首有萬曆閼逢攝提格茹天成"重刻絕妙詞選引"，此本闕。

唐宋諸賢絕妙詞選卷之一

◎唐詞 凡看唐人詞曲當看其命意造語工緻處蓋語簡而意深所以為奇作也

李太白

名白賀知章號之為謫仙

菩薩蠻

二詞為百代詞曲之祖

平林漠漠煙如織寒山一帶傷心碧暝色入高樓有人樓上愁○玉梯空佇立宿鳥歸飛急何處是歸程長亭連短亭

憶秦娥

簫聲咽秦娥夢斷秦樓月秦樓月年年柳色霸陵傷

中興以來絕妙詞選十卷

明萬曆閼逢攝提格（四十二年，1614）秦嵋刻本

DC0377一函六册

宋黄昇編集。

書高27.5釐米，寬17.4釐米。版框高19.2釐米，寬13.9釐米。每半葉十行，行二十字，小字雙行，字數同。細黑口，單黑魚尾，左右雙邊。魚尾上方記詞人姓名，下方記"詞選"及卷次，版心下記葉次。序首葉版心下鎸"何鑑刻"。

卷一首葉第一行題"中興以來絕妙詞選卷之一"，第二行正文。綱目首葉第一、二行大字題"中興以來絕妙詞選綱目"，第三行題"花菴詞客編集"，第四行綱目。

書首有淳祐己酉黄昇"絕妙詞選序"，"中興以來絕妙詞選綱目"。

書中鈐"大倉文化財團藏書"朱印。

案語：與DC0376《唐宋諸賢絕妙詞選》合刻合印。

中興以來絶妙詞選卷之一

宋詞 南渡以後諸賢

康伯可

名與之號順庵　渡江初有聲樂府受
知秦申王王薦於　太上皇帝以文詞
待詔金馬門凡中興粉飾治具及　慈
寧歸養　兩宮歡集必假伯可之歌詠
故應制之詞爲多書市刊本皆假托其
名今得官本乃其壻趙善貢及其友陶
安世所校定篇〻精妙汝陰王性之一
代名士嘗稱伯可樂章非近代所及今

康伯可

陽春白雪八卷外集一卷

清道光十年（1830）錢唐瞿氏清吟閣刻校樣本

DC0378一函四册

宋趙聞禮選。

趙聞禮，生卒年不詳，字立之，一作正之，亦字粹夫，號釣月，臨濮人。

書高25.4釐米，寬17釐米。版框高16.2釐米，寬12.7釐米。每半葉十行，行二十一字，小字雙行，字數同。上下細黑口，雙黑魚尾，四周單邊。上魚尾下記“陽春白雪”及卷次，下魚尾上記葉次，版心下正面記“清吟閣正本”。内封鐫“宋趙聞禮選/陽春白雪”，内封背面鐫“道光十年冬錢唐瞿/氏清吟閣校繕刊本”。書中有朱筆校及改刊印樣。

卷一首葉第一行題“陽春白雪卷一”，第二行題“宋臨濮趙聞禮立之選”，第三行起正文。

書首有“四庫未收書提要陽/春白雪八卷外集一卷”，陽春白雪姓氏爵里，道光庚寅瞿世英識語，道光十年徐楙序。書末有攷異。

提要後有癸卯李希聖題記。有朱筆校注及題籤。

書套書籤墨題“陽春白雪”，鈐“獨活盧”朱印。書衣書籤墨題“陽春白雪石筝詞館本”，鈐“石筝館”朱印。書中鈐“意娟小印”、“蓮公”、“繼振章”、“予席先世之澤有田可耕有書可讀自少及長嗜之彌篤積歲所/得益以青緗舊蓄插架充棟無慮數十萬卷暇日靜念差足自豪/顧書難聚易散即偶聚于所好越一二傳其不散佚殆盡者亦/鮮矣昔趙文敏有云聚書藏書良非易事善觀書者澄神端慮淨/几焚香勿卷腦勿折角勿以爪侵字勿以唾揭幅勿以作枕勿以/夾刺予謂吳興數語愛惜臻至可云篤矣而未能推而計之於其/終請更衍曰勿以鬻錢勿以借人勿以貽不肖子孫星鳳堂主人/楊繼振手識并以告後之得是書而能愛而守之者/予藏書數十萬卷率皆卷帙精整標識分明未敢輕事丹黃造/刧楮素至簡首卷尾鈐朱纍纍則獨至之癖不滅墨林竊用自/喜究之于書不為無補”、“楊繼振”、“蘭鳳陵秀”、“大倉文化財團藏書”朱印。

陽春白雪卷一

宋 臨濮 趙聞禮 立之選

解語花 元宵 周邦彦

風銷燗蠟露浥烘鑪花市光相射桂華流瓦纖雲散耿
耿素娥欲下衣裳澹雅看楚女宮腰一把簫鼓喧人影
參差滿路飄蘭麝 因念都城放夜望千門如晝嬉笑
遊冶鈿車羅帕相逢處自有暗塵隨馬年光是也惟只
有舊情衰謝清漏移飛蓋歸來從舞休歌罷

撥春 田不伐

小雨分山斷雲鏤日丹青難狀清曉柳眼窺晴梅妝迎

花草稡編十二卷樂府指迷一卷

明萬曆癸未（十一年，1583）刻本

DC0379四函二十四册

明陳耀文纂。

陳耀文，生卒年不詳，字晦伯，號筆山，河南確山縣人。嘉靖二十九年進士，歷官南京户部郎中、淮安兵備副使。

書高24.8釐米，寬15.5釐米。版框高18釐米，寬13.3釐米。每半葉十行，行二十字。白口，單黑魚尾，左右雙邊。魚尾上方記"花草稡編"，魚尾下方記卷次，版心下方記葉次。

卷一首葉第一行題"花草稡編卷之一"，第二行題"朗陵外方陳耀文晦伯甫簒"，第三行起正文。

書首有萬曆癸未序。

書中鈐"綠筠書屋珍藏"、"□圃"、"古閩葉氏芾南珍藏"、"芾南氏手校"、"葉滋棠印"、"大倉文化財團藏書"朱印。

花草粹編卷之一

朗陵外方陳耀文晦伯甫纂

小令

蒼梧謠

餞劉恭父　張安國

歸十萬人家兒樣啼公歸去何日是來時

又

歸獵獵薰風颭繡旗攔教住重舉送行盃

又

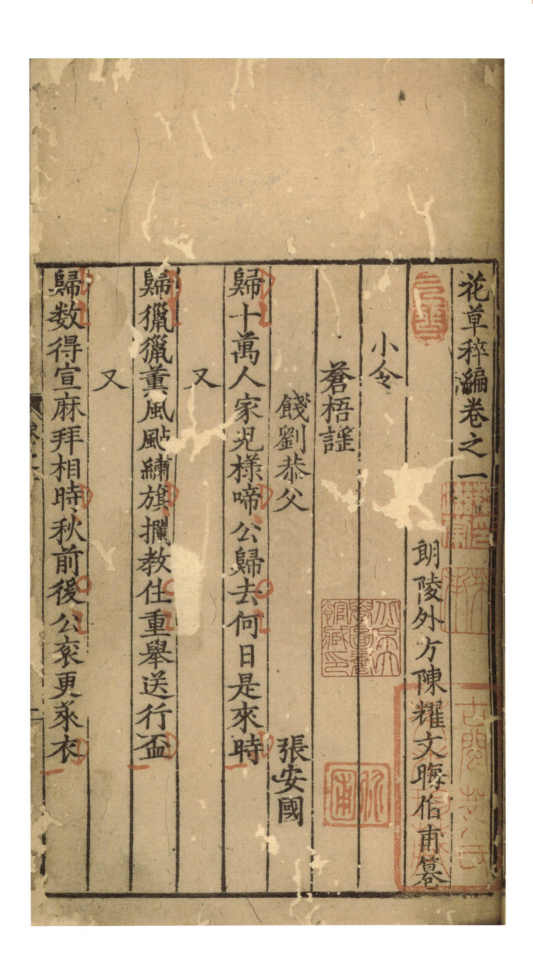

歸數得宣麻拜相時秋前後公袞更萊衣

詞綜三十八卷明詞綜十二卷
國朝詞綜四十八卷二集八卷

清同治四年（1865）亦西齋刻本

DC0841二函二十二册

1.詞綜三十八卷

清朱彝尊輯。

書高24.4釐米，寬15.2釐米。版框高18.3釐米，寬14釐米。每半葉十行，行二十一字。上下粗黑口，單黑魚尾。魚尾間記"詞綜"及卷次，又下記葉次。書内封鐫"朱竹垞太史輯/詞綜/集唐五代宋元名人詞計三十八卷"，内封背面牌記鐫"同治四年秋重校亦西齋藏板"。

卷一首葉第一行題"詞綜卷一"，第二行起正文。

書首有康熙戊午汪森序，"詞綜總目"，"詞綜目録"，朱彝尊"詞綜發凡"。

書中鈐"黄氏伯子昌祚"朱印。

2.明詞綜十二卷

清王昶纂。

版框高18釐米，寬13.8釐米。每半葉十行，行二十一字。上下粗黑口，單黑魚尾。魚尾間記"明詞綜"及卷次，又下記葉次。書内封刻"王蘭泉比部纂/明詞綜/計十二卷"，内封背面牌記鐫"同治四年秋重校亦西齋藏板"。

卷一首葉第一行題"明詞綜卷一"，第二行題"青浦王昶纂"，第三行起正文。

書首有嘉慶七年王昶序，"明詞綜目録"。

3.國朝詞綜四十八卷

清王昶纂。

版框高18.4釐米，寬13.8釐米。每半葉十行，行二十一字。上下粗黑口，單黑魚尾。魚尾間記"國朝詞綜"及卷次，又下記葉次。書内封刻"青浦王蘭泉比部輯/國朝詞綜/計四十八卷"，内封背面牌記鐫"同治四年秋重校亦西齋藏板"。

卷一首葉第一行題"國朝詞綜卷一"，第二行題"青浦王昶纂"，第三行起正文。

書首有嘉慶七年王昶"序"，"國朝詞綜目録"。

4.國朝詞綜二集八卷

清王昶纂。

版框高18.6釐米，寬13.8釐米。每半葉十行，行二十一字。上下粗黑口，單黑魚尾。魚尾間記"國朝詞綜二集"及卷次，又下記葉次。

卷一首葉第一行題"國朝詞綜二集卷一"，第二行題"青浦王昶纂"，第三行起正文。

書首有嘉慶癸亥孫紹成序，"國朝詞綜二集目録"。

案語：《詞綜》據康熙戊午舊刻板修補，《明詞綜》、《國朝詞綜》初二集據嘉慶舊刻板修補。

詞綜卷一

唐詞六十八首

御選歷代詩餘一百二十卷

清康熙四十六年(1707)內府刻本

DC0382四十册

清沈辰垣等編。

沈辰垣,生卒年不詳,字芝岸、紫翰,楓涇鎮人。清康熙乙丑進士,官至翰林院侍讀學士。

書高27.2釐米,寬17釐米。版框高16.7釐米,寬11.5釐米。每半葉十一行,行二十一字,小字雙行三十二字。白口,雙黑魚尾,左右雙邊。上魚尾上記"御選歷代詩餘",上魚尾下記卷次、細目及葉次。內封鐫"御選歷代詩餘"。書衣書籤印"御選歷代詩餘"。

卷一首葉第一行頂格題"御選歷代詩餘卷一",下小字注"起十四字至/二十八字",第二至三行題"司經局洗馬掌局事兼翰林院修撰加二級臣王奕清奉/旨校刊",第四行起正文。

書首有康熙四十六年"御製選歷代詩餘序","御選歷代詩餘編纂官","欽定凡例","御選歷代詩餘總目"。

書中鈐"翰深書屋"、"大倉文化財團藏書"朱印。

御選歷代詩餘卷一 起十四字至二十八字

司經局洗馬掌局事兼翰林院修撰加二級臣王奕清奉

旨校刊

竹枝

一名巴渝詞唐人所作皆言蜀中風景如白居易劉禹錫作皆七言絶句此以二句十四字成調中註竹枝女兒字乃歌時羣和之聲猶采蓮曲之舉棹年少也後人塡詞不拘蜀地但寫風景爲多耳

竹枝　皇甫松

芙蓉並蔕竹枝一心連女兒花侵槅子竹枝眼應穿女兒

前調又一體　皇甫松

山頭桃花竹枝谷底杏女兒兩花窈窕竹枝遥相映女兒

十六字令

又一部

DC0842八函六十四册

書高25.4釐米，寬16.1釐米。版框高16.9釐米，寬11.6釐米。無內封。

書中鈐"衡陽常氏潭印閣藏書之圖記"、"楙林所藏"朱印。

御選歷代詩餘卷一 起十四字至二十八字

司經局洗馬掌局事兼翰林院修撰加二級臣王奕清奉

旨校刊

竹枝

一名巴渝詞唐人所作皆言蜀中風景如白居易劉禹錫作皆七言絶句此以二句十四字成調中註竹枝女兒字乃歌時羣和之聲猶采蓮曲之舉棹年少也後人塡詞不拘蜀地但寫風景爲多耳

竹枝　皇甫松

芙蓉並蔕竹枝一心連女兒花侵槅子竹枝眼應穿女兒

前調又一體　皇甫松

山頭桃花竹枝谷底杏女兒兩花窈窕竹枝遥相映女兒

十六字令

詞律二十卷發凡一卷拾遺六卷補遺一卷

清光緒二年（1876）吳下刻本

DC0385二函十二册

清萬樹論次，清徐本立拾遺，清杜文瀾補遺。

萬樹（1630—1688），字紅友，一字花農，號山翁、山農，常州府宜興人。書高29釐米，寬17.2釐米。版框高18.2釐米，寬14.4釐米。每半葉七行，行二十一字，小字雙行，字數同。白口，單黑魚尾，左右雙邊。上魚尾上方記“詞律”，下記卷次、細目及葉次。書衣書籤印“校刊詞律”。內封鐫“光緒二年/校刊詞律/吳下開雕”。

卷一首葉第一行題“詞律卷一”，第二行題“陽羡萬樹紅友論次”，第三至四行題“蘇完恩錫竹樵/秀水杜文瀾筱舫/校刊”，第四行起正文。

書首有“總目”，光緒二年俞樾序，康熙丁卯吳興祚序，嚴繩孫序，康熙二十六年萬樹自序。萬樹“發凡”，杜文瀾“詞律續說”，萬樹訂正“詞律目次”，杜文瀾編“詞律韻目”。

書中鈐“大倉文化財團藏書”朱印。

詞律卷一

陽羨萬　樹紅友論次

蘇完恩　錫竹樵　校刊

秀水杜文瀾筱舫

竹枝　十四字。又名巴渝辭。　皇甫松

芙蓉並蔕竹枝一心連韻女兒花侵槅子竹枝眼應穿叶女兒

竹枝之音。起于巴蜀。唐人所作。皆言蜀中風景。後人因效其體。于各地爲之。非古也。如白樂天劉夢得等

詞譜四十卷

清康熙五十四年（1715）內府刻朱墨套印本

DC0843六函四十册

清陳廷敬等奉敕纂。

陳廷敬（1639—1712），字子端，號說岩，晚號午亭，清代澤州人。順治十五年進士，官至文淵閣大學士兼吏部尚書。謚文貞。

書高27釐米，寬16.3釐米。版框高19.5釐米，寬12.4釐米。無行欄。每半葉八行，行二十一字。白口，雙黑魚尾。版心上方記"詞譜"及卷次，中記詞牌，下記葉次。

卷一首葉第一行題"詞譜卷一"，下小字注"起十四字至/二十八字"，第二行起正文。

書首有康熙五十四年"御製詞譜序"，總閱校對纂修分纂校刊諸臣職名，"詞譜凡例"，"詞譜總目"。

書中鈐"無竟先生獨志堂物"朱印。

案語：黄綾函套。

詞譜卷一 起十四字至二十八字

竹枝

唐教坊曲名。元郭茂倩樂府詩集云：竹枝本出於巴渝，唐貞元中劉禹錫在沅湘，以里歌鄙陋，乃依騷人九歌作竹枝新詞九章，教里中兒歌之，由是盛於貞元元和之間。按劉禹錫集與白居易倡和竹枝甚多，其自敘云：竹枝，巴歈也。巴兒聯歌，吹短笛擊鼓以赴節，歌者揚袂睢舞，其音協黃鍾羽。但劉白詞俱無和聲，今以皇甫松、孫光憲詞作譜，以有和聲也。

竹枝 單調十四字，兩句兩平韻　皇甫松

芙蓉並蔕竹枝一心連韻女兒　花侵槅子竹枝眼應穿韻女兒

尊前集載皇甫松竹枝詞六首，皆兩句體，平韻者五，仄韻者一，每句第二字俱用平聲，餘字平仄不拘，所

六十種曲

明末虞山毛氏汲古閣刻本

DC0384一百二十册

明毛晉輯。

毛晉（1599—1659），字子晉，號潛在，原名鳳苞，字子久，江蘇常熟人。少為諸生，天啟、崇禎間屢試不第，遂家居藏書、刻書，有汲古閣、綠君亭。

書高24.8釐米，寬15.6釐米。版框高19.7釐米，寬13.1釐米。每半葉九行，行十九字，小字雙行，字數同。下細黑口，左右雙邊。版心上方記曲目，下小字記卷次及葉次。總目版心下鐫“汲古閣”。子集內封鐫“繡刻演劇十本/第一套/雙珠/尋親/東郭/金雀/焚香/荊釵/霞箋/精忠/浣紗/琵琶”。丑集內封面鐫“繡刻演劇十本/第二套/實獲齋藏板”。

卷一首葉第一行題“雙珠記卷上”，第二行起正文。

書首有閱世道人“演劇首套弁語”，“六十種曲總目”。

書中鈐“大倉文化財團藏書”朱印。

子目：

子集

雙珠記二卷　明沈鯨撰

尋親記二卷　明□□撰

東郭記二卷　明孫仁孺撰

金雀記二卷　明□□撰

焚香記二卷　明王玉峰撰

丑集

荊釵記二卷　明朱權撰

霞箋記二卷　明□□撰

精忠記二卷　明姚茂良撰

浣紗記二卷　明梁辰魚撰

琵琶記二卷　元高明撰

寅集

南西廂二卷　明李日華撰

幽閨記二卷　元施惠撰

明珠記二卷　明陸采撰

玉簪記二卷　明高濂撰

紅拂記二卷　明張鳳翼撰

卯集

還魂記二卷　明湯顯祖撰

紫釵記二卷　明湯顯祖撰

邯鄲記二卷　明湯顯祖撰

南柯記二卷　明湯顯祖撰

北西廂二卷　元王實甫撰

辰集

春蕪記一卷　明汪錂撰

琴心記一卷　明孫柚撰

玉鏡臺記一卷　明朱鼎撰

懷香記一卷　明陸采撰

綵毫記一卷　明屠隆撰

巳集

運甓記二卷　明吾丘端撰

鸞鎞記二卷　明葉憲祖撰

玉合記二卷　明梅鼎祚撰

金蓮記二卷　明陳汝元撰

四喜記二卷　明謝讜撰

午集

三元記二卷　明沈受先撰

投梭記二卷　明徐復祚撰

鳴鳳記二卷　明王世貞撰

飛丸記二卷　明□□撰

紅梨記二卷　明徐復祚撰

未集

八義記二卷　明徐元撰

西樓記二卷　清袁于令撰
還魂記二卷　明湯顯祖撰
繡襦記二卷　明徐霖撰
青衫記二卷　明顧大典撰
申集
錦箋記二卷　明周履靖撰
蕉帕記二卷　明單本撰
紫簫記二卷　明湯顯祖撰
水滸記二卷　明許自昌撰
玉玦記二卷　明鄭若庸撰
酉集
灌園記二卷　明張鳳翼撰
種玉記二卷　明汪廷訥撰
雙烈記二卷　明張四維撰
獅吼記二卷　明汪廷訥撰
義俠記二卷　明沈璟撰
戌集
千金記二卷　明沈采撰
殺狗記二卷　明徐田畦撰
玉環記二卷　明□□撰
龍膏記二卷　明楊珽撰
贈書記二卷　明□□撰
亥集
曇花記二卷　明屠隆撰
白兔記二卷　明□□撰
香囊記二卷　明邵璨撰
四賢記二卷　明□□撰
節俠記二卷　明□□撰

雙珠記卷上

第一齣

【蝶戀花】鐘送末上鷄報曉昏曉相催世事何時了萬古千愁人自老春來依舊生芳草 忙處人多閑處少閑處光陰幾個人知道獨上小樓雲杳杳天涯一點青山小 問荅照常

【法曲獻僊音】足學王生守貞郭氏偕補鄖陽軍伍怒激奸謀釀成寃獄哀誠感通眞武賴術士祈天府寬刑調邊土 慧姬苦入宮闈纊衣詩意君垂

清容外集九種

清末刻本

DC0387二函二十四册

清蔣士銓撰。

書高29.5釐米，寬17.7釐米。版框高17.2釐米，寬13.7釐米。每半葉九行，行二十二字，小字雙行，字數同。天頭上有眉批。白口，單黑魚尾，四周單邊。魚尾上方記曲目，魚尾下方記卷次，版心下方記葉次。內封鐫“史院填詞/清容外集/空谷香/紅雪樓藏板”，其餘各種內封自曲目外文字皆同。

《空谷香》卷一首葉第一行題“空谷香傳奇卷上”，第二行題“鉛山蔣中子士銓填詞”，第三行題“武康高東井文照題評”，第四行起正文。

書首有蔣士銓“空谷香傳奇自序”，辛卯張三禮序，蔣士銓等“題詞”，“空谷香傳奇目録”。

書中鈐“大倉文化財團藏書”朱印。

子目：

空谷香二卷

冬青樹二卷

香祖樓二卷

臨川夢二卷

第二碑一卷

雪中人一卷

四絃秋一卷

一片石一卷

桂林霜二卷

[illegible]谷第一義
看他千鍾百
[illegible]口而出

空谷香傳奇卷上

鉛山蔣中子士銓塡詞

武康高東井文照題評

第一齣 香生

老旦冠帔花神襍四仙女各執荷桂菊梅一花隨上北中呂【粉蝶兒】老旦香徧人天，謫幽蘭綠愁紅怨短春光多少因緣五更風三月雨決撒下芳馨一片好年華半晌流連苦根苗千般磨鍊

紛紛濃艷競韶華都是雕闌頭刻花山翠四圍香一朵

人間何處覓根芽我乃上界花神是也昨領百花侍史

楊東來先生批評西游記六卷

日本昭和三年(1928)東京斯文會鉛印本

DC0849一函一册

元吳昌齡撰,日本鹽谷溫編。

吳昌齡,生卒年不詳,西京人,曾任婺源知州。

書高22.7釐米,寬14.9釐米。有版權葉。

正文首葉第一行題"楊東來先生批評西游記卷之一",第二行題"元吳昌齡撰",第三行起正文。

書首有影印圖版。書中有內封印"雜劇西游記","西游記小引","楊東來先生批評西游記總論","楊東來先生批評西游記目録"。書末有昭和三年節山學人跋。

楊東來先生批評西游記卷之一

元　吳昌齡　撰

湛露堯蓂一葉新　寶筵祥靄麗仙宸
三元同降天王節　萬國均瞻化日春

第一齣　之官逢盜

(觀世音上云)旃檀紫竹隔凡塵。七寶浮屠五色新。佛號自稱觀自在。尋聲普救世間人。老僧南海普陀洛伽山、七珍八寶寺紫竹旃檀林居住西天我佛如來座下上足徒弟。得眞如正徧知覺。自佛入涅槃後。我等皆成正果。涅槃者乃無生無死之地。見今西天竺有大藏金經五千四十八卷。欲傳東土。爭奈無箇肉身幻軀的眞人闡揚。如今諸佛議論着西天毘盧伽尊者托化於中國海州弘農縣陳光蕊家爲子。長大出家爲僧往西天取經闡教。爭奈陳光蕊有十八年水災。老僧已傳法旨於沿海龍王隨所守護。自有箇保他的道理。不因三藏西天去。那得金經東土來。(陳光蕊引夫人上云)幾年積學老明經。一舉高標上甲名。金牒兩朝分鐵券。玉壺千尺

曲譜十二卷卷首一卷卷末一卷

清康熙內府刻朱墨套印本

DC0844一函八册

清王奕清等撰。

王奕清（？—1737），字幼芬，號拙園，江南太倉人。康熙三十年進士，累官詹事兼翰林院侍讀學士。

書高27.7釐米，寬17.9釐米。版框高19釐米，寬12.4釐米。無行欄。每半葉八行，行二十一字，小字雙行，字數同。白口，雙黑魚尾，四周雙邊。版心上記“曲譜”及卷次，中記子目，下記葉次。

卷一首葉第一行題“曲譜卷一”，下小字注“北黄鍾宫正宫/大石調小石調”，第二行起正文。

書首有“曲譜總目”，“曲譜凡例”。

書中鈐“鳴晦廬”朱印。

曲譜卷一 北黃鍾宮正宮 大石調小石調

黃鍾宮 其音富貴纏綿

醉花陰 丹丘先生 散套

無始之先道何祖韻太極初分上古韻兩儀判句混元舒韻四象方居韻一氣爲天地母韻

喜遷鶯 同前

日月轉旋樞韻清濁肇三才自鼎扶韻節候有溫涼寒暑韻黃鍾子建陽初韻巍乎韻仰太虛韻萬物羣生布

新定九宮大成南北詞宮譜八十一卷閏一卷總目三卷

清乾隆十一年（1746）刻朱墨套印本

DC0845五函五十册

清周祥鈺編輯，清鄒金生編輯。

周祥鈺，生卒年不詳，字南珍，虞山人。鄒金生，生卒年不詳，字漢泉，毗陵人。

書高28.8釐米，寬17.8釐米。版框高22.4釐米，寬15.6釐米。無行欄。每半葉七行，行十六字，小字雙行，字數同。白口，單黑魚尾，四周雙邊。魚尾上方記“九宮大成南詞宮譜”，或“九宮大成北詞宮譜”下記卷次及曲目，又下記葉次。

卷一首葉第一行題“新定九宮大成南詞宮譜卷之一”，第二、三行上空二格題“編輯/周祥鈺/鄒金生”，下空二格題“分纂/徐興華/王文禄”，第四、五行上空二格題“參定/徐應龍/朱廷鏐”，下空二格題“校閱/朱廷璋/藍畹”，第六行起正文。

書首有乾隆十一年愛月居士“新定九宮大成序”，乾隆十一年于振序，乾隆十一年周祥鈺“新定九宮大成序”，“分配十二月令宮調總論”，“新定九宮大成南詞宮譜凡例”。

新定九宮大成南詞宮譜卷之一

編輯　周祥鈺　分纂　徐興華
　　　鄒金生　　　　王文祿
參定　徐應龍　校閱　朱廷璋
　　　朱廷鏐　　　　藍　畹

仙呂宮引

奉時春　月令承應

日麗風和布艷陽韻　籠紫闕瑞雲搖漾韻

納書楹曲譜正集四卷續集四卷外集二卷補遺四卷四夢全譜八卷

清乾隆五十七至五十九年（1792—1794）長洲葉堂納書楹刻本

DC0386四函二十二册

清葉堂訂，清王文治參訂。

葉堂，生卒年不詳，字廣明，一字廣平，號懷庭，蘇州人。王文治（1730—1802），字禹卿，號夢樓，江蘇丹徒人。乾隆二十五年進士，官至雲南臨安知府。

書高27釐米，寬17.3釐米。版框高19.1釐米，寬14.1釐米。每半葉六行，行十八字，小字雙行，字數同，每行右側小字標工尺。白口，單黑魚尾，四周雙邊。魚尾上方記“納書楹曲譜”，下方記“正集”及卷次，又下方細目及葉次。版心下記曲目。內封鐫“乾隆壬子春鐫/納書楹正集曲譜/納書楹藏板”，《納書楹曲譜續集》、《納書楹曲譜外集》、《四夢全譜》內封年代同。補遺內封鐫“乾隆甲寅春鐫/納書楹補遺曲譜/納書楹藏板”。

《納書楹曲譜正集》卷一首葉第一行題“納書楹曲譜正集卷一”，第二行題“長洲葉堂廣明訂譜”，第三行題“丹徒王文治禹卿參訂”，第四行起正文。

書首有乾隆五十七年王文治“納書楹曲譜序”，乾隆五十七年葉堂“納書楹曲譜自序”，“納書楹曲譜凡例”，“納書楹曲譜總目”。《納書楹補遺曲譜》書首有乾隆五十七年葉堂“納書楹補遺曲譜自序”。

書中鈐“九如”、“雅致”、“退思堂鑒賞”、“大倉文化財團藏書”朱印。

納書楹曲譜正集卷一

長洲葉　堂廣明訂譜
丹徒王文治禹卿參訂

稱慶

仙呂　錦堂月（畫錦堂）簾幕風柔庭幃晝永朝來峭寒輕透親在高堂一喜又還一憂（月上海棠）惟願取百歲椿萱長似他三春花柳酌春酒看取

傳奇彙考

清乾隆鈔本

DC0388六册

清佚名撰。

書高28釐米，寬17.7釐米。無行欄。每半葉十行，行二十四字。小字雙行，字數同。書衣墨書“傳奇彙考”。

册首各有目録。今此書僅見民國三年古今書室石印本，兩本相覈各有增闕：

册一：凡五十七條，前半與古今書室石印本卷一同，後二十七條古今書室本闕。

册二：前半與古今書室本卷六同，後半與古今書室本卷二同。

册三：前半與古今書室本卷七同，後半與古今書室本卷三同，闕“彩霞旛”一條。

册四：凡四十五條，後半與古今書室卷八同，前十九條古今書室本闕。

册五：凡九十四條，古今書室本闕。

册六：凡四十一條，古今書室本闕。

有墨筆校，各册首尾有戊子間校記。

書中鈐“大倉文化財團藏書”朱印。

案語：清諱“玄”字多避，“弘”字或避或不避，又文中稱順康間人為近時人，則原稿當著於康熙間。

全家慶

不知何人所作。演富錦章積善感天。父子同膺顯爵。夫婦齊眉。闔門元吉。故名全家慶。然事蹟荒唐無据。略云富錦章字雄文，雲間人，少失怙恃，年二十讀書入泮，尚未有室，慨然慕陶朱公、郭汾陽之為人，聞廬山紫雲道人善卜，往決行藏，于中途遇桂榮留宿，榮有女青娥，年方及笄而瘖啞，乞錦章代卜。錦章行至淮水界，倦甚，小憩財神廟，見一女子跣足蓬頭，抱孩童欲投黃河，錦章急救之。女云黃氏，夫錢德周畜豕数口，將貨納粮，不意夫入城，一人以假銀十兩售之，畏夫詰責，故投水耳。錦章以行笈中銀十兩贈之，勸令速歸。而財神鑒察錦章捐銀救女陰

又一部

清鈔本

存六十二條，内三十五條與古今書室本卷五同。

情郵記

明末宜興吳炳撰炳作粲花齋五種畫中人西園緑牡丹療妬羹此其一也劉士元於郵亭賦詩王女與婢前後賡和彼此情感故以是名　畧云劉乾初字士元姑蘇人與同學蕭長公契厚蕭官青州守以書邀劉適樞密何乃殷恃勢囑有司買妾維揚無出衆者通判王仁慮禍將婢紫蕭充已女以獻女與婢皆善詩賦樞密得婢喜不勝與何金吾議擢仁長蘆轉運使初劉訪蕭抵黃河東岸繹見驛亭粉壁題詩寄懷云年少飄零只一身風波愁殺渡頭人青衫穩稱騎羸馬白面難教撲暗塵但說荊山當有淚自生空谷孰為春蕭蕭旅館河流上忽憶青州太

又一部

DC0388合一函四册

清末鈔本

存三十四條，又著者目一册。與古今書室本卷四同，多"黑白衛"一條，少"奈何天"一條。

傳奇彙攷

目録

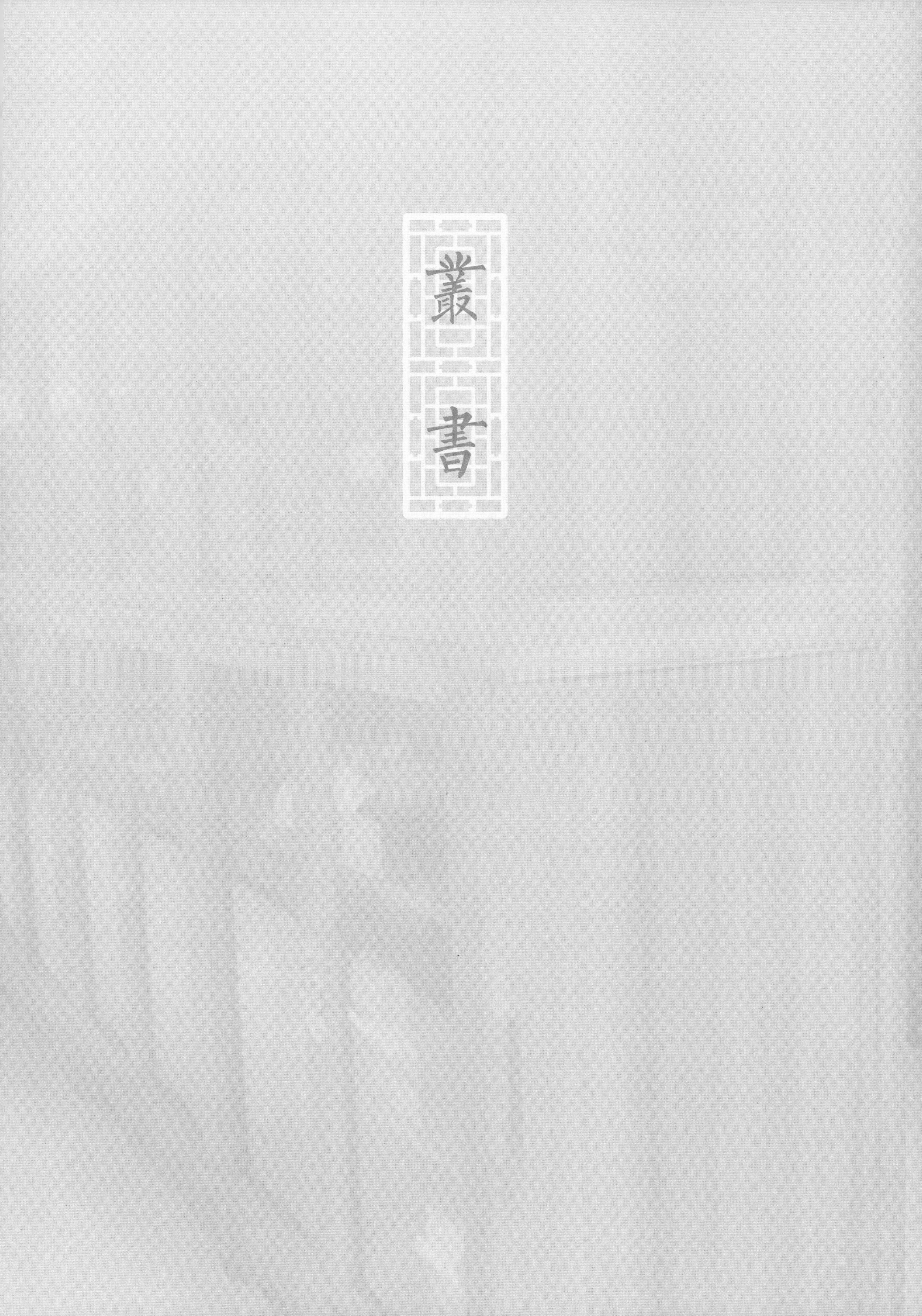

叢書

百川學海一百種一百七十九卷

明弘治十四年（1501）華珵刻本

DC0389四十八册

宋左圭輯。

左圭，字禹錫，自號古鄮山人，生平事蹟不詳。

書高26.6釐米，寬17.6釐米。版框高18.2釐米，寬14.4釐米。每半葉十二行，行二十字。白口，無魚尾，左右雙邊。版心中記細目簡名及卷次，版心下記葉次。

卷一首葉第一行起正文。

書首有昭陽作噩左圭序，"百川學海標目"。

書中鈐"陳國猷印"、"□雲樓"、"考仲父"、"大倉文化財團藏書"朱印。

此書有補板，有墨釘。

子目：

甲集

聖門事業圖一卷　宋李元綱撰

漁樵對問一卷　宋邵雍撰

學齋占畢四卷　宋史繩祖撰

獨斷二卷　漢蔡邕撰

李涪刊誤二卷　唐李涪撰

九經補韻一卷　宋楊伯岩撰

中華古今注三卷　後唐馬縞撰

釋常談三卷　宋闕名撰

乙集

隋遺録二卷　唐顔師古撰

翰林志一卷　唐李肇撰

宋朝燕翼詒謀録五卷　宋王林撰
春明退朝録三卷　宋宋敏求撰
淳熙玉堂雜紀三卷　宋周必大撰
揮麈録二卷　宋楊萬里撰
丁晉公談録一卷　宋丁謂撰
王文正公筆録一卷　宋王曾撰
開天傳信記一卷　唐鄭綮撰

丙集

厚德録四卷　宋李元綱撰
韓忠獻公遺事一卷　宋强至撰
文正王公遺事一卷　宋王素撰
濟南先生師友談記一卷　宋李廌撰
可談一卷　宋朱彧撰
河東先生龍城録二卷　唐柳宗元撰
前定録一卷續一卷　唐鍾輅撰
國老談苑二卷　宋王君玉撰
晁氏客語一卷　宋晁說之撰
道山清話一卷　宋王□撰

丁集

畫簾緒論一卷　宋胡太初撰
官箴一卷　宋吕本中撰
祛疑說一卷　宋儲泳撰
因論一卷　唐劉禹錫撰
宋景文公筆記三卷　宋宋祁撰
鼠璞一卷　宋戴埴撰
善誘文一卷　宋陳録撰

戊集

東坡先生志林集一卷　宋蘇軾撰
螢雪叢說二卷　宋俞成撰
蘇黄門龍川略志十卷　宋蘇轍撰
西疇老人常言一卷　宋何坦撰

樂城先生遺言一卷　宋蘇籀記
東穀所見一卷　宋李之彦撰
雞肋一卷　宋趙崇絢撰
孫公談圃三卷　宋孫升述　宋劉延世録
己集
王公四六話二卷　宋王銍撰
四六談塵一卷　宋謝汲撰
文房四友除授集一卷附録一卷　宋鄭清之等撰　附録宋胡謙厚撰
耕祿槁一卷　宋胡琦撰
子略四卷目一卷　宋高似孫撰
騷略三卷　宋高似孫撰
獻醜集一卷　宋許棐撰
庚集
選詩句圖一卷　宋高似孫輯
石林詩話三卷　宋葉夢得撰
六一居士詩話一卷　宋歐陽修撰
東萊呂紫微詩話一卷　宋呂本中撰
珊瑚鉤詩話三卷
劉攽貢父詩話一卷　宋劉攽撰
後山居士詩話一卷　宋陳師道撰
許彦周詩話一卷　宋許顗撰
司馬溫公詩話一卷　宋司馬光撰
庚溪詩話二卷　宋陳岩撰
竹坡老人詩話三卷　宋周紫芝撰
辛集
法帖釋文十卷　宋劉次莊撰
海岳名言一卷　宋米芾撰
寶章待訪録一卷　宋米芾撰
米元章書史一卷　宋米芾撰
書斷四卷　□闕名撰

續書譜一卷　宋姜夔撰

試筆一卷　宋歐陽修撰

書譜一卷　唐孫過庭撰

法帖刊誤二卷　宋黄伯思撰

高宗皇帝御製翰墨志一卷　宋高宗御製

譜系雜説二卷　宋曹士冕撰

壬集

端溪硯譜一卷　宋闕名撰

硯譜一卷　宋闕名撰

歙州硯譜一卷　□闕名撰

歙硯説一卷辨歙石説一卷　宋闕名撰

硯史一卷　宋米芾撰

古今刀劍録一卷　梁陶弘景撰

香譜二卷　□闕名撰

茶經三卷　唐陸羽撰

煎茶水記一卷　唐張又新撰

茶録一卷　宋蔡襄撰

東溪試茶録一卷　宋宋子安撰

酒譜一卷　宋竇蘋撰

本心齋疏食譜一卷　宋陳達叟撰

筍譜一卷　宋釋贊寧撰

菌譜一卷　宋陳仁玉撰

蟹譜二卷　宋傅肱撰

癸集

荔枝譜一卷　宋蔡襄撰

橘録三卷　宋韓彦直撰

南方草木狀三卷　晉嵇含撰

竹譜一卷　晉戴凱之撰

菊譜一卷　宋劉蒙撰

菊譜一卷　宋范成大撰

菊譜一卷　宋史正志撰

梅譜一卷　宋范成大撰

洛陽牡丹記一卷　宋歐陽修撰

牡丹榮辱志一卷　宋丘璿撰

揚州芍藥譜一卷　宋王觀撰

海棠譜三卷　宋陳思撰

師曠禽經一卷　晉張華注

名山洞天福地記一卷　前蜀杜光庭撰

聖門事業圖序

欲窺聖人之門牆所造之道有四焉曰明曰習曰存曰覺是也明則知之必當習則行之必熟若夫存覺則仁矣知而能行是猶適燕而北轅其所趨雖有遲速之不同終亦必至而後已苟終日談燕而駐足則亦安能至哉此版築之學所以有行之惟艱之說也雖然始條理者知之事也有知之士則必知之明擇之精苟未知而力行是猶適燕而南轅縱復疾馳心幽并而足吳越未見其能至也此大學之道必以致知爲先焉予留心道學幾三十載食息研究不忘粗亦知所趨向矣於是列爲十圖共成一編以示同志蓋欲咸知聖門事業之所在而不失其所趨向也因

又一部

DC0850八函六十四册

書高25.2釐米，寬17釐米。版框高19.2釐米，寬14.6釐米。

書中鈐“季滄葦圖書記”、“季振宜印”、“季振宜藏書”、“御史之章”朱印。

聖門事業圖序

欲窺聖人之門牆所造之道有四焉曰明曰習曰存曰覺是也明則知之必當習則行之必熟若夫存覺則仁矣知而能行是猶適燕而北轅其所趨雖有遲速之不同終亦必至而後已苟終日談燕而駐足則亦安能至哉此版築之學所以有行之惟艱之說也雖然始條理者知之事也有知之士則必知之明擇之精苟未知而力行是猶適燕而南轅縱復疾馳心幽并而足吳越未見其能至也此大學之道必以致知爲先焉予留心道學幾三十載食息研究不忘粗亦知所趨向矣於是列爲十圖共成一編以示同志蓋欲咸知聖門事業之所在而不失其所趨向也因

兩京遺編十二種

明萬曆十年（1582）刻本

DC0391二十册

明胡維新輯。

胡維新，字文化，浙江省餘姚縣人。嘉靖三十八年進士，官鎮江知府，福建道御史。

書高29.8釐米，寬17.5釐米。版框高20.6釐米，寬13.8釐米。每半葉九行，行十七字。白口，雙黑魚尾，四周雙邊。上魚尾下方記細目及卷次，又下方記葉次，下魚尾下方記刻工名。

卷一首葉第一行題"新語卷上"，第二行題"漢中大夫陸賈撰"，第三行起正文。

書首有萬曆十年胡維新"刻兩京遺編序"。

書中鈐"大倉文化財團藏書"朱印。

子目：

新語二卷　漢陸賈撰

賈子十卷　漢賈誼撰

春秋繁露十七卷　漢董仲舒撰

鹽鐵論十卷　漢桓寬撰

白虎通德論二卷　漢班固撰

潛夫論十卷　漢王符撰

仲長統論一卷　漢仲長統撰

風俗通義十卷　漢應劭撰

徐幹中論二卷　漢徐幹撰

人物志三卷　三國魏劉邵撰　北魏劉昞注

申鑒五卷　漢荀悅撰　明黃省曾注

文心雕龍十卷　南朝梁劉勰撰

新語卷上

漢中大夫陸　賈　撰

道基第一　術事第二　輔政第三
無為第四　辨惑第五　慎微第六

道基第一

傳曰天生萬物以地養之聖人成之功德參合而道術生焉故曰張日月列星辰序四時調陰陽布氣治性次置五行春生夏長秋收冬藏陽生雷電陰成雪霜養育群生一茂一

漢魏叢書三十八種

明萬曆壬辰（二十年，1592）新安程氏刻本

DC0851十函八十册

明程榮輯。

程榮，字伯仁，明萬曆間歙縣人。

書高28.9釐米，寬18釐米。版框高19.9釐米，寬14.5釐米。每半葉九行，行二十字，小字雙行，字數同。白口，單線魚尾，左右雙邊。魚尾上方記子目，下記卷次，又下記葉次，版心下方或記刻工姓氏。

書首有萬曆壬辰屠隆緯序，"漢魏叢書總目録"。

書中鈐"應荃曾觀"朱印，"蘭友圖書"、"應蕙曾觀"墨印。

子目：

經籍

京房易傳三卷　漢京房著　吴陸績註

周易略例一卷　晉王弼著　唐邢璹註

古三墳一卷

詩說一卷　漢申培著

韓詩外傳十卷　漢韓嬰著

大戴禮記十三卷　漢戴德著

春秋繁露十七卷　漢董仲舒著

白虎通德論二卷　漢班固著

獨斷二卷　漢蔡邕著

忠經一卷　漢馬融著

方言十三卷　漢楊雄紀　晉郭璞解

史籍

元經薛氏傳十卷　隋王通撰　唐薛收傳　宋阮逸註

逸周書十卷　晉孔晁註

穆天子傳六卷　晉郭璞註

西京雜記六卷　晉葛洪集

子籍

素書一卷　漢黄石公著　宋張商英註

新語二卷　漢陸賈著

孔叢子三卷　漢孔鮒著

新序十卷　漢劉向著

說苑二十卷　漢劉向著

新書十卷附録一卷　漢賈誼著

法言十卷　漢楊雄著

潛夫論十卷附録一卷　漢王符著

申鑒五卷　漢荀悦著　明黄省曾註

中論二卷　漢徐幹著

顔氏家訓二卷　北齊顔之推著

商子五卷　秦公孫鞅著

人物志三卷　魏劉邵著　西涼劉昞註

風俗通義十卷　漢應劭著

劉子新論十卷　梁劉勰著　唐袁孝政註

神異經一卷　漢東方朔著

洞冥記四卷　漢郭憲著

述異記二卷　梁任昉著

王子年拾遺記十卷　晉王嘉著　梁蕭綺録

甘石星經二卷　漢甘公、石申著

飛燕外傳一卷　漢伶玄著

古今刀劍録一卷　梁陶弘景著

論衡三十卷　漢王充著

京氏易傳卷上

漢　東郡京房著
吳　吳郡陸績註
明　新安程榮校

☰乾下乾上 乾純陽用事象配天屬金與坤爲飛伏居世壬戌土癸酉金易云用九見羣龍无首吉純陽用九之德九三三公爲應肖乾乾夕惕之憂甲壬配外內二象乾爲天地之首分甲壬入乾位積筭起巳巳火至戌辰土周而復始吉凶之兆積年起月積日起時積時起卦入本宮五星從位起鎮星土星入西方麗西北居壬戌爲伏位

汲古閣合訂唐宋元詩五集

明崇禎虞山毛氏汲古閣刻本

DC0392一函六册

明毛晉輯。

書高25.8釐米，寬16.7釐米。版框高18.9釐米，寬13.5釐米。每半葉八行，行十九字，小字雙行，字數同。白口，無魚尾，左右雙邊。版心上方記"衆玅集"，中記葉次，下記"汲古閣"。內封鐫"錢牧齋先生鑒定/汲古閣合訂唐宋元詩五集/唐詩衆妙集/宋元賢忠義集/宋遺民詩/元詩谷音/女紅餘志"，鈐"姑蘇閶門內吳趨坊徐河橋北塊宛委堂書鋪發兑"戳記。

卷一首葉第一行題"衆玅集"，第二行題"汴人趙師秀紫芝編"，第三行起正文。

書中鈐"苣香鑒賞"、"古黟胡氏"、"丁亥生"、"大倉文化財團藏書"朱印。

子目：

衆妙集一卷　宋趙師秀輯

忠義集七卷　元趙景良輯

宋遺民録一卷

谷音二卷　元杜本輯

龍輔女紅餘志二卷　元龍輔撰

衆妙集

汴八趙師秀紫芝編

沈佺期

塞北

胡騎犯邊埃風從丑上來五原烽火急六郡羽書催冰壯飛狐冷霜濃候鴈哀將軍朝授鉞戰士夜銜枚紫塞金河裏葱山鐵勒隈蓮花秋劒發桂葉曉旗開祕略三軍動妖氛百戰摧何言投筆去終

昭代叢書十一集五百六十卷

清道光癸巳（十三年，1833）刻本

DC0393十四函一二九册

清張潮輯。

張潮（1650—？），字山來，號心齋、仲子，安徽歙縣人。

書高23.8釐米，寬15.1釐米。版框高17.4釐米，寬12.7釐米。每半葉九行，行二十字。白口，單黑魚尾，左右雙邊。魚尾上方記"昭代叢書"，下方記"甲集"、細目及葉次，版心下記"世楷堂藏板"。書首內封鐫"昭代叢書合刻"。甲集內封面鐫"道光癸巳年鐫/震澤楊刊歐輯/昭代叢書/甲集世楷堂藏板"。

卷一首葉第一行題"昭代叢書甲集卷一"，第二行題"歙縣張潮山來輯"，第三行題"吴江沈楙悳翠嶺校"，第四行起正文。

書首有康熙丁丑尤侗漫"昭代叢書甲集序"，張潮自序"昭代叢書甲集序"，"昭代叢書甲集選例"，"昭代叢書合刻略例"，"昭代叢書甲集目録"。

闕壬集卷三至卷六。

子目：

甲集五十卷補集十六卷

更定文章九命一卷　清王晫撰

天官考異一卷　清吴肅公撰

五行問一卷　清吴肅公撰

學歷說一卷　清梅文鼎撰

改元考同一卷　清吴肅公撰

進賢說一卷　清張能鱗撰

塾講規約一卷　清施璜撰

夙興語一卷　清甘京撰

家人子語一卷　清毛先舒撰

語小一卷　清毛先舒撰

日録雜說一卷　清魏禧撰

竹溪雜述一卷　清殷曙撰

松溪子一卷　清王晫撰

讀莊子法一卷　清林雲銘撰

謝皋羽年譜一卷　清徐沁撰

西華仙菉一卷　清王言撰

將就園記一卷　清黄周星撰

歙問一卷　清洪玉圖撰

黄山松石譜一卷　清閔麟嗣撰

外國竹枝詞一卷　清尤侗撰　清尤珍注

西方要紀一卷　意大利利類思、安文思、比利时南懷仁撰

安南褉記一卷　清李仙根撰

秋星閣詩話一卷　清李沂撰

而菴詩話一卷　清徐增撰

製曲枝語一卷　清黄周星撰

書法約言一卷　清宋曹撰

岕茶彙鈔一卷　清冒襄撰

硯林一卷　清余懷撰

宣爐歌注一卷　清冒襄撰

裝潢志一卷　清周嘉胄撰
兵仗記一卷　清王晫撰
荔枝譜一卷　清陳鼎撰
蘭言一卷　清冒襄撰
龍經一卷　清王晫撰
甲集補十六卷
周易古義一卷　清惠棟撰
周易大衍辨一卷　清吳鼒撰
尚書古義一卷　清惠棟撰
毛詩古義一卷　清惠棟撰
周禮古義一卷　清惠棟撰
儀禮古義一卷　清惠棟撰
禮經釋例目録一卷　清淩廷堪撰
禮記古義一卷　清惠棟撰
公羊古義一卷　清惠棟撰
穀梁古義一卷　清惠棟撰
論語古義一卷　清惠棟撰
讀東坡志林一卷　清尤侗撰
淇泉摹古録一卷　清趙希璜撰
西征賦一卷　清李祖惠撰
七釋一卷　清尤侗撰
十國詞箋略一卷　清錢載撰
乙集五十卷
毛朱詩說一卷　清閻若璩撰
春秋三傳異同考一卷　清吳陳炎撰
讀禮問一卷　清吳肅公撰
十六國年表一卷　清張愉曾撰
江南星野辨一卷　清葉燮撰
廣祀典議一卷　清吳肅公撰
師友行輩議一卷　清魏禧撰
國朝謚法考一卷　清王士禎撰
旗軍志一卷　清金德純撰
封長白山記一卷　清方象瑛撰
琉球八太學始末一卷　清王士禎撰
人瑞録一卷　清孔尚任編
迎駕紀恩録一卷　清王士禎撰
恩賜御書記一卷　清董文驥撰
恭迎大駕記一卷　清徐秉義撰
暢春苑御試恭記一卷　清狄億撰
出山異數紀一卷　清孔尚任撰
塞程別紀一卷　清余寀撰
西北水利議一卷　清許承宣撰
廣州遊覽小志一卷　清王士禎撰
隴蜀餘聞一卷　清王士禎撰
東西二漢水辯一卷　清王士禎撰
日録裏言一卷　清魏禧撰
偶書一卷　清魏際瑞撰
漫堂說詩一卷　清宋犖撰
然脂集例一卷　清王士祿撰
聲韻叢說一卷　清毛先舒撰
伯子論文一卷　清魏際瑞撰
日録論文一卷　清魏禧撰
韻問一卷　清毛先舒撰
南曲入聲客問一卷　清毛先舒撰
連文釋義一卷　清王言撰
畫訣一卷　清孔衍栻撰
焦山古鼎考一卷　清王士祿撰
瘞鶴銘辯一卷　清張弨撰
昭陵六駿贊辯一卷　清張弨撰
漢甘泉宮瓦記一卷　清林佶撰
飯有十二合說一卷　清張英撰
醫津一筏一卷　清江之蘭撰
江邨草堂紀一卷　清高士奇撰
後觀石録一卷　清毛奇齡撰
石友贊一卷　清王晫撰
竹譜一卷　清陳鼎撰
箋卉一卷　清吳菘撰
乙集補六卷
禘祫問答一卷　清胡匡衷撰
侯國職官表一卷　清胡匡衷撰

漢水發源考一卷　清王筠撰
汴水說一卷　清朱際虞撰
山樵書外紀一卷　清張開福撰
圖畫精意識一卷　清張庚撰
丙集五十卷
漢魏石經考一卷　清萬斯同輯
唐宋石經考一卷　清萬斯同輯
五經今文古文考一卷　清吳陳炎撰
聖諭樂本解說一卷　清毛奇齡撰
春秋日食質疑一卷　清吳守一撰
檀弓訂誤一卷　清毛奇齡撰
三年服制考一卷　清毛奇齡撰
讀史管見一卷　清王瀔撰
乾清門奏對記一卷　清湯斌撰
松亭行紀一卷　清高士奇撰
扈從西巡日録一卷　清高士奇撰
塞北小鈔一卷　清高士奇撰
北嶽恒山歷祀上曲陽考一卷　清劉師峻輯
聖節會約一卷　清郭存會撰
荆園小語一卷　清申涵光撰
荆園進語一卷　清申涵光撰
格言僅録一卷　清王仕雲撰
宗規一卷　清鍾于序撰
戒淫録一卷　清姚廷傑撰
學語雜篇一卷　清沈思倫撰
觀物篇一卷　清石龐撰
古國都今郡縣合考一卷　清閔麟嗣撰
周末列國有今郡縣考一卷　清閔麟嗣撰
黄山史概一卷　清陳鼎撰
臺灣隨筆一卷　清徐懷祖撰
甯古塔志一卷　清方拱乾撰
峒溪纖志志餘一卷　清陸次雲撰
滇黔土司婚禮記一卷　清陳鼎撰
身易一卷　清唐彪撰
切字釋疑一卷　清方中履撰
西河詩話一卷　清毛奇齡撰
南州草堂詞話一卷　清徐釚輯
賓告一卷　清葉奕苞撰
諺說一卷　清毛先舒撰
醉鄉約法一卷　清葉奕苞撰
練閲火器陣記一卷　清薛熙撰
貫虱心傳一卷　清紀鑒撰
捕蝗考一卷　清陳芳生撰
文苑異稱一卷　清王晫撰
思舊録一卷　清靳治荆撰
知我録一卷　清梅庚撰
瓊花志一卷　清朱顯祖撰
徐園秋花譜一卷　清吳儀一撰
吳蕈譜一卷　清吳林撰
續蟹譜一卷　清褚人獲撰
丙集補五卷
春秋四傳糾正一卷　清俞汝言撰
夏小正詁一卷　清諸錦撰
增訂歐陽文忠公年譜一卷　清華孳亨編
古金待問録一卷　清朱楓輯
齊山岩洞志一卷　清陳蔚撰
丁集新編五十卷
五經讀法一卷　清徐與喬撰
經咫一卷　清陳祖範撰
書經地理今釋一卷　清蔣廷錫撰
建文帝後紀一卷　清邵遠平撰
汰存録一卷　清黃宗羲撰
客窗偶談一卷　清陳僖撰
九諦解疏一卷　清王煒疏
環書一卷　清方殿元撰
漁樵問答一卷　清釋成鷲撰
五九枝譚一卷　清尤侗撰
吳鰈放言一卷　清吳莊撰
哀江南賦注一 卷　清徐樹穀、徐炯纂
塵餘一卷　清曹宗璠撰

西河雜箋一卷　清毛奇齡撰
諸皋廣志一卷　清徐芳撰
石里雜識一卷　清張尚瑗撰
香天談藪一卷　清吳雷發撰
茶餘客話一卷　清阮葵生撰
吳語一卷　清戴延年撰
粤西瑣記一卷　清沈曰霖撰
苗俗記一卷　清田雯撰
譯史紀餘一卷　清陸次雲撰
進藏紀程一卷　清王世睿撰
重集列女傳例一卷　清魏于雲撰
古豔樂府一卷　清楊淮撰
說詩菅蒯一卷　清吳雷發撰
天啟宮詞一卷　明陳悰撰
璿璣碎錦一卷　清萬樹撰
西河詞話一卷　清毛奇齡撰
琴況一卷　清徐谼撰
滋蕙堂法帖題跋一卷　清曾恒德撰
小山畫譜一卷　清鄒一桂撰
繪事發微一卷　清唐岱撰
煙譜一卷　清陸燿撰
野菜贊一卷　清顧景星撰
洋菊譜一卷　清鄒一桂撰
識物一卷　清陳僖撰
丁集新編補十三卷
昭代樂章恭紀一卷　清張玉書撰
讀史記劄記一卷　清潘永季撰
讀明史劄記一卷　清潘永季撰
再生記略一卷　清陳濟生撰
籌餉卮言一卷　清唐夢賚撰
兵謀一卷　清魏禧撰
兵法一卷　清魏禧撰
志壑堂雜記一卷　清唐夢賚撰
東行述一卷　清趙之俊撰
南行述一卷　清王心敬撰
征西紀一卷　清陸楣撰
使蜀日記一卷　清方象瑛撰
自滇入都程記一卷　清楊名時撰
戊集續編五十卷
周官辨非一卷　清萬斯大撰
春秋列國地形口號一卷　清顧棟高撰
元秘史略一卷　元佚名輯　清萬光泰節録
閩難記一卷　清洪若皋撰
海寇記一卷　清洪若皋撰
制科雜録一卷　清毛奇齡撰
南巡扈從紀略一卷　清張英撰
西征紀略一卷　清殷化行撰
河圖洛書同異考一卷　清冉覲祖撰
孔廟從祀末議一卷　清閻若璩撰
霜紅龕家訓一卷　清傅山撰
恆產瑣言一卷　清張英撰
漁談一卷　清郭欽華撰
讀戰國策隨筆一卷　清張尚瑗撰
復社紀事一卷　清吳偉業撰
社事始末一卷　清杜登春撰
書事七則一卷　清陳貞慧撰
山陽録一卷　清陳貞慧撰
矩齋雜記一卷　清施閏章撰
嗒史一卷　清王焯撰
積山雜記一卷　清汪惟憲撰
梅谷偶筆一卷　清陸烜撰
秋燈叢話一卷　清戴延年撰
東城雜記一卷　清厲鶚撰
洱海叢談一卷　清釋同揆撰
衡嶽遊記一卷　清黃周星撰
海國聞見録一卷　清陳倫炯撰
裨海紀遊一卷　清郁永河撰
袖海編一卷　清汪鵬撰
文章薪火一卷　清方以智撰
江西詩社宗派圖録一卷　清張泰來撰

崇禎宮詞一卷　清王譽昌撰　清吳理注
衍琵琶行一卷　清曹秀先撰
續詩品一卷　清袁枚撰
論文四則一卷　清楊繩武撰
天文說一卷　清董以寧撰
畫筌一卷　清笪重光撰　清王翬、惲格評
畫語録一卷　清釋道濟撰
畫羅漢頌一卷　清廖燕撰
玉臺書史一卷　清厲鶚撰
賞延素心録一卷　清周二學撰
秋園雜佩一卷　清陳貞慧撰
談虎一卷　清趙彪詔撰
戊集續編補七卷
原善一卷　清戴震撰
原象一卷　清戴震撰
儒行述一卷　清彭紹升撰
良吏述一卷　清彭紹升撰
觀感録一卷　清李容撰
己畦瑣語一卷　清葉燮撰
蠖齋詩話一卷　清施閏章撰
己集廣編五十卷
易說一卷　清查慎行撰
治齋讀詩蒙說一卷　清顧成志撰
禮記篇目一卷　清芮城撰
約喪禮經傳一卷　清吳卓信撰
諸史然疑一卷　清杭世駿撰
南唐拾遺記一卷　清毛先舒撰
南宋六陵遺事一卷　清萬斯同輯
庚申君遺事一卷　清萬斯同輯
乙丙紀事一卷　清孫奇逢撰
蜀難敘略一卷　清沈荀蔚撰
代北姓譜一卷　清周春撰
遼金元姓譜一卷　清周春撰
文廟從祀弟子贊一卷　清盧存心撰
破邪論一卷　清黄宗羲撰
山公九原一卷　清馮景撰
邇言一卷　清勞史撰
蠟談一卷　清盧存心撰
詹言一卷　清黄之雋撰
說叩一卷　清葉抱崧撰
談書録一卷　清汪師韓撰
學海蠡測一卷　清沈謙撰
思舊録一卷　清黄宗羲撰
淥水亭雜識一卷　清納蘭成德撰
仁恕堂筆記一卷　清黎士宏撰
匡廬遊録一卷　清黄宗羲撰
清波小志一卷　清徐逢吉撰
清波小志補一卷　清陳景鐘撰
九華日録一卷　清周天度撰
乾州小志一卷　清吳高增撰
龍沙紀略一卷　清方式濟撰
異域録一卷　清圖理琛撰
黎岐紀聞一卷　清張慶長撰
說蠻一卷　清檀萃撰
江源記一卷　清吳麟撰
婦人集一卷　清陳維崧撰　清冒褒注
金石要例一卷　清黄宗羲撰
文頌一卷　清馬榮祖撰
偶然欲書一卷　清方桑如撰
比紅兒詩注一卷　清沈可培撰
詩學纂聞一卷　清汪師韓撰
遼詩話一卷　清周春輯
天啟宮詞一卷　明蔣之翹撰
花草蒙拾一卷　清王士禎撰
墨井畫跋一卷　清吳歷撰
續三十五舉一卷再續三十五舉一卷　清桂馥撰
陽羨名陶録一卷續録一卷　清吳騫撰
己集廣編補三卷
原詩一卷　清葉燮撰

論學制備忘記一卷　清段玉裁撰
釋骨一卷　清沈彤撰
庚集埤編五十卷
古文尚書考一卷　清陸隴其撰
古文尚書辨一卷　清朱彝尊撰
詩說一卷　清惠周惕撰
喪服翼注一卷　清閻若璩撰
注疏瑣語一卷　清沈淑撰
劉豫事蹟一卷　清曹溶輯
補三史藝文志一卷　清金門詔撰
虎口餘生記一卷　明邊大綬撰
庸言一卷　清魏象樞撰
志學會約一卷　清湯斌撰
宗譜纂要一卷　清王錟撰
婦學一卷　清章學誠撰
瀾堂夕話一卷　明張次仲撰
山中問答一卷　清楊士美撰
蒿菴閒話一卷　清張爾岐撰
寒燈絮語一卷　清王惟憲撰
牘外餘言一卷　清袁枚撰
廣連珠一卷　清陳濟生撰
說文凝錦録一卷　清萬光泰撰
七十二候考一卷　清曹仁虎撰
西臺慟哭記注一卷　清黄宗羲撰
聞見偶録一卷　清朱象賢撰
東齋脞語一卷　清吳翊鳳撰
定香亭筆談一卷　清阮元撰
宸垣識餘一卷　清吳長元輯
南漳子一卷　清孫之騄撰
甯古塔紀略一卷　清吳棖臣撰
番社采風圖考一卷　清六十七撰
維西見聞紀一卷　清余慶遠撰
七招一卷　清洪亮吉撰
七娱一卷　清沈清瑞撰
選材録一卷　清周春撰
集世說詩一卷　清李鄴嗣撰
宫詞一卷　清徐昂發撰
皺水軒詞筌一卷　清賀裳撰
書筏一卷　清笪重光撰
畫論一卷　清張庚撰
印文考略一卷　清鞠履厚撰
新曆曉或一卷　德國湯若望撰
七頌堂識小録一卷　清劉體仁撰
清閑供一卷　清程羽文撰
藥房心語一卷　清楊中訥撰
端溪硯譜記一卷　清袁樹撰
竹連珠一卷　清鈕琇撰
荔譜一卷　清陳定國撰
木棉譜一卷　清褚華撰
北墅抱甕録一卷　清高士奇撰
庚集埤編補四卷
宗法論一卷　清萬斯大撰
明史十二論一卷　清段玉裁撰
車制圖解一卷　清阮元撰
今韻古分十七部表一卷　清段玉裁撰
辛集别編五十卷
讀易緒言一卷　清錢棻撰
饗禮補亡一卷　清諸錦撰
春秋五禮源流口號一卷　清顧棟高撰
經書卮言一卷　清范泰恒撰
史略一卷　清蕭震撰
擬更季漢書昭烈皇帝本紀一卷　清黄中堅撰
平臺紀略一卷　清藍鼎元撰
征緬紀略一卷　清王昶撰
蜀徼紀聞一卷　清王昶撰
臨清寇略一卷　清俞蛟撰
强聒録一卷　清彭堯諭撰
旅書一卷　清陳璜撰
釋冰書一卷　清孫汧如撰

雜言一卷　清鈕琇撰
蕉窗日記一卷　清王豫撰
鍾山書院規約一卷　清楊繩武撰
天問校正一卷　清屈復撰
說文義例一卷　清王宗誠撰
說鈴一卷　清汪琬撰
張氏卮言一卷　清張元賡撰
峽川志略一卷　清蔣宏任撰
出塞紀略一卷　清錢良擇撰
從西紀略一卷　清范昭逵撰
藏行紀程一卷　清杜昌丁撰
徵刻唐宋秘本書目一卷　清黄虞稷、周在浚編次
藏書紀要一卷　清孫從添撰
金石史一卷　明郭宗昌撰
淳化閣帖跋一卷　清沈蘭先撰
漢詩總說一卷　清費錫璜撰
秋窗隨筆一卷　清馬位撰
詠物十詞一卷　清曹貞吉撰
鈍吟書要一卷　清馮班撰
畫塵一卷　明沈顥撰
畫訣一卷　清龔賢撰
秋水園印說一卷　清陳煉撰
紀聽松庵竹爐始末一卷　清鄒炳泰撰
窯器說一卷　清程哲撰
怪石録一卷　清沈心撰
岕茶牋一卷　明馮可賓撰
茶史補一卷　清余懷輯
人葠譜一卷　清陸烜輯
亳州牡丹述一卷　清鈕琇撰
牡丹譜一卷　清計楠撰
菊說一卷　清計楠撰
辛集别編補六卷
唐述山房日録一卷　清盛朝勳撰
忠文靖節編一卷　清張方湛撰
憩遊偶考一卷　清華湛恩撰
燕都識餘一卷　明龍道人撰
山齋客譚一卷　清景星杓撰
外國紀一卷　清張玉書撰
壬集補編五十卷（缺卷三至卷六）
周易稗疏一卷　清王夫之撰
易漢學一卷　清惠棟撰
孟子遊歷考一卷　清潘眉撰
續方言一卷　清杭世駿輯
聲韵考一卷　清戴震撰
音韻問答一卷　清錢大昕撰
史記天官書補目一卷　清孫星衍撰
補續漢書藝文志一卷　清錢大昭撰
明季遺聞一卷　清鄒漪撰
守汴日志一卷　明李光壂口授　清周斯盛重編
隆平紀事一卷　清史册輯
東槎紀略一卷　清姚瑩撰
鄭康成年譜一卷　清沈可培編
水地記一卷　清戴震撰
人海記一卷　清查慎行撰
柳邊紀略一卷　清楊賓撰
疏河心鏡一卷　清淩鳴喈撰
三吳水利條議一卷　清錢中諧撰
鶴徵前録一卷　清李集輯　清李富、李遇孫續輯
鶴徵後録一卷　清李富孫輯
鐵函齋書跋一卷　清楊賓撰
義門題跋一卷　清何焯撰
湛園題跋一卷　清姜宸英撰
史論五答一卷　清施國祁撰
淑艾録一卷　清張履祥撰　清祝洤輯
思問録一卷　清顧道稷撰
算術問答一卷　清錢大昕撰
新法表異一卷　德國湯若望撰

麓臺題畫稾一卷　清王原祁撰
讀畫録一卷　清王梁撰
指頭畫說一卷　清高秉撰
墨志一卷　明麻三衡撰
甘藷録一卷　清陸燿撰
適來子一卷　清張潤貞撰
經史管窺一卷　清蕭曇撰
畏壘筆記一卷　清徐昂發撰
日貫齋塗說一卷　清梁同書撰
老子解一卷　清吳鼒撰
莊子解一卷　清吳峻撰
愚菴雜著一卷　清朱鶴齡撰
春秋詠史樂府一卷　清舒位撰
十國宮詞一卷　清孟彬撰
十國宮詞一卷　清吳省蘭撰
野鴻詩的一卷　清黃子雲撰
寒廳詩話一卷　清顧嗣立撰
貞一齋詩說一卷　清李重華撰
癸集萃編五十卷
周易尋門餘論一卷　清黃宗炎撰
易學辨惑一卷　清黃宗炎撰
尚書稗疏一卷　清王夫之撰
正訛初稾一卷　清王麟趾撰
毛詩日箋一卷　清秦松齡撰
春秋客難一卷　清龔元玠撰
讀左瑣言一卷　清倪倬撰
周禮客難一卷　清龔元玠撰
二李經說一卷　清李光墺、李光型撰
禮經學述一卷　清秦麗昌撰
玄羄天録一卷　清柯汝鍔撰
駢字分箋一卷　清程際盛撰
後漢三公年表一卷　清華湛恩撰
三國志攷證一卷　清潘眉撰
五代春秋志疑一卷　清華湛恩撰
明季實録一卷　清顧炎武輯
秋鐙録一卷　清沈元欽撰
綱目志疑一卷　清華湛恩撰
平海紀略一卷　清溫承志撰
閩中紀略一卷　清許旭撰
西神叢語一卷　清黃蛟起撰
澳門記略一卷　清印光、張汝霖撰
廬山紀遊一卷　清查慎行撰
黝山紀遊一卷　清汪淮撰
桂鬱巖洞記一卷　清賈敦臨撰
淳化秘閣法帖源流考一卷　清周行仁撰
金石小箋一卷　清葉奕苞撰
農書一卷　明沈□撰　清張履祥補
漢氾勝之遺書一卷　漢氾勝之撰　清宋葆淳輯
恒星說一卷　清江聲撰
月滿樓甄藻録一卷　清顧宗泰撰
三萬六千頃湖中畫船録一卷　清迮朗撰
金粟箋說一卷　清張燕昌撰
淄硯録一卷　清盛百二撰
邇語一卷　清熊賜履撰
訂譌雜録一卷　清胡鳴玉撰
直語補證一卷　清梁同書撰
夢闌瑣筆一卷　清楊復吉撰
松陰快談一卷　日本長野確撰
六如居士外集一卷　清唐仲冕編
老子别録一卷　清吳鼒撰
非老一卷　清吳鼒撰
芯題上方二山紀遊集一卷　清查禮撰
啟禎宮詞一卷　清高兆撰
回疆雜詠一卷　清王曾翼撰
黔苗竹枝詞一卷　清舒位撰
一瓢詩話一卷　清薛雪撰
蓮坡詩話一卷　清查為仁撰
消寒詩話一卷　清秦朝釪撰
摶沙録一卷　清戴延年撰

別集六十卷附弧矢算術細草圖解一卷
心病說一卷　清甘京輯
觀宅四十吉祥相　清周文煒撰
增訂心相百二十善　清沈捷撰
閑餘筆話　明湯傳楹撰
悟語　清石龐撰
蒙養詩教　清胡淵撰
板橋襍記　清余懷撰
花底拾遺　明黎遂球撰
十眉謠　明徐士俊撰
戒賭文　清尤侗撰
快說續記　清王晫撰
廋詞　清黃周星撰
酒社芻言　清黃周星撰
嬾園觴政　清蔡祖庚撰
混同天牌譜　清鄭旭旦撰
三友棋譜　清鄭晉德撰
第十一段錦　清顧彩撰
奏對機緣　釋道忞撰
花甲數譜　清俞長城撰
荔社紀事　清高兆撰
畫眉筆談　清陳均撰
蛇譜　清陳鼎撰
廣錢譜　清張延世撰
內家拳法　清黃百家撰
放生會約　清吳陳炎撰
百花彈詞　清錢濤撰
鵪鶉譜　清程石鄰撰
陰隲文頌　清曹學詩撰
幽夢影　清張潮撰
晉人麈　清沈曰霖撰
西湖小史　清李鼎撰
十美詞紀　清鄒樞撰
影梅庵憶語　清冒襄撰
三婦評牡丹亭襍紀　清吳人撰
西城風俗記　清金人瑞撰
攬勝圖譜　清高兆撰
牡丹亭骰譜　清徐震撰
胭脂紀事　清伍瑞隆撰
非煙香法　清董說撰
哺記　清黃百家撰
秦雲擷英小譜　清王昶撰
妒律　清陳元龍撰
牧豬閒話　清金學詩撰
湖船録　清厲鶚撰
說蛇　清趙彪詔撰
世書　清吳穎撰
馬弔說　清李鄴嗣撰
冷雲齋冰燈詩　清傅山撰
春秋左傳類聯　清陸桂森撰
閒情十二憮　清蘇士琨撰
清閒供　清程羽文撰
琉璃志　清孫廷銓撰
悅容編　清衛泳撰
海鷗小譜　清趙執信撰
五石瓠　清劉鑾撰
潮嘉風月記　清俞蛟撰
火戲略　清趙學敏撰
羽扇譜　清張燕昌撰
鳳仙譜　清趙學敏撰
貓乘　清王初桐撰

昭代叢書甲集卷一

歙縣 張潮山來輯

吳江 沈楙悳翠嶺校

更定文章九命

仁和王晫丹麓著

昔弇州創爲文章九命一曰貧困二曰嫌忌三曰玷缺四曰偃蹇五曰流貶六曰刑辱七曰夭折八曰無終九曰無後天下後世盡泥斯言豈不羣視文章爲不祥之莫大者誰復

知不足齋叢書三十集

清乾隆長塘鮑氏刻清同治十一年（1872）嶺南蘇氏補刻本

DC0853三十函二百三十九册

清鮑廷博輯。

鮑廷博（1728—1814），字以文，號淥飲，祖籍安徽歙縣長塘，隨父鮑思詡居杭州。家富藏書。

書高18.1釐米，寬11.8釐米。版框高12.6釐米，寬9.8釐米。每半葉九行，行二十一字。上下黑口。版心中記書名及卷次，下記葉次，版心下方記"知不足齋叢書"。書内封鐫"第一集/知不足齋叢書/長塘鮑氏開雕"，第二集内封背面牌記鐫"同治丙申補殘嶺南蘇氏藏版"。

首帙書首有"御製内廷知不足齋詩"，乾隆甲午御筆"題唐闕史"。第一集書首有乾隆三十七年盧文弨"鮑氏知不足齋叢書序"，乾隆四十一年朱文藻"知不足齋叢書序"，乾隆丙申單炤"知不足齋叢書序"，乾隆丙申鮑廷博"知不足齋叢書序"，"知不足齋叢書凡例"。

子目：

首帙

　御覽闕史二卷　唐高彦休撰

第一集

　古文孝經孔氏傳一卷　漢孔安國撰　日本太宰純音

　寓簡十卷附録一卷　宋沈作撰

　兩漢刊誤補遺十卷　宋吴仁傑撰

　涉史隨筆一卷　宋葛洪撰

　客杭日記一卷　元郭畀撰

　韻石齋筆談二卷　清姜紹書撰

　七頌堂識小録一卷　清劉體仁撰

第二集

　公是先生弟子記一卷　宋劉敞撰

　經筵玉音問答一卷　宋胡銓撰

碧溪詩話十卷　宋黃徹撰
獨醒雜誌十卷附録一卷　宋曾敏行撰
梁谿漫志十卷附録一卷　宋費衮撰
赤雅三卷　明鄺露撰
諸史然疑一卷　清杭世駿撰
榕城詩話三卷　清杭世駿撰
第三集
入蜀記六卷　宋陸遊撰
猗覺寮雜記二卷　宋朱翌撰
對牀夜話五卷　宋范晞文撰
歸田詩話三卷　明瞿佑撰
南濠詩話一卷　明都穆撰刊
麓堂詩話一卷　明李東陽撰
石墨鐫華八卷　明趙崡函撰
第四集
孫子算經三卷　唐李淳風等注釋
五曹算經五卷　唐李淳風等注釋
釣礤立談一卷附録一卷　宋史□撰
洛陽搢紳舊聞記五卷　宋張齊賢撰
四朝聞見録五卷附録一卷　宋葉紹翁撰
金石史二卷　明郭宗昌撰
閑者軒貼考一卷　清孫承澤撰
第五集
清虛雜著三種三卷補闕一卷　宋王鞏撰
聞見近録一卷
甲申雜記一卷
隨手雜録一卷
補漢兵志一卷　宋錢文子撰
臨漢隱居詩話一卷　宋魏泰撰
滹南詩話三卷　金王若虛撰
歸潛志一四卷附録一卷　元劉祁撰
黃孝子紀程一卷附一卷　清黃向堅撰
尋親紀程一卷　清黃向堅撰

滇還日記一卷　清黄向堅撰
虎口餘生記一卷　明邊大綬撰
澹生堂藏書約一卷　明祁承㸁撰
流通古書約一卷　清曹溶撰
苦瓜和尚畫語録一卷　清釋道濟撰
第六集
玉壺清話十卷　宋釋文瑩撰
愧郯録十五卷　宋岳珂撰
碧雞漫志五卷　宋王灼撰
樂府補題一卷　元陳恕可輯
蛻巖詞二卷　元張翥撰
第七集
論語集解義疏十卷　魏何晏集解　梁皇侃義疏
離騷草木疏四卷　宋吴仁傑撰
遊宧紀聞十卷　宋張世南撰
第八集
張丘建算經三卷　□張丘建撰　北周甄鸞注　唐李淳風等注釋　唐劉孝孫細草
緝古算經一卷　唐王孝通撰並注
默記一卷　宋王銍撰
南湖集十卷附録三卷　宋張鎡撰
蘋洲漁笛譜二卷　宋周密撰
第九集
金樓子六卷　梁元帝蕭繹撰
鐵圍山叢談六卷　宋蔡絛撰
農書三卷　宋陳旉撰
蠶書一卷　宋秦觀撰
於潛令樓公進耕織二圖詩一卷附録一卷　宋樓璹撰
湛淵靜語二卷　元白珽撰
責備餘談一卷附録一卷　明方鵬撰
第十集
續孟子二卷　唐林慎思撰
伸蒙子三卷　唐林慎思撰

麟角集一卷附録一卷　唐王棨撰
蘭亭考十二卷附群公帖跋一卷　宋桑世昌撰
蘭亭續考二卷　宋俞松撰
石刻鋪敍一卷附録二卷　宋曾宏父撰
江西詩社宗派圖録一卷　清張泰來撰
附：江西詩派小序一卷　宋劉克莊撰
萬柳溪邊舊話一卷　元尤玘撰
第十一集
詩傳註疏三卷　宋謝枋得撰
顔氏家訓七卷附考證一卷　北齊顔之推撰　考證宋沈揆撰
江南餘載二卷　宋鄭文寶撰
五國故事二卷　宋□□撰
故宫遺録一卷　明蕭洵撰
伯牙琴一卷續補一卷　宋鄧牧撰
洞霄詩集十四卷　元孟宗寶輯
石湖詞一卷補遺一卷　宋范成大撰
附：和石湖詞一卷　宋陳三聘撰
花外集一名碧山樂府一卷　宋王沂孫撰
第十二集
昌武段氏詩義指南一卷　宋段昌武撰
離騷集傳一卷　宋錢杲之撰
江淮異人録一卷　宋吳淑撰
慶元黨禁一卷　宋樵川樵叟撰
酒經三卷　宋朱肱撰
山居新話一卷　宋楊瑀撰
鬼董五卷　宋沈□撰
墨史三卷　元陸友撰
畫訣一卷　清龔賢撰
畫筌一卷　清笪重光撰　清王翬、惲格評
今水經一卷表一卷　清黄宗羲撰
佐治藥言一卷續一卷　清汪輝祖撰
第十三集
相台書塾刊正九經三傳沿革例一卷　宋岳珂撰

元眞子三卷　唐張志和撰
翰苑群書二卷　宋洪遵輯
卷上
翰林志一卷　唐李肇撰
承旨學士院記一卷　唐元稹撰
翰林學士記一卷　唐韋處厚撰
翰林院故事一卷　唐韋執誼撰
翰林學士院舊規一卷　唐楊鉅撰
重修承旨學士壁記一卷　唐丁居晦撰
禁林宴會集一卷　宋李昉等撰
卷下
續翰林志二卷　宋蘇易簡撰
次續翰林志一卷　宋蘇耆撰
學士年表一卷　宋□□撰
翰苑題名一卷　宋□□撰
翰苑遺事一卷　宋洪遵撰
朝野類要五卷　宋趙升撰
碧血録二卷　明黄煜輯
附: 周端孝先生血疏貼黄册一卷　明周茂蘭撰
逍遙集一卷　宋潘閬撰
百正集三卷　宋連文鳳撰
張子野詞二卷補遺二卷　宋張先撰
貞居詞一卷補遺一卷　元張雨撰
第十四集
籟紀一卷　南朝陳陳叔齊撰
潛虛一卷　宋司馬光撰
附: 潛虛發微論一卷　宋張敦實撰
袁氏世範三卷　宋袁采撰
附: 集事詩鑒一卷　宋方昕撰
天水冰山録不分卷附録一卷　明□□撰
附: 鈐山堂書畫記一卷　明文嘉撰
第十五集
修唐書史臣表一卷　清錢大昕撰

新唐書糾謬二十卷附録一卷　宋吳縝撰　清錢大昕校
洞霄圖志六卷　宋鄧牧撰
聱隅子歔欷瑣微論二卷　宋黄晞撰
世緯二卷附録一卷　明袁袠撰
第十六集
皇宋書録三卷　宋董史撰
宣和奉使高麗圖經四十卷附録一卷　宋徐兢撰
武林舊事十卷附録一卷　宋周密撰
錢塘先賢傳贊一卷附録一卷　宋袁韶撰
第十七集
五代史纂誤三卷　宋吳縝撰
嶺外代答十卷　宋周去非撰
南窗紀談一卷　宋無名氏撰
蘇沈内翰良方十卷　宋蘇軾撰
浦陽人物記二卷　明宋濂撰
第十八集
宜州乙酉家乘一卷　宋黄庭堅撰
吳船録二卷　宋范成大撰
清波雜誌十二卷别志三卷　宋周煇撰
蜀難敘略一卷　清沈荀蔚撰
灊山集三卷補遺一卷附録一卷　宋朱翌撰
頤庵居士集一卷　宋劉應時撰
第十九集
文苑英華辨證十卷　宋彭叔夏撰
詩紀匡謬一卷　清馮舒撰
西塘集耆舊續聞十卷　宋陳鵠撰
山房隨筆一卷　元蔣子正撰
勿庵曆算書目一卷　清梅文鼎撰
黄山領要録二卷　清汪洪度撰
世善堂藏書目録二卷　明陳第撰
第二十集
測圓海鏡細草十二卷　元李冶撰
蘆浦筆記十卷　宋劉昌詩撰

五代史記纂誤補四卷　清吳蘭庭撰
山靜居畫論二卷　清方薰撰
茗香詩論一卷　清宋大樽撰
第二十一集
孝經鄭注一卷附補證一卷　漢鄭玄撰　補證清洪頤煊撰
孝經鄭氏解一卷　漢鄭玄撰　清臧庸輯
益古演段三卷　元李冶撰
弧矢算術細草一卷　清李鋭撰
五總志一卷　宋吳炯撰
黄氏日抄古今紀要逸編一卷　宋黄震撰
丙寅北行日譜一卷　明朱祖文撰
粵行紀事三卷　清瞿昌文撰
滇黔土司婚禮記一卷　清陳鼎撰
三山鄭菊山先生清雋集一卷　宋鄭起撰　元仇遠撰
所南翁一百二十圖詩集一卷附錦錢餘笑一卷　宋鄭思肖撰
鄭所南先生文集一卷附録一卷　宋鄭思肖撰
第二十二集
重雕足本鑒誡録十卷　後蜀何光遠撰
侯鯖録八卷　宋趙令畤撰
松窗百說一卷　宋李季可撰
北軒筆記一卷　元陳世隆撰
藏海詩話一卷　宋吳可撰
吳禮部詩話一卷　元吳師道撰
晝墁集八卷補遺一卷　宋張舜民撰
第二十三集
讀易别録三卷　清全祖望撰
古今僞書考一卷　清姚際恒撰
澠水燕談録十卷　宋王闢之撰
石湖紀行三録　宋范成大撰　吳船録已收入第十八集
攬轡録一卷
驂鸞録一卷
附：桂海虞衡志一卷
北行日録二卷　宋樓鑰撰

放翁家訓一卷　宋陸遊撰
庶齋老學叢談三卷　宋盛如梓撰
湛淵遺稿三卷補一卷　元白珽撰
趙待制遺稿一卷　元趙雍撰
　附：王國器詞一卷　元王國器撰
灤京雜詠二卷　元楊允孚撰
陽春集一卷　宋米友仁撰
草窗詞二卷補二卷　宋周密撰
第二十四集
吹劍録外集一卷　宋俞文豹撰
宋遺民録十五卷　明程敏政輯
天地閒集一卷　宋謝翺輯
宋舊宮人詩詞一卷　宋汪元量輯
竹譜詳録七卷　元李衎撰
書學捷要二卷　清朱履貞撰
第二十五集
履齋示兒編二十三卷（闕卷九至十一）附校補一卷覆校一卷　宋孫奕撰
霽山集五卷首一卷拾遺一卷　宋林景熙撰　元章祖程注
第二十六集
五行大義五卷　隋蕭吉撰
負暄野録二卷　宋陳槱撰
古刻叢鈔一卷　元陶宗儀撰
梅花喜神譜二卷　宋宋伯仁撰
斜川集六卷附録二卷訂誤一卷　宋蘇過撰
第二十七集
道命録十卷　宋李心傳輯
曲洧舊聞十卷　宋朱弁撰
字通一卷　宋李從周撰
透簾細草一卷
續古摘奇演算法一卷　宋楊輝撰
丁巨算法一卷　元丁巨撰
緝古算經細草三卷　清張敦仁撰

第二十八集
雲林石譜三卷　宋杜綰撰
夢粱録二十卷　宋吳自牧撰
靜春堂詩集四卷附録三卷　元袁易撰
附: 紅蕙山房吟稿一卷附録一卷　清袁廷檮撰
第二十九集
梧溪集七卷補遺一卷　元王逢撰
困學齋雜録一卷　元鮮于樞撰
第三十集
克庵先生尊德性齋小集三卷補遺一卷　宋程洵撰
塵史三卷　宋王得臣撰
全唐詩逸三卷　日本河世甯輯
中吳紀聞六卷　宋龔明之撰
廣釋名一卷　清張金吾撰
余姚兩孝子萬里尋親記一卷　清翁廣平撰
畫梅題記一卷　清朱方藹撰

御覽闕史卷上

知不足齋叢書三十集

民國辛酉(十年, 1921)上海古書流通處影印本

DC0854二十函一百六十册

清鮑廷博輯。

書高18釐米, 寬11.9釐米。版框高12.8釐米, 寬9.5釐米。每半葉九行, 行二十一字。上下細黑口, 版心中記書名及卷次, 下記葉次, 版心下方記“知不足齋叢書”。書内封印“知不足齋叢書/長塘鮑氏開雕”, 内封背面牌記印“辛酉七月上海古書流通處影印”。

書首有乾隆三十七年盧文弨“鮑氏知不足齋叢書序”, 乾隆己亥王鳴盛“知不足齋叢書序”, 乾隆丙申單炤“知不足齋叢書序”, 乾隆五十二年趙學敏“知不足齋叢書序”, 乾隆四十一年朱文藻“知不足齋叢書序”, 乾隆四十一年鮑廷博“知不足齋叢書序”, “知不足齋叢書凡例”, 辛酉許厚基序, “古書流通處啓”, 鮑廷博輯“知不足齋叢書總目”, 目録後印“辛酉七月上海古書流通處借吳縣許氏藏本景印”。

闕第二集、十二集、十五集、十八至二十集、二十二集、二十六至二十七集、二十九集。

子目:

第一集

御覽闕史二卷　唐高彦休撰

古文孝經孔氏傳一卷　漢孔安國撰　日本太宰純音

寓簡十卷附録一卷　宋沈作撰

兩漢刊誤補遺十卷　宋吳仁傑撰

涉史隨筆一卷　宋葛洪撰

客杭日記一卷　元郭畀撰

韻石齋筆談二卷　清姜紹書撰

七頌堂識小録一卷　清劉體仁撰

第三集

入蜀記六卷　宋陸遊撰

猗覺寮雜記二卷　宋朱翌撰

對牀夜話五卷　宋范晞文撰

歸田詩話三卷　明瞿佑撰

南濠詩話一卷　明都穆撰刊

麓堂詩話一卷　明李東陽撰

石墨鐫華八卷　明趙崡函撰

第四集

孫子算經三卷　唐李淳風等注釋

五曹算經五卷　唐李淳風等注釋

釣磯立談一卷附録一卷　宋史□撰

洛陽搢紳舊聞記五卷　宋張齊賢撰

四朝聞見録五卷附録一卷　宋葉紹翁撰

金石史二卷　明郭宗昌撰

閑者軒貼考一卷　清孫承澤撰

第五集

清虚雜著三種三卷補闕一卷　宋王鞏撰

　聞見近録一卷

　甲申雜記一卷

　隨手雜録一卷

補漢兵志一卷　宋錢文子撰

臨漢隱居詩話一卷　宋魏泰撰

滹南詩話三卷　金王若虚撰

歸潛志一四卷附録一卷　元劉祁撰

黄孝子紀程一卷附一卷　清黄向堅撰

尋親紀程一卷　清黄向堅撰

滇還日記一卷　清黄向堅撰

虎口餘生記一卷　明邊大綬撰

澹生堂藏書約一卷　明祁承㸁撰

流通古書約一卷　清曹溶撰

苦瓜和尚畫語録一卷　清釋道濟撰

第六集

玉壺清話十卷　宋釋文瑩撰

愧郯録十五卷　宋岳珂撰

碧雞漫志五卷　宋王灼撰

樂府補題一卷　元陳恕可輯

蜕巖詞二卷　元張翥撰

第七集

論語集解義疏十卷　魏何晏集解　梁皇侃義疏

離騷草木疏四卷　宋吴仁傑撰

遊宦紀聞十卷　宋張世南撰

第八集

張丘建算經三卷　□張丘建撰　北周甄鸞注　唐李淳風等注釋　唐劉孝孫細草

緝古算經一卷　唐王孝通撰並注

默記一卷宋王銍撰

南湖集十卷附録三卷　宋張鎡撰

蘋洲漁笛譜二卷　宋周密撰

第九集

金樓子六卷　梁元帝蕭繹撰

鐵圍山叢談六卷　宋蔡絛撰

農書三卷　宋陳旉撰

蠶書一卷　宋秦觀撰

於潛令樓公進耕織二圖詩一卷附録一卷　宋樓璹撰

湛淵靜語二卷　元白珽撰

責備餘談一卷附録一卷　明方鵬撰

第十集

續孟子二卷　唐林慎思撰

伸蒙子三卷　唐林慎思撰

麟角集一卷附録一卷　唐王棨撰

蘭亭考十二卷附群公帖跋一卷　宋桑世昌撰

蘭亭續考二卷　宋俞松撰

石刻鋪敍一卷附録二卷　宋曾宏父撰

江西詩社宗派圖録一卷　清張泰來撰

附：江西詩派小序一卷宋劉克莊撰

萬柳溪邊舊話一卷　元尤玘撰

第十一集

詩傳註疏三卷　宋謝枋得撰

顔氏家訓七卷附考證一卷　北齊顔之推撰　考證宋沈揆撰

江南餘載二卷　宋鄭文寶撰

五國故事二卷　宋□□撰

故宫遺録一卷　明蕭洵撰

伯牙琴一卷續補一卷　宋鄧牧撰

洞霄詩集十四卷　元孟宗寶輯

石湖詞一卷補遺一卷　宋范成大撰

附：和石湖詞一卷　宋陳三聘撰

花外集一名碧山樂府一卷　宋王沂孫撰

第十三集

相台書塾刊正九經三傳沿革例一卷　宋岳珂撰

元眞子三卷　唐張志和撰

翰苑群書二卷　宋洪遵輯

卷上

翰林志一卷　唐李肇撰

承旨學士院記一卷　唐元稹撰

翰林學士記一卷　唐韋處厚撰

翰林院故事一卷　唐韋執誼撰

翰林學士院舊規一卷　唐楊鉅撰

重修承旨學士壁記一卷　唐丁居晦撰

禁林宴會集一卷　宋李昉等撰

卷下

續翰林志二卷　宋蘇易簡撰

次續翰林志一卷　宋蘇耆撰

學士年表一卷　宋□□撰

翰苑題名一卷　宋□□撰

翰苑遺事一卷　宋洪遵撰

朝野類要五卷　宋趙升撰

碧血録二卷　明黄煜輯

附：周端孝先生血疏貼黄册一卷　明周茂蘭撰

逍遙集一卷　宋潘閬撰

百正集三卷　宋連文鳳撰

張子野詞二卷補遺二卷　宋張先撰

貞居詞一卷補遺一卷　元張雨撰

第十四集

籟紀一卷　南朝陳陳叔齊撰

潛虛一卷　宋司馬光撰

附：潛虛發微論一卷　宋張敦實撰

袁氏世範三卷　宋袁采撰

附：集事詩鑒一卷　宋方昕撰

天水冰山録不分卷附録一卷　明□□撰

附：鈐山堂書畫記一卷 明文嘉撰

第十六集

皇宋書録三卷　宋董史撰

宣和奉使高麗圖經四十卷附録一卷　宋徐兢撰

武林舊事十卷附録一卷　宋周密撰

錢塘先賢傳贊一卷附録一卷　宋袁韶撰

第十七集

五代史纂誤三卷　宋吴縝撰

嶺外代答十卷　宋周去非撰

南窗紀談一卷　宋無名氏撰

蘇沈内翰良方十卷　宋蘇軾撰

浦陽人物記二卷　明宋濂撰

第二十一集

孝經鄭注一卷附補證一卷　漢鄭玄撰　補證清洪頤煊撰

孝經鄭氏解一卷　漢鄭玄撰　清臧庸輯
益古演段三卷　元李冶撰
弧矢算術細草一卷　清李鋭撰
五總志一卷　宋吳炯撰
黄氏日抄古今紀要逸編一卷　宋黄震撰
丙寅北行日譜一卷　明朱祖文撰
粵行紀事三卷　清瞿昌文撰
滇黔土司婚禮記一卷　清陳鼎撰
三山鄭菊山先生清雋集一卷　宋鄭起撰　元仇遠撰
所南翁一百二十圖詩集一卷附錦錢餘笑一卷　宋鄭思肖撰
鄭所南先生文集一卷附録一卷　宋鄭思肖撰

第二十三集

讀易別録三卷　清全祖望撰
古今僞書考一卷　清姚際恒撰
澠水燕談録十卷　宋王闢之撰
石湖紀行三録　宋范成大撰　吳船録已收入第十八集
攬轡録一卷
驂鸞録一卷
附: 桂海虞衡志一卷
北行日録二卷　宋樓鑰撰
放翁家訓一卷　宋陸遊撰
庶齋老學叢談三卷　宋盛如梓撰
湛淵遺稿三卷補一卷　元白珽撰
趙待制遺稿一卷　元趙雍撰
附: 王國器詞一卷 元王國器撰
灤京雜詠二卷　元楊允孚撰
陽春集一卷　宋米友仁撰
草窗詞二卷補二卷　宋周密撰

第二十四集

吹劍録外集一卷　宋俞文豹撰
宋遺民録十五卷　明程敏政輯

天地閒集一卷　宋謝翱輯
宋舊宮人詩詞一卷　宋汪元量輯
竹譜詳録七卷　元李衎撰
書學捷要二卷　清朱履貞撰
第二十五集
履齋示兒編二十三卷附校補一卷覆校一卷　宋孫奕撰
霽山集五卷首一卷拾遺一卷　宋林景熙撰　元章祖程注
第二十八集
雲林石譜三卷　宋杜綰撰
夢粱録二十卷　宋吳自牧撰
靜春堂詩集四卷附録三卷　元袁易撰
附: 紅蕙山房吟稿一卷附録一卷　清袁廷檮撰
第三十集
克庵先生尊德性齋小集三卷補遺一卷　宋程洵撰
麈史三卷　宋王得臣撰
全唐詩逸三卷　日本河世甯輯
中吳紀聞六卷　宋龔明之撰
廣釋名一卷　清張金吾撰
余姚兩孝子萬里尋親記一卷　清翁廣平撰
畫梅題記一卷　清朱方藹撰

御覽闕史卷上

增訂漢魏叢書八十六種

清刻本

DC0852八函九十六册

清王謨增輯。

王謨（約1731—1817），字仁圃，一字汝上，又作汝麇，金溪縣人。乾隆四十三年進士，授建昌府學教授。

書高25.2釐米，寬16.8釐米。版框高19.5釐米，寬14.2釐米。每半葉九行，行二十字，小字雙行，字數同。白口，單黑尾，左右雙邊。魚尾上方記子目，下記卷次，又下記葉次。內封鐫"乾隆辛亥重鐫/漢魏叢書/經翼二十種別史十六種/子餘廿二種載籍廿八種/本衙藏版"，鈐"愛日堂發兑"朱印。

書首有乾隆壬子陳蘭林"重刻漢魏叢書敘"，萬曆壬辰屠隆續"漢魏叢書序"，"增訂漢魏叢書凡例"，"增訂漢魏叢書參閲姓氏"，"增訂漢魏叢書目次"。

書中鈐"應荃曾觀"朱印，"蘭友圖書"、"應蕙曾觀"墨印。

子目：

經籍

焦氏易林四卷　漢焦贛著

易傳三卷　漢京房著

關氏易傳一卷　北魏關朗著

周易略例一卷　魏王弼著

古三墳書一卷　晉阮咸注

汲冢周書十卷　晉孔晁注

詩傳孔氏傳一卷　周端木賜著

詩說一卷　漢申培著

韓詩外傳十卷　漢韓嬰著

毛詩草木鳥獸蟲魚疏二卷　吳陸璣著

大戴禮記十三卷　漢戴德著

春秋繁露十七卷　漢董仲舒著

白虎通德論四卷　漢班固著

獨斷一卷　漢蔡邕著

忠經一卷　漢馬融著

孝傳一卷　晉陶潛撰

小爾雅一卷　漢孔鮒著

方言十三卷　漢揚雄紀

博雅十卷　魏張揖著

釋名四卷　漢劉熙著

別史

竹書紀年二卷　梁沈約注

穆天子傳六卷　晉郭璞注
越絕書十五卷　漢亡名氏補
吳越春秋六卷　漢趙曄著
西京雜記六卷　漢劉歆著
漢武帝內傳一卷　漢班固撰
飛燕外傳一卷　漢伶元撰
雜事秘辛一卷　漢亡名氏撰
華陽國志十四志附江原士女志　晉常璩著
十六國春秋十六卷　魏崔鴻著
元經薛氏傳十卷　隋王通著
群輔録一卷　晉陶潛著
英雄記鈔一卷　魏王粲著
高士傳三卷　晉皇甫謐著
蓮社高賢傳一卷　晉撰人闕
神僊傳十卷　晉葛洪著

子餘

孔叢二卷附詰墨一卷　漢孔鮒著
新語二卷　漢陸賈著
新書十卷　漢楠誼著
新序十卷　漢劉向著
說苑二十卷　漢劉向著
淮南鴻烈解二十一卷　漢劉安著
鹽鐵論十二卷　漢桓寬著
法言十卷　漢揚雄著
申鑒五卷　漢荀悅著
論衡三十卷　漢王充著
潛夫論十卷　漢王符著
中論二卷　魏徐幹著
中說二卷　隋王通著
風俗通義十卷　漢應劭著
人物志三卷　魏劉邵著
新論十卷　北齊劉晝著
顏氏家訓二卷　北齊顏之推著
參同契一卷　漢魏伯陽著
陰符經一卷　漢張良著
風后握奇經一卷附握奇經一卷八陣總述一卷　漢公孫宏解
素書一卷　漢黃石公著
心書一卷　漢諸葛亮著

載籍

古今注三卷　晉崔豹纂
博物志十卷　晉張華著
文心雕龍十卷　梁劉勰著
詩品三卷　梁鍾嶸著
書品一卷　梁庚肩吾著
尤射一卷　魏繆襲著
拾遺記十卷　晉王嘉著
述異記二卷　梁任昉著
續齊諧記一卷　梁吳均撰
搜神記八卷　晉干寶著
續搜神後記二卷　晉陶潛著
還冤記一卷　北齊顏之推撰
神異經一卷　漢東方朔著
海內十洲記一卷　漢東方朔著
別國洞冥記四卷　漢郭憲著
枕中書一卷　晉葛洪著

佛國記一卷　晉釋法顯著
伽藍記五卷　後魏楊衒之著
三輔黄圖六卷　漢亡名氏著
水經二卷　漢桑欽著
星經二卷　漢石申著
荆楚歲時記一卷　晉宗懔著
南方草木狀三卷　晉嵇含著
竹譜一卷　晉戴凱之著
禽經一卷　晉張華注
古今刀劍録一卷　梁陶宏景纂
鼎録一卷　梁虞荔纂
天禄閣外史八卷　漢黄憲著

焦氏易林卷一

漢　焦贛著　　南豐趙　新校

乾之第一

乾　道陟多阪。胡言連蹇。譯瘖且聾。莫使道通。請謁不行。求事無功。

坤　招殃來蠥。害我邦國。病傷手足。不得安息。

屯　陽孤亢極。多所恨惑。車傾蓋亡。身常憂惶。乃得其願。雌雄相從。

蒙　鵲鵴鳴鳩。專一無尤。君子是則。長受嘉福

抱經堂叢書十七種附二種

清乾隆盧氏抱經堂刻本

DC0855八函六十四册

清盧文弨輯。

闕：三水小牘一種二卷。

子目：

1. 經典釋文三十卷

清乾隆五十六年刻本

唐陸德明撰

書高25.3釐米，寬16.2釐米。版框高18.8釐米，寬14.7釐米。每半葉十一行，行二十二字。上下粗黑口，雙黑魚尾，四周單邊。魚尾间記經典名及卷次，下記葉次。書內封鐫“宋本參校/經典釋文/乾隆辛亥重雕/抱經堂藏板”。

卷一首葉第一行頂格題“經典釋文卷第一”，下空三格題“序録”，第二行題“唐國子博士兼太子中允贈齊州刺史吳縣開國男陸德明撰”，第三行起正文。

書首有乾隆五十六年盧文弨“重雕經典釋文緣起”，陸龍其跋，校勘姓氏。

附刻：

經典釋文攷證三十卷

清盧文弨緝

版框高18.8釐米，寬14.7釐米。每半葉十一行，行二十二字，小字雙行，字數同。上下粗黑口，雙黑魚尾，四周單邊。魚尾间記子目及卷次，下記葉次。書內封鐫“餘姚盧抱經氏綴緝/經典釋文攷證/孫宣公孟子音義宋元憲公國語補音嗣出/常州龍城書院開雕”。

卷一首葉第一行題“經典釋文序攷證”，第二行題“前日講起居注官翰林院侍讀學士盧文弨綴緝”，第三行起正文。

書首有校勘姓氏。

孟子音義二卷

宋孫宣公撰

版框高19.8釐米，寬14.7釐米。每半葉十一行，行二十二字，小字雙行，字數同。

上下粗黑口，雙黑魚尾，四周單邊。魚尾间記子目及卷次，下記葉次。書內封鐫“宋孫宣公撰/孟子音義/抱經堂校刊”。

卷端首葉第一行題“孟子音義上”，第二行起正文。

書首有“孟子音義序”。

2. 儀禮注疏詳校十七卷

清乾隆六十年刻本

清盧文弨輯

版框高17.7釐米，寬12.7釐米。每半葉十行，行二十一字，小字雙行，字數同。白口，單黑魚尾，左右雙邊。版心上方記“儀禮詳校”，中記卷次，下記葉次。書內封刻“乾隆乙卯歲刊/儀禮注疏詳校/抱經堂藏板”。

卷一首葉第一行題“儀禮注疏詳校卷第一”，第二行題“盧文弨輯”，第三行起正文。

書首有乾隆六十年淩延堪“儀禮注疏詳校序”，乾隆六十年盧文弨自序，鑒定并参校捐梓姓氏，稱引姓氏，凡例。

3. 新書十卷

漢賈誼撰

版框高17.8釐米，寬13.2釐米。每半葉十行，行二十字，小字雙行，字數同。白口，單黑魚尾，左右雙邊。版心上方記“新書”，中記卷次，下記葉次，又下記“抱經堂校定本”。書首內封刻“賈誼新書/春秋繁露/漢兩大儒書/抱經堂藏板”，書中內封刻“即賈誼新書/賈子/抱經堂校定本”。

卷一首葉第一行題“新書卷第一”，第二行題“梁太傅賈誼撰”，第三行起正文。

書首有錢唐“校刻賈子董子序”，盧文弨“重刻賈誼新書序”，黃寶舊序，“新書目録”。書末有舊跋。

4. 春秋繁露十七卷附録一卷

漢董仲舒撰

版框高18.2釐米，寬13.2釐米。每半葉十行，行二十字，小字雙行，字數同。白口，單黑魚尾，左右雙邊。版心上記“春秋繁露”，中記卷次，下記葉次，又下記“抱經堂校定本”。書內封刻“即春秋繁露/董子/抱經堂校定本”。

卷一首葉第一行題“春秋繁露卷第一”，第二行題“漢太中大夫膠西相董仲舒撰”，第三行起正文。

書首有舊序，参校名氏，“春秋繁露目録”，目録後有乾隆五十年盧文弨識語。書末有舊跋。

5. 荀子二十卷附校勘補遺一卷

清乾隆五十一年嘉善謝氏刻本

周荀況撰　唐楊倞注

版框高18.6釐米，寬13.2釐米。每半葉十行，行二十字，小字雙行，字數同。白口，單黑魚尾，左右雙邊。版心上記“荀子”，版心中記卷次及子目，又下記葉次，版心下刻“嘉善謝氏藏版”。書内封刻“乾隆丙午校刊/荀子/嘉善謝氏藏版”。

卷一首葉第一行題“荀子卷第一”，第二行題“唐登仕郎守大理評事楊倞注”，第三行起正文。

書首有乾隆五十一年謝墉序，參訂名氏，“荀子序”，“荀子新目録”。書末有錢大昕跋。

6. 白虎通四卷附校勘補遺一卷考一卷闕文一卷

清乾隆甲辰刻本

漢班固撰　清盧文弨校併撰校勘補遺

版框高17.9釐米，寬13.2釐米。每半葉十行，行二十字，小字雙行，字數同。白口，單黑魚尾，左右雙邊。版心上記“白虎通”，中記卷次，下記葉次，又下記“抱經堂校定本”，書内封刻“乾隆甲辰/白虎通/抱經堂雕”。

卷一首葉第一行題“白虎通卷第一上”，第二行題“漢元武司馬班固等奉詔撰”，第三行起正文。

書首有乾隆四十九年盧文弨“校刻白虎通序”，“白虎通序”，校人姓名，“白虎通目録”。書末有盧文弨元大德本跋後。

7. 逸周書十卷校正補遺一卷附録一卷

清乾隆甲辰刻本

晉孔晁注

版框高17.6釐米，寬13.2釐米。每半葉十行，行二十字，小字雙行，字數同。白口，單黑魚尾，左右雙邊。版心上記“逸周書”，中記卷次，下記葉次，又下記“抱經堂校定本”，書内封刻“乾隆甲辰/逸周書/抱經堂雕”。

卷一首葉第一行題“逸周書卷第一”，第二行題“晉孔晁注”，第三行起正文。

書首有乾隆五十一年謝墉序，丙午謝墉識語，嘉靖壬午楊慎舊序，姜士昌舊序，校人姓名，“逸周書目録”。

8. 輶軒使者絕代語釋别國方言十三卷校正補遺一卷

清乾隆甲辰刻本

漢揚雄紀　晉郭璞注

版框高18.1釐米，寬13.2釐米。每半葉十行，行二十字，小字雙行，字數同。白口，單黑魚尾，左右雙邊。版心上記“方言”，中記卷次，下記葉次，又下記“抱經堂校定本”。書内封刻“乾隆甲辰/方言/杭州刻本”。

卷一首葉第一行題“輶軒使者絕代語釋别國方言第一”，第二行題“漢揚雄紀”，第三行題“晉郭璞注”，第四行起正文。

書首有乾隆四十七年盧文弨“重校方言序”，郭璞“方言序”，慶元庚申朱質“李刻方言後序”，“方言讎校所据新舊本并校人姓名”。

9. 獨斷二卷

清乾隆五十五年刻本

漢蔡邕撰

版框高17.9釐米，寬13.2釐米。每半葉十行，行二十字，小字雙行，字數同。白口，單黑魚尾，左右雙邊。版心上記“獨斷”，中記卷次，下記葉次，又下記“抱經堂校定本”。書内封刻“乾隆庚戌雕/獨斷/抱經堂校本”。

卷一首葉第一行題“獨斷卷上”，第二行題“漢左中郎將陳留蔡邕撰”，第三行起正文。

書首有乾隆五十五年盧文弨“序校本獨斷”。

10. 西京雜記二卷

清乾隆丁未刻本

漢劉歆撰

版框高18.5釐米，寬13.2釐米。每半葉十行，行二十字，小字雙行，字數同。白口，單黑魚尾，左右雙邊。版心上記“西京雜記”，中記卷次，下記葉次，又下記“抱經堂校定本”，書内封刻“乾隆丁未年雕/西京雜記/抱經堂校本”。

卷一首葉第一行題“西京雜記卷上”，第二行題“漢劉歆撰”，第三行起正文。

卷首有葛洪“西京雜記序”，“西京雜記目録”，“新雕西京雜記緣起”。

11. 顔氏家訓七卷附注補併重校一卷注補正一卷壬子年重校一卷

清乾隆五十四年刻本

北齊顔之推撰　清錢大昕補撰

版框高17.8釐米，寬13.2釐米。每半葉十行，行二十一字，小字雙行，字數同。白口，單黑魚尾，左右雙邊。版心上記“顔氏家訓”，中記卷次，下記葉次，又下記“抱經堂校定本”。

卷一首葉第一行題“顔氏家訓卷第一”，第二行題“北齊黄門侍郎顔之推撰”，第三行起正文。

卷首有乾隆五十四年盧文弨“注顔氏家訓序”，“顔氏家訓序”，例言，“顔氏家訓注”及參校姓名，“新注顔氏家訓目録”。

12. 羣書拾補初編三十九卷

清盧文弨撰

版框高18.2釐米，寬13.2釐米。每半葉十行，行二十一字，小字雙行，字數同。白口，單黑魚尾，左右雙邊。版心上記"羣書拾補"，中記卷次及子目，下記葉次，又下記"抱經堂本"。書內封刻"羣書拾補/抱經堂雕"。

正文卷一首葉第一行題"五經正義表"，第二起正文。

書首有庚戌錢大昕序，"羣書拾補小引"，"羣書拾補初編目録"。

羣書拾補子目：

五經正義表一卷

周易註疏校正一卷

周易略例校正一卷

尚書註疏校正一卷

春秋左傳註疏校正一卷

禮記註疏校補一卷

儀禮註疏校正一卷

呂氏讀詩記補闕一卷

史記惠景間侯者年表校補一卷

續漢書志注補校正一卷

晉書校正一卷

魏書校補一卷

宋史孝宗紀補脱一卷

金史補脱一卷

資治通鑑序補逸一卷

文獻通考經籍校補一卷

史通校正一卷

新唐書糾謬校補一卷

山海經圖贊補逸一卷

水經序補逸一卷

補遼金元藝文志一卷

鹽鐵論校補一卷

新序校補一卷

說苑校補一卷

申鑒校正一卷

列子張湛注校正一卷

韓非子校正一卷

晏子春秋校正一卷

風俗通義校正逸文一卷

新論校正一卷

潛虛校正一卷

春渚紀聞補闕一卷

嘯堂集古録校補一卷

鮑照集校補一卷

韋蘇州集校正拾遺一卷

元微之文集校補一卷

白氏文集校正一卷

林和靖集校正一卷

宋史藝文志補一卷

13.解春集文鈔十二卷補遺二卷詩鈔三卷

清馮景撰

版框高18釐米，寬13.2釐米。每半葉十行，行二十一字。白口，單黑魚尾，左右雙邊。魚尾上記“解春集文鈔”，下記卷次，又下記葉次。書內封刻“錢塘馮山公先生譔/解春集文鈔/抱經堂藏版”。

卷一首葉第一行題“解春集文鈔卷第一”，第二行題“錢塘馮景山公”，第三行起正文。

書首有乾隆壬子敘述，“幸草序”，墓表，白雲“遇知外舅紀事”，“解春集文鈔目録”。

14. 鍾山札記四卷

清乾隆五十五年刻本

清盧文弨撰

版框高17.8釐米，寬13.2釐米。每半葉十行，行二十一字。白口，單黑魚尾，左右雙邊。魚尾上記“鍾山札記”，下記卷次，又下記葉次。書内封刻“乾隆庚戌孟冬/鍾山札記/抱經堂刻本”。

卷一首葉第一行題“鍾山札記卷一”，第二行題“杭東里人盧文弨”，第三行起正文。

書首有乾隆五十五年盧文弨“鍾山札記自序”，“鍾山札記目録”。

15. 龍城札記三卷

清嘉慶元年刻本

版框高18釐米，寬13.2釐米。每半葉十行，行二十一字。白口，單黑魚尾，左右雙邊。版心上方記"龍城札記",中記卷次,又下記葉次,版心下記"抱經堂本"。書內封刻"丙辰年鐫/龍城札記/抱經堂藏板"。

卷一首葉第一行題"龍城札記卷一",第二行題"杭東里人盧文弨",第三行起正文。

書首有"龍城札記目録"。

16.抱經堂文集三十四卷

版框高18.4釐米,寬13.2釐米。每半葉十一行,行二十一字。白口,單黑魚尾,左右雙邊。魚尾上記"抱經堂文集",下記卷次,又下記葉次。書內封刻"抱經堂叢書"。

卷一首葉第一行題"抱經堂文集卷第一",第二行題"杭東里人盧文弨",第三行起正文。

書首有段玉裁撰"翰林院侍讀學士盧公墓誌銘",墓誌銘,"抱經堂文集目録"。

經典釋文卷第一　序録

唐國子博士兼太子中允贈齊州刺史吳縣開國男陸德明撰

序

夫書音之作作者多矣前儒撰著光乎篇籍其來既久誠無間然但降聖已還不免偏尚質文詳略互有不同漢魏迄今遺文可見或專出己意或祖述舊音各師成心製作如面加以楚夏聲異南北語殊是非信其所聞輕重因其所習後學鑽仰罕逢指要夫筌蹄所寄唯在文言差若毫釐謬便千里夫子有言必也正名乎名不正則言不順言不順則事不成故君子名之必可言也言之必可行也斯富哉言乎大矣盛矣無得而稱矣然人稟二儀之淳和含

抱經堂叢書

民國十二年（1923）北京直隸書局影印本

DC0856六函六十册

清盧文弨輯。

書高19.7釐米，寬13.1釐米。版框高15.1釐米，寬10.6釐米。每半葉十至十一行，行二十至二十一字不等。白口，單黑魚尾，左右單邊。魚尾上方記子目，下記卷次，又下記葉次。函套書籤題“抱經堂叢書癸亥夏野侯題”，書衣書籤題“抱經堂叢書”。子目各書皆有內封，內封背面牌記印“民國十二年夏五月北京直隸書局影印”。

存十二種。

子目：

儀禮注疏詳校十七卷

新書十卷

春秋繁露十七卷附録一卷

荀子二十卷附校勘補遺一卷

白虎通四卷校勘補遺一卷闕文一卷

逸周書十卷校正補遺一卷附録一卷

輶軒使者絕代語釋别國方言十三卷校正補遺一卷

羣書拾補初編三十九卷（存十九卷）

解春集文鈔十二卷補遺二卷詩鈔三卷

鍾山札記四卷

龍城札記三卷

抱經堂文集三十四卷

儀禮注疏詳校卷第一

盧文弨 輯

士冠禮第一 鄭目錄云童子任職居士位年二十而冠 吳東壁云據此注主人以爲冠者之父正與孟子丈夫之冠也父命之相合且曲禮內則皆言四十始仕童子安得居士位沈云記云天子之元子猶士也蓋以王太子入學受教卽選俊之類則彼士固指未仕者而此爲未仕者加冠之禮可知 主人玄冠朝服則是仕於諸侯 句 天子之士朝服皮弁素積 東壁云疏謂鄭約玉藻以明君臣同服案玉藻並不言臣且亦不分王朝侯國鄭專指侯國非 疏 及下記 浦增 公 諸改 浦 侯 郊特牲作諸侯 有冠禮 昔聖王之處士 彼文有也使二字 就閑燕也 此與下三也字彼文所無今引書自不必過拘此仍其舊可也下放此 然 又浦依通解改

學津討原二十集一百七十五種

清嘉慶十一年（1806）琴川張氏照曠閣刻本

DC0394三十九函二百七十册

清張海鵬輯。

張海鵬（1755—1816），字若雲，一字子瑜。江蘇常熟人。乾隆四十年補博士第子員，後三試不中，遂絕意名祿，篤志於墳典。

書高26.2釐米，寬16.3釐米。版框高19.3釐米，寬13.8釐米。每半葉九行，行二十一字。上下黑口，無魚尾，左右雙邊。版心中部記細目及卷次，又下方記葉次，又下方記“照曠閣”。內封刻“第一集/學津討原/琴川張氏藏板”。

《子夏易傳》卷一首葉第一行題“子夏易傳卷第一”，第二行題“後學昭文張海鵬校梓”，第三行起正文。

書首有嘉慶十年張海鵬“學津討原序”，嘉慶十一年勞樹棠“學津討原序”，“學津討原凡例”，“學津討原同校姓氏”，“學津討原總目”。

子目：

第一集

子夏易傳十一卷　周卜商撰

周易集解十七卷　唐李鼎祚撰

蘇氏易傳九卷　宋蘇軾撰

京氏易傳三卷　漢京房撰　吳陸績注

關氏易傳一卷　後魏關朗撰　唐趙蕤注

周易略例一卷　魏王弼撰　唐邢璹注

周易舉正三卷　唐郭京撰

麻衣道者正易心法一卷　宋陳摶受並消息

第二集

尚書鄭注十卷　漢鄭玄撰　宋王應麟輯　清孔廣林增訂

尚書中候鄭注五卷　漢鄭玄撰　清孔廣林輯

東坡書傳二十卷　宋蘇軾撰

詩序辨說一卷　宋朱熹撰

詩考一卷　宋王應麟撰
詩地理考六卷　宋王應麟撰
毛詩草木鳥獸蟲魚疏廣要二卷　明毛晉撰
韓詩外傳十卷　漢韓嬰撰

第三集

太平經國之書十一卷首一卷　宋鄭伯謙撰
儀禮逸經傳二卷　元吳澄撰
春秋微旨三卷　唐陸淳撰
春秋金鎖匙一卷　元趙汸撰
春秋胡傳考誤一卷　明袁仁撰
癸巳論語解十卷　宋張栻撰
司馬氏書儀十卷　宋司馬光撰
皇祐新樂圖記三卷　宋阮逸、胡瑗撰

第四集

爾雅鄭注三卷　宋鄭樵撰
爾雅翼三十二卷　元羅願撰
序一卷　元洪焱祖釋
急就篇四卷正文一卷　漢史遊撰　唐顏師古注　宋王應麟音釋
九經補韻一卷　宋楊伯岩撰
毛詩古音考四卷附録一卷讀詩拙言一卷　明陳第撰
屈宋古音義三卷　明陳第撰

第五集

稽古録二十卷　宋司馬光撰
通鑑地理通釋十四卷　宋王應麟撰
續宋編年資治通鑑十五卷　宋劉時舉撰
宋季三朝政要六卷　宋佚名撰

第六集

西京雜記六卷　晉葛洪撰
大唐創業起居注三卷　唐溫大雅撰
吳越備史四卷補遺一卷　宋范坰、林禹撰
靖康紀聞一卷拾遺一卷　宋丁特起撰
北狩見聞録一卷　宋曹勳撰
建炎維揚遺録一卷　宋佚名撰

建炎復辟記一卷　宋佚名撰
松漠紀聞一卷　宋洪皓撰
續一卷補遺一卷　宋洪皓撰
西使記一卷　元劉鬱撰
燕翼貽謀録五卷　宋王詠撰
庚申外史一卷　明權衡撰
復辟録一卷　明楊瑄撰
綏寇紀略十二卷補遺三卷　清吳偉業撰
第七集
洛陽伽藍記五卷　後魏楊炫之撰
洛陽名園記一卷　宋李格非撰
東京夢華録十卷　宋孟元老撰
夢粱録二十卷　宋吳自牧撰
吳地記一卷後集一卷　唐陸廣微撰
吳郡圖經續記三卷　宋朱長文撰
佛國記一卷　晉釋法顯撰
諸蕃志二卷　宋趙汝適撰
益部方物略記一卷　宋宋祁撰
閩中海錯疏三卷　明屠本畯撰　明徐𤊹補疏
海語三卷　明黃衷撰
第八集
漢制考四卷　宋王應麟撰
唐國史補三卷　唐李肇撰
淳熙玉堂雜記三卷　宋周必大撰
明宮史五卷　明劉若愚撰　明呂毖輯
州縣提綱四卷　宋陳襄撰
官箴一卷　宋呂本中撰
書簾緒論一卷　宋胡太初撰
唐史論斷三卷附録一卷　宋孫甫撰
通鑒問疑一卷　宋劉羲仲撰
泉志十五卷　宋洪遵撰
子略四卷目一卷　宋高似孫撰

第九集

周髀算經二卷附音義一卷　漢趙爽注　北周甄鸞重述　唐李淳風等注釋　音義宋李籍撰

數術記遺一卷　漢徐岳撰　北周甄鸞撰

易林四卷首一卷　漢焦贛撰

元包經傳五卷　北周衛元嵩撰　唐蘇源明傳　唐李江注　宋韋漢卿音釋

元包數總義二卷　宋張行成撰

六經天文編二卷　宋王應麟撰

宅經二卷

青烏先生葬經一卷　漢青烏子撰　金兀欽仄注

古本葬書一卷　晉郭璞撰

葬經翼不分卷圖一卷　明繆希雍撰

第十集

齊民要術十卷　後魏賈思勰撰

耒耜經一卷　唐陸龜蒙撰

紀效新書十八卷首一卷　明戚繼光撰

八陣合變圖說一卷　明龍正撰

增廣太平惠民和劑局方十卷用藥總論三卷　宋陳師文等編

第十一集

法書要録十卷　唐張彦遠輯

歷代名畫記十卷　唐張彦遠撰

圖畫見聞志六卷　宋郭若虛撰

宣和書譜二十卷　宋佚名撰

宣和畫譜二十卷　宋佚名撰

畫繼十卷　宋鄧椿撰

第十二集

忠經一卷　漢馬融撰　漢鄭玄注

鶡冠子三卷　宋陸佃解

郁離子二卷　明劉基撰

意林五卷　唐馬總輯

李氏刊誤二卷　唐李涪撰

考古編十卷　宋程大昌撰

演繁露十六卷續集六卷　宋程大昌撰
西溪叢語二卷　宋姚寬撰
學齋占畢四卷　宋史繩祖撰
第十三集
封氏聞見記十卷　唐封演撰
東觀餘論二卷附録一卷　宋黄伯思撰
夢溪筆談二十六卷補筆談一卷續筆談一卷　宋沈括撰
宋景文公筆記三卷　宋宋祁撰
芥隱筆記一卷　宋龔頤正撰
文昌雜録六卷補遺一卷　宋龐元英撰
鼠璞二卷　宋戴埴撰
袪疑說一卷　宋儲泳撰
第十四集
春明退朝録三卷　宋宋敏求撰
避暑録話二卷　宋葉夢得撰
曲洧舊聞十卷　宋朱弁撰
却掃編三卷　宋徐度撰
齊東野語二十卷　宋周密撰
第十五集
冷齋夜話十卷　宋釋惠洪撰
春渚紀聞十卷　宋何薳撰
師友談記一卷　宋李廌撰
東坡志林五卷　宋蘇軾撰
老學庵筆記十卷　宋陸遊撰
貴耳集三卷　宋張端義撰
閒居録一卷　元吾丘衍撰
瑯嬛記三卷　元伊世珍撰
學古編一卷　元吾丘衍撰
丸經二卷　元佚名撰
歙州硯譜一卷　宋唐積撰
歙硯說一卷辨歙石說一卷　元曹紹撰
硯史一卷　宋米芾撰
端溪硯譜一卷　宋佚名撰　宋葉樾訂

墨經一卷　宋晁貫之撰
雲林石譜二卷　宋杜綰撰
香譜二卷　宋洪芻撰
茶經三卷　唐陸羽撰
糖霜譜一卷　宋王灼撰
第十六集
搜神記二十卷　晉干寶撰
搜神後記十卷　晉陶潛撰
異苑十卷　宋劉敬叔撰
酉陽雜俎二十卷續集十卷　唐段成式撰
開天傳信記一卷　唐鄭綮撰
杜陽雜編三卷　唐蘇鶚撰
甘澤謠一卷附録一卷　唐袁郊撰
劇談録二卷　唐康駢撰
前定録一卷續一卷　唐鍾輅撰
稽神録六卷拾遺一卷　宋徐鉉撰
第十七集
唐摭言一五卷　南漢王定保撰
鑒誡録十卷　後蜀何光遠撰
南部新書十卷　宋錢易撰
涑水記聞十六卷　宋司馬光撰
王文正筆録一卷　宋王曾撰
歸田録二卷　宋歐陽修撰
國老談苑二卷　宋王君玉撰
茅亭客話十卷　宋黄休復撰
道山清話一卷　宋王□撰
孫公談圃三卷　宋孫升述　宋劉延世録
湘山野録三卷續一卷　宋釋文瑩撰
第十八集
河南邵氏聞見前録二十卷　宋邵伯溫撰
河南邵氏聞見後録三十卷　宋邵博撰
揮麈前録四卷後録十一卷三録三卷餘話二卷　宋王明清撰
玉照新志五卷　宋王明清撰

第十九集

桯史一五卷附録一卷　宋岳珂撰

癸辛雜識前集一卷後集一卷續集二卷别集二卷　宋周密撰

錦帶書一卷　梁蕭統撰

歲華紀麗四卷　唐韓鄂撰

龍筋鳳髓判二卷　唐張鷟撰

蒙求正文一卷集注二卷　後晉李瀚撰　宋徐子光補注

第二十集

道德指歸論六卷　漢嚴遵撰

古文參同契集解三卷箋注集解三卷三相類集解二卷　明蔣一彪輯

胎息經一卷　幻眞先生注

眞誥二十卷　梁陶弘景撰

象教皮編六卷　明陳士元輯

樂府古題要解二卷　唐吳兢撰

詩品三卷　梁鍾嶸撰

詩品二十四則一卷　唐司空圖撰

風騷旨格一卷　唐釋齊己撰

四六話二卷　宋王銍撰

四六談塵一卷　宋謝伋撰

子夏易傳卷第一

後學昭文張海鵬校梓

周易

上經乾傳第一

䷀ 乾下乾上

乾元亨利貞彖曰大哉乾元萬物資始乃統天雲行雨施品物流形大明終始六位時成時乘六龍以御天乾道變化各正性命保合太和乃利貞首出庶物萬國咸寧

士禮居黄氏叢書十七種附二種

清嘉慶道光間江蘇黄氏士禮居刻本

DC0857十四函九十二册

黄丕烈輯。

黄丕烈（1763—1825），字紹武，一字承之，號蕘圃，紹圃，又號復翁、佞宋主人等。長洲人。乾隆五十三年舉人，官主事。

書高27.8釐米，寬18釐米。

書首有"士禮居黄氏叢書目録"。

書中鈐"會稽王氏志隱齋珍藏"朱印。

子目：

1.周禮十二卷附札記一卷　漢鄭玄注

清嘉慶戊寅刻本

版框高17.6釐米，寬12釐米。每半葉八行，行十七字，小字雙行，字數同。白口，單黑魚尾，左右雙邊。魚尾下方記"周禮"及卷次，版心下記葉次。內封鐫"嘉慶戊寅/周禮鄭氏注/士禮居刊行"。

卷一首葉第一行題"周禮卷第一"，第二行頂格題"天官冢宰第一"，空二格題"周禮"，空二格題"鄭氏注"，第三行起正文。

2.儀禮十七卷附校録一卷續校一卷　漢鄭玄注

清嘉慶甲戌刻本

版框高21.2釐米，寬15釐米。每半葉十四行，行二十四字，小字雙行，行約三十一字。白口，單黑魚尾，左右雙邊。魚尾下方題"儀"及卷次，又下方記葉，版心下記刻工。內封鐫"嘉慶甲戌/儀禮鄭氏注/宋本重刊"。

卷一首葉第一行題"儀禮卷第一"，第二行頂格題"士冠禮第一"，空三格題"儀禮"，空三格題"鄭氏注"，第三行起正文。

3.夏小正戴氏傳四卷附校録一卷　宋傅崧卿注

清道光元年刻本

版框高20.3釐米，寬13.7釐米。每半葉八行，行十七字，小字雙行，字數同。白口，雙黑魚尾，四周雙邊。魚尾上方記“經”，下方記“夏小正”及卷次，又下方記葉次，版心下記刻工。內封鐫“道光紀元孟夏/傳崧卿本夏小正/袁本重刊/附集解四卷/士禮居藏版”。附夏小正經傳集解後鐫“道光紀元辛巳吳門黃氏士禮居刊行”。

卷一首葉第一行題“夏小正戴氏傳卷第一”，第二行起正文。

附夏小正經傳集解四卷　清顧鳳藻撰

4.國語二十一卷附札記一卷　三國吳韋昭解

清嘉慶庚申刻本

版框高20.8釐米，寬14.3釐米。每半葉十一行，行二十字，小字雙行，行約三十二字。白口，左右雙邊。版心中記“國”及卷次，下記葉次。內封鐫“天聖明道本國語/嘉慶庚申/讀未見書齋重雕”。

卷一首葉第一行題“國語解敘”，第二葉第六行題“國語卷第一”，第七行頂格題“周語上”，下空五字題“韋氏解”，第八行起正文。

書中鈐“吳興抱經樓藏”朱印。

5.戰國策三十三卷附札記三卷　漢高誘注

版框高22.3釐米，寬15釐米。每半葉十一行，行二十字，小字雙行，字數同。白口，單黑魚尾，左右雙邊。版心中記“戰國策”及卷次，下記葉次。內封鐫“剡川姚氏本戰國策/讀未見書齋重雕”。

卷一首葉第一行題“戰國策卷第一”，第二行空三格題“東周”，下空七字題“高誘注”，第三行起正文。

書中鈐“吳興抱經樓藏”、“春□”、“文偉”、“竹墩”、“山煇川媚”、“聽竹主人”朱印。

6.梁公九諫一卷　宋佚名撰

清嘉慶丙寅刻本

版框高21.2釐米，寬13.7釐米。每半葉八行，行二十字。白口，單黑魚尾，左右雙邊。版心下記葉次。內封鐫“賜書樓藏鈔本/梁公九諫/嘉慶丙寅/士禮居開雕”。附夏小正經傳集解後鐫“道光紀元辛巳吳門黃氏士禮居刊行”。

卷一首葉第一行起正文。

7.輿地廣記三十八卷附札記二卷　宋歐陽忞撰

版框高19.2釐米，寬12.8釐米。每半葉十三行，行二十四字。白口，單黑魚尾，四周單邊。魚尾上方記字數，下方記“地”及卷次，又下方記葉次，版心下記刻工。內封鐫“歐陽忞輿地廣記”，內封背面鐫“曝書亭藏宋刻初本吳門士禮居重雕”刊記。

卷一首葉第一行題“輿地廣記卷第一”，第二行起正文。

8.汲古閣珍藏秘本書目一卷　清毛扆撰

清嘉慶庚申刻本

版框高19.5釐米，寬13.7釐米。每半葉十行，行二十四字，小字雙行，字數同。白口，四周單邊。版心下記葉次。內封鐫“汲古閣珍藏秘本書目/嘉慶庚申十月吳門黃氏士禮居藏版”。

卷一首葉第一行題“汲古閣珍藏秘本書目”，下空一格題“毛扆斧季書”，第二行起正文。

9.季滄葦藏書目一卷　清季振宜撰

清嘉慶庚申刻本

版框高19.5釐米，寬14.4釐米。每半葉十行，行二十四字，小字雙行，字數同。白口，單黑魚尾，左右雙邊。魚尾下方記“季目”，版心下記葉次。內封鐫“季滄葦藏書目/嘉慶庚申十月吳門黃氏士禮居藏版”。

卷一首葉第一行起正文。

書中鈐“北平劉氏”、“移盦藏書”、“移盦□得金石書畫”、“劉氏”。

10.藏書記要一卷　清孫從添撰

版框高18.8釐米，寬14釐米。每半葉十一行，行二十字。白口，單黑魚尾，左右雙邊。魚尾上方題“藏書記要”，版心下記葉次。內封鐫“藏書記要/士禮居刊行”。

卷一首葉第一行題“藏書記要”，第二行起正文。

11.傷寒總病論六卷附札記一卷　宋龐安時撰

清道光癸未刻本

版框高16.7釐米，寬11.6釐米。每半葉十行，行二十字。白口，單黑魚尾，左右雙邊。魚尾下方記“龐”及卷次，版心下記葉次。內封鐫“道光癸未仲春/傷寒總病論/士禮居影宋重雕行”。

卷一首葉第一至二行題“傷寒總病論”，第三行題“蘄水龐安時撰”，第四行起正文。

12.洪氏集驗方五卷　宋洪遵輯

清嘉慶己卯刻本

版框高17.9釐米，寬14.3釐米。每半葉九行，行十六字。白口，單黑魚尾，左右雙邊。魚尾下方記“集驗方”及卷次，又下方記葉次，版心下記刻工。內封鐫“嘉慶己卯/洪氏集驗方/士禮居宋本重刊”。

卷一首葉第一行題“洪氏集驗方卷第一”，第二起正文。

13.焦氏易林十六卷　漢焦贛撰

版框高18.3釐米，寬14.5釐米。每半葉十二行，行二十四字。白口，左右雙邊。版心上方記細目，版心中部記“易林”及卷次，下方記葉次，又下方記“士禮居藏”。內封鐫“焦氏易林/挍宋本重雕”，內封背面鐫“吳門黄氏藏版”。

卷一首葉第一行題“焦氏易林卷第一”，第二行起正文。

14.博物誌十卷　晉張華撰　宋周日用等注

版框高20.2釐米，寬15釐米。每半葉十一行，行二十二字。白口，單黑魚尾，左右雙邊。魚尾下方記“博物誌”及卷次，版心下記葉次。內封鐫“影寫連江葉氏本/博物誌/士禮居重雕”。

卷一首葉第一行題“博物誌卷第一”，第二行題“晉司空張華撰”，第三行題“汝南周日用等注”，第四行起正文。

15.新刊宣和遺事前集一卷新編宣和遺事後集一卷　宋佚名撰

版框高16.6釐米，寬10.8釐米。每半葉十三行，行二十三字。上下黑口，雙黑魚尾，四周雙邊。上魚尾下方記“宣和”及卷次，下魚尾下方記葉次。內封鐫“宣和遺事/宋本重刊”。

卷一首葉第一至二行題“新刊宣和遺事前集”，第三行起正文。

16.百宋一廛賦一卷　清顧廣圻撰

清嘉慶乙丑刻本

版框高19.4釐米，寬14.4釐米。每半葉九行，行十八字，小字雙行，行約三十字。白口，左右雙邊。版心上記字數，中記“賦”，又下方記葉次，又下記刻工。內封鐫“百宋弌廛賦注/嘉慶乙丑秋九月吳郡黄氏士禮居栞行”，書末有“嘉慶乙丑九月蕘翁手寫刊行”刊記。

卷一首葉第一行題“百宋一廛賦”，第三行題“元和顧廣圻撰”，下空二格題“吳縣黄丕烈注”，第四行起正文。

17.汪本隸釋刊誤一卷　清黄丕烈撰

清嘉慶丙子刻本

版框高22.1釐米，寬15.2釐米。每半葉十行，行二十字。白口，單黑魚尾，左右雙邊。魚尾下方記“隸刊”，又下方記葉次。內封鐫“嘉慶丙子/汪本隸釋刊誤/士禮居栞行”。

卷一首葉第一行題“汪本隸釋刊誤”，第二行起正文。

附

1.船山詩草選六卷　清張問陶撰

清嘉慶丁丑刻本

版框高16.8釐米，寬11.7釐米。每半葉十行，行二十字。白口，單黑魚尾，左右雙邊。魚尾上方記“船山詩草選”，魚尾下方記卷次，又下方記葉次。內封鐫“嘉慶丁丑刊/船山詩選/吳門學耕堂藏版”。

卷一首葉第一行題“船山詩草選”，第二行題“遂寧張問陶仲冶著”，第三行題“吳縣石韞玉執如録”，第四行起正文。

2.同人唱和詩集三卷　清黃丕烈輯

清道光甲申刻本

版框高17.9釐米，寬12.2釐米。每半葉十行，行二十字。白口，四周雙邊。版心中部記題詩集名，下方記葉次。內封鐫“道光甲申/同人唱和詩集/士禮居刊”。

卷一首葉第一行題“夢境圖唱和詩集”，第二行起正文。

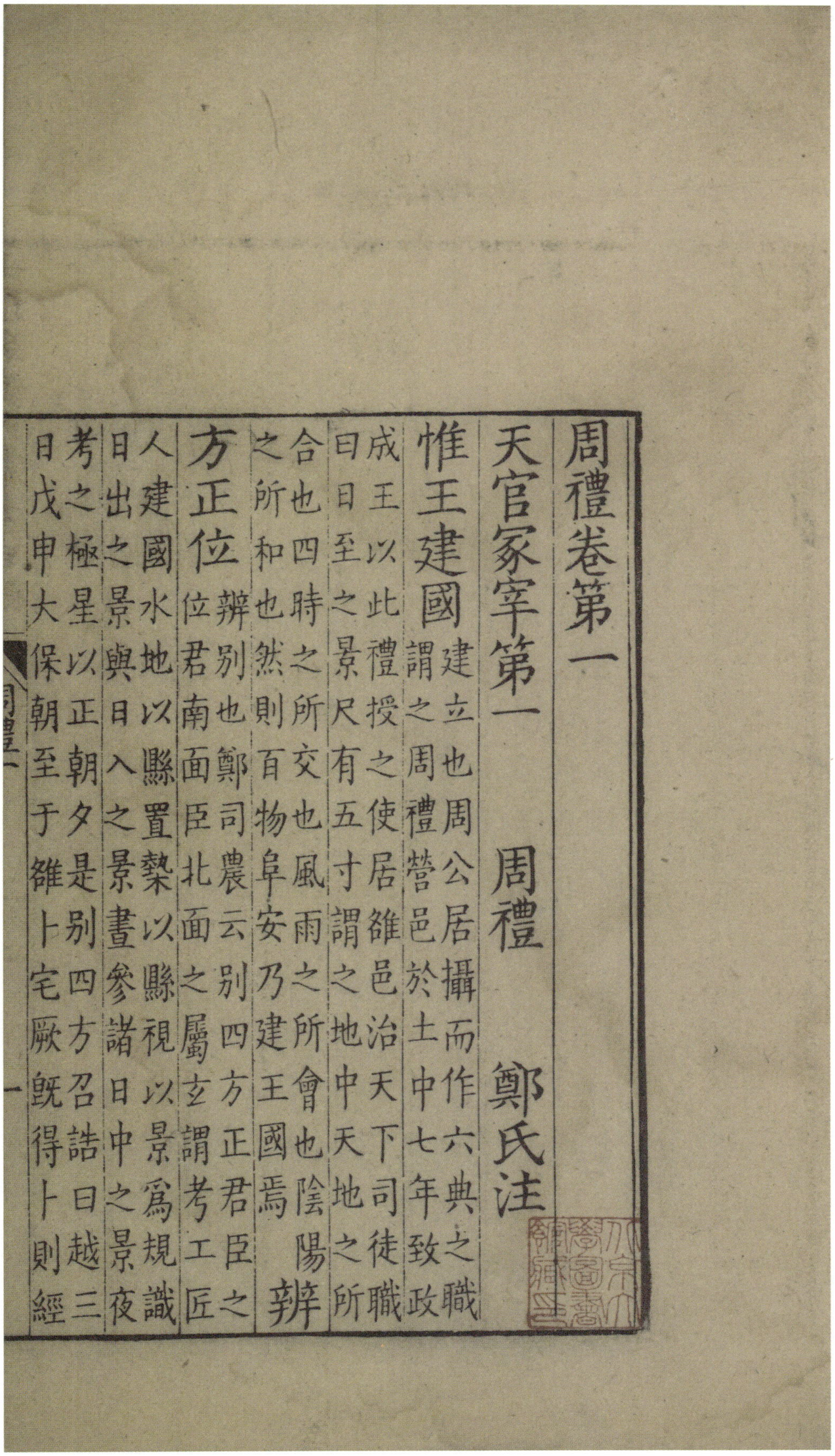

周禮卷第一

天官冢宰第一　周禮　鄭氏注

惟王建國　建立也周公居攝而作六典之職謂之周禮營邑於土中七年致政成王以此禮授之使居雒邑治天下司徒職曰日至之景尺有五寸謂之地中天地之所合也四時之所交也風雨之所會也陰陽之所和也然則百物阜安乃建王國焉　辨方正位　辨別也鄭司農云別四方正君臣之位君南面臣北面之屬玄謂考工匠人建國水地以縣置槷以縣視以景爲規識日出之景與日入之景晝參諸日中之景夜考之極星以正朝夕是別四方召誥曰越三日戊申大保朝至于雒卜宅厥既得卜則經

士禮居黄氏叢書

民國乙卯（四年，1915）上海石竹山房影印本

DC0858二函十五册

黄丕烈輯。

書高19.6釐米，寬16釐米。書衣籤題“士禮居黄氏叢書”。

存八種。

子目：

國語二十一卷附札記一卷　三國吳韋昭解

戰國策三十三卷附札記三卷　漢高誘注

梁公九諫一卷　宋佚名撰

輿地廣記三十八卷附札記二卷　宋歐陽忞撰

汲古閣珍藏秘本書目一卷　清毛扆撰

季滄葦藏書目一卷　清季振宜撰

藏書記要一卷　清孫從添撰

傷寒總病論六卷附札記一卷　宋龐安時撰

案語：原藏者借用文瑞樓函套，函套書籤題“上海棋盤街文瑞樓印行”。

諸家紛錯載述爲煩是以時有所見庶幾頗近事情裁有補益猶恐人之多言未詳其故欲世覽者必察之也

周一二三上中下 魯四五上下 齊六 晉武七獻八惠九文十襄十一厲十二悼十三平十四昭十五

鄭十六 楚十七上十八下 吳十九 越二十上二十一下

國語卷第一

周語上　　韋氏解

穆王將征犬戎穆王周康王之孫昭王之子穆王滿也征正也上討下之稱犬戎西戎之别名也在荒服之中祭公謀父諫曰不可祭畿内之國周公之後也爲王卿士謀父字也傳曰凡蔣邢茅胙祭周公之胤矣先王燿德不觀兵燿明也觀示也明德尚道化也不示兵者有大罪惡然後致誅不以小小示威武也夫兵戢而時動動則威戢聚也威畏也時動謂三時務農一時講武守則有財征則有威觀則玩玩則無震玩黷也震懼也是故周

琳琅祕室叢書四集三十種

清咸豐四年(1854)仁和胡珽活字本

DC0395二十四册

清胡珽輯。

胡珽(1822—1861),字心耘。浙江仁和人。官至太常博士。

書高28.5釐米,寬17.6釐米。版框高19.6釐米,寬13.5釐米。每半葉九行,行二十一字。上下黑口,單黑魚尾,四周單邊。魚尾下記篇目、卷次及葉次。書首內封鐫“琳琅祕室叢書　徐德銘題”。第一種書內封“孔氏祖庭廣記/愛日精廬影鈔蒙古刊本”。

卷一首葉第一行題“孔氏祖庭廣記卷第一”,第二行起正文。

書首有咸豐四年宋翔鳳“琳琅祕室叢書序”、道光三年徐達源“琳琅祕室叢書序”,盧希晉“琳琅祕室題辭”,呂晉昭“胡文學傳”,胡珽“琳琅祕室叢書例言”,“琳琅祕室叢書同校姓名”,“琳琅祕室叢書目録第一集”。

餘集行款、內封同上。

書中鈐“大倉文化財團藏書”。

子目:

第一集

孔氏祖庭廣記十二卷附校譌一卷

東家雜記二卷首一卷附校譌一卷

質孔說二卷附校譌一卷小傳一卷

論語竢質三卷附校譌一卷

六書說一卷附校譌一卷

考工記二卷校譌一卷

第二集

吳郡圖經續記三卷附録一卷附校勘記一卷續記校譌一卷

茅亭客話十卷附校勘記一卷續校一卷
續幽怪録四卷拾遺二卷附校勘記一卷
劉江東家藏善本葬書一卷附校譌一卷
傷寒九十論一卷附校譌一卷
列仙傳二卷附校譌一卷
疑仙傳二卷附校譌一卷
第三集
三教平心論二卷附校譌一卷
西齋淨土詩三卷附録一卷附校譌一卷
蠻書十卷附校譌一卷
南海百詠一卷附校譌一卷
幽明録一卷附校譌一卷
雞肋編三卷附校勘記一卷
第四集
九賢祕典一卷附校譌一卷
角力記一卷附校譌一卷
密齋筆記五卷續筆記一卷附校譌一卷
鶡林子五卷附校譌一卷
緑珠傳一卷附校勘記一卷
李師師外傳一卷附録一卷附校譌一卷
梅花字字香前集一卷後集一卷附校譌一卷
霜猨集一卷附校譌一卷續校一卷
丁鶴年集四卷附録一卷附校譌一卷
艇齋詩話一卷附校譌一卷
蓮塘詩話二卷附校譌一卷

琳琅祕室叢書目錄

仁和　胡　珽　心耘編

第一集

孔氏祖庭廣記十二卷影鈔蒙古刊本　先君子藏書

金孔元措撰孜先聖事蹟莫備於是書錢遵王亟稱之而未得其傳本之希可知後錢塘何夢華得於曲阜孔氏昭文張月霄從之影鈔者

東家雜記二卷影鈔宋刊本　先君子藏書

宋孔傳撰讀書敏求記著錄三卷蓋合卷首數頁而言

四庫全書作二卷係經後人刪節今則杏壇圖說果列於首下載北山移文等篇其實本書止有

孔氏祖庭廣記卷第一

先聖

至聖文宣王魯曲阜昌平鄉闕里其先宋人也世本云宋孔父嘉生木金父木金父生祈父其子奔魯爲孔防叔生伯夏伯夏生叔梁紇長子曰伯皮有疾不任繼嗣遂娶顏氏禱於尼山得孔子魯襄公二十二年冬十月庚子日孔子生生而首上圩頂故因名丘字仲尼二歲紇卒孔子長九尺六寸腰大十圍凡四十九表反首洼面月角日準手握天文足履度字或作

榆園叢刻十五種

清同治甲子（十一年，1872）至光緒癸巳（十九年，1893）遞刻光緒癸巳仁和許增彙編本

DC0396二函十六册

清許增輯。

許增（1824—1903），字益齋，一字邁孫，浙江仁和人。

版框高17.2釐米，寬13.4釐米。每半葉十二行，行二十五字，小字雙行，字數同。白口，單黑魚尾，左右雙邊。魚尾下方記書名及卷次，又下記葉次。

書首有“榆園叢刻總目”，光緒癸巳許增識語。

書中鈐“大倉文化財團藏書”朱印。

子目：

白石道人詩集二卷集外詩一卷詩説一卷附録一卷附録補遺一卷　宋姜夔著　清光緒十年娱園刻本

白石道人歌曲四卷别集一卷卷末一卷　宋姜夔著　清光緒十年娱園刻本

山中白雲詞八卷附録一卷逸事一卷　宋張炎著　清光緒八年娱園刻本

詞源二卷　宋張炎著　清光緒八年娱園刻本

衍波詞二卷　清王士禎著　清光緒己丑榆園刻本

納蘭詞五卷補遺一卷　清納蘭容若著　清光緒六年娱園刻本

靈芬館詞四種七卷　清郭麐著　清光緒五年娱園刻本

蘅夢詞二卷

浮眉樓詞二卷

懺餘綺語二卷

爨餘詞一卷

拜石山房詞鈔四卷　清顧翰撰　清光緒己丑榆園刻本

憶雲詞甲稿一卷乙稿一卷丙稿一卷丁稿一卷删存一卷

清項廷紀撰　清光緒癸巳榆園刻本

微波詞一卷　清錢枚撰　清光緒己丑榆園刻本

松壺畫贅二卷　清錢杜撰　清光緒十四年榆園刻本

縵雅堂駢體文八卷　清王詒壽著　清光緒六年娱園刻本

笙月詞五卷　清王詒壽撰　清同治壬申刻本

花影詞一卷　清王詒壽撰　清同治壬申刻本

娱園叢刻十種　清許增輯　清光緒十五年刻本

藏書紀要一卷　清孫從添撰

附流通古書約一卷　清曹溶撰

閒者軒帖考一卷　清孫承澤撰

漫堂墨品一卷　清宋犖撰

附雪堂墨品一卷　清張仁熙撰

筆史一卷　清梁同書撰

金粟箋說一卷　清張燕昌撰

端谿硯史三卷　清吳蘭修撰

陽羨名陶録二卷　清吳騫撰

書畫說鈴一卷　清陸時化撰

頻羅庵論書一卷　清梁同書撰

賞延素心録一卷　清周二學撰

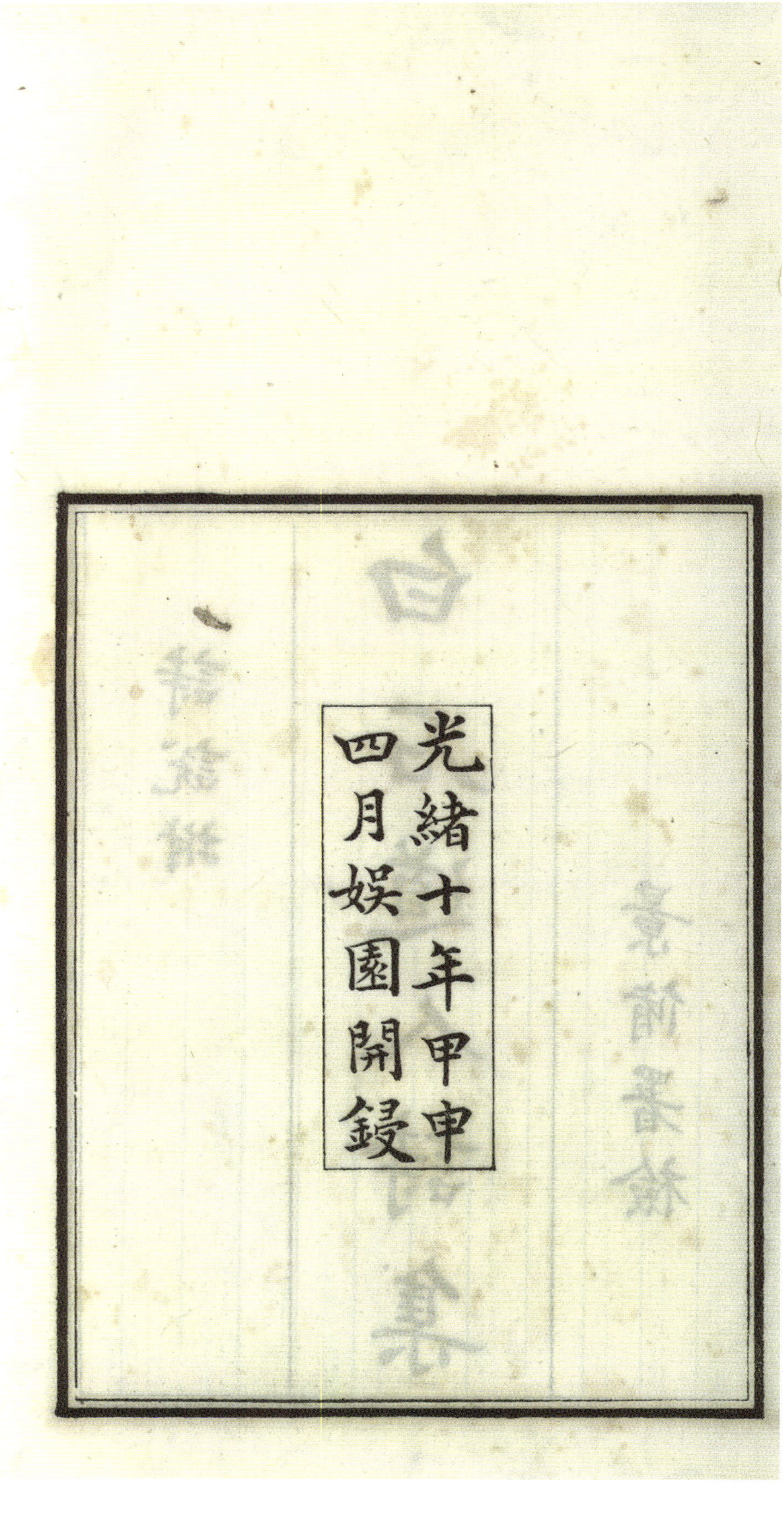
光緒十年甲申
四月娛園開鋟

白石道人詩集卷上

番陽姜夔堯章著　　仁和許增邁孫校栞

五言古詩

以長歌意無極好爲老夫聽爲韻奉別沔鄂親友

滔滔沔鄂留有覘三宿桑持鉢了白日事䟡丸蛣蜣舍○祠堂本作念當去石友煙席淩江湘爲君試歌商歌短意則長佳人魯山下謂楊大昌正之日弄清漢波促絃調寶瑟哀思感人多咬哇秦缶擊令落郢客歌知音良不易如此粲者何英英白龍孫鄭仁舉次臯眉目古人氣拮据營數椽下簾草生砌文章作邏庭功用見造次無庸垂謦嗟遺安鹿門意詩人辛國士辛泌克清句法似阿駒別墅滄浪曲綠陰禽鳥呼頩參金粟眼漸造文字無兒輩例學語屋壁視蒲○舊鈔本作呼盧

鐵華館叢書六種四十五卷

清光緒九年至十年(1883—1884)長州蔣氏鐵華館影刻本

DC0397六册

清蔣鳳藻輯。

蔣鳳藻,字香生,一作薌生、香山,吴縣人。光緒間補官福建福寧知府、建寧太守。

内封鐫"鐵華館叢書"。内封背面題"趙文敏曰有人得我書者毋卷腦毋折角毋以爪侵字毋以唾揭幅毋以作枕毋以挾刺隨損隨修隨開隨掩則無傷矣用弁諸耑敬告同志大雅宏達或無訧焉"。

書中鈐"大倉文化財團藏書"朱印。

子目:

1.通玄眞經十二卷

清光緒九年長州蔣氏鐵華館影宋刻本

唐徐靈府注

版框高17.5釐米,寬12.8釐米。每半葉十二行,行二十二字,小字雙行,行二十五字。版心雙魚尾,上下細黑口,左右雙邊。上魚尾上方間記字數,下方間記"通玄"及卷次,下魚尾下刻葉次。版框外左下記"鐵華館審定善本"。卷末書牌鐫"光緒九年歲在昭陽/洽協長州蔣氏開彫",末行鐫"吴門徐元圃刻"。

卷一首葉第一行題"通玄眞經卷第一",第二行起正文。

2. 沖虛至德眞經八卷

清光緒十年長州蔣氏鐵華館影宋刻本

晉張湛注

版框高21.7釐米,寬15.1釐米。每半葉十四行,行二十六字,小字雙行,行三十字。版心單魚尾,白口,左右雙邊。版心上方間記字數,中記"列子"及卷次、葉次,下記刻工姓名。版框外左下記"鐵華館審定善本"。書末刊記鐫"光緒甲申借鐵琴銅劍樓宋本摹刊",末行鐫"吴門徐元圃刻"。

卷一首葉第一行題"沖虛至德眞經卷第一",第二行題"列子張湛處度注",第三行起正文。

書末有黄丕烈跋并記。

3.新序十卷

清光緒九年長州蔣氏鐵華館影刻本

漢劉向撰

版框高16.5釐米，寬12.8釐米。每半葉十三行，行二十四字。版心雙魚尾，上下細黑口，左右雙邊。上魚下方記“新”及卷次，下魚尾下記葉次。版框外右上記字數，版框外左下記“鐵華館審定善本”。書末刊記鐫“光緒癸未以蔣子遵校/本繕録上版臘月訖工”，末行鐫“吴門徐元圃刻”。

卷一首葉第一行題“新序卷第一”，第二行題“陽朔元年二月癸卯護左都水使者光禄大夫臣劉向上”，第三行起正文。

書首有宋曾鞏進書表，目録。

4.羣經音辨七卷

清光緒十年長州蔣氏鐵華館影刻本

宋賈昌朝撰

版框高16.5釐米，寬12.7釐米。每半葉十行，行二十字，小字雙行，字數同。版心雙魚尾，上下細黑口，左右雙邊。上魚下方記“辨”及卷次，下魚尾下記葉次。版框外右上記字數，版框外左下記“鐵華館審定善本”。書末刊記鐫“光緒甲申九秋/茂苑蔣氏鐫木”，末行鐫“吴門徐元圃刻”。書末有康定二年奉旨雕造刊記，汀州寧化縣學鏤板刊記，紹興九年臨安府學刊記。

卷一首葉第一行題“羣經音辨卷第一”，第二行題“朝奉郎尚書司封員外郎直集賢院兼天章閣侍講輕車都尉賜緋魚袋臣賈昌朝撰”，第三行起正文。

書首有序，署同卷端，寶元二年中書門下牒。書末有王觀國“後序”及康熙甲午張士俊跋。

5.佩觿三卷

清光緒十年長州蔣氏鐵華館影刻本

宋郭忠恕撰

版框高16.5釐米，寬12.8釐米。每半葉八行，行十八字，小字雙行，行二十七字。版心雙魚尾，上下細黑口，左右雙邊。上魚下方記“佩”及卷次，下魚尾下記葉次。版框外右上記字數，版框外左下記“鐵華館審定善本”。卷三末葉末行刊記鐫“光緒十年歲在焉逢涒灘長州蔣鳳藻香生校梓”，書末末行鐫“吴門徐元圃刻”。

卷一首葉第一行題“佩觿卷上”，第二行題“朝請大夫國子周易博士柱國臣郭忠恕記”，第三行起正文。

書末“郭忠恕傳”。康熙歲在上章攝提格張士俊跋。

6.字鑑五卷

清光緒十年長州蔣氏鐵華館影刻本

元李文仲編

版框高16.5釐米，寬12.8釐米。每半葉八行，行十九字，小字雙行，字數同。版心雙魚尾，上下細黑口，左右雙邊。上魚下方記“鑑”及卷次，下魚尾下記葉次。版框外右上記字數，版框外左下記“鐵華館審定善本”。卷尾刊記鐫“光緒甲申九秋/長州蔣氏鐫木”，末行鐫“吳門徐元圃刻”。

卷一首葉第一行題“字鑑卷之一”，第二行題“吳郡學生李文仲編”，第三行起正文。

書首有顏堯煥序，干文傳序，張楧序，唐泳涯序，黃溍序，自序。書末有康熙己丑朱彝尊後序，康熙戊子張士俊跋。

通玄眞經卷第一

道原

且物之爲貴莫先於人然不能定心蝯而明網於通津遂使性隨物遷生與物化至人哀之

大道之原持標衆篇之首俾尋原以階道方觸事而即眞豈不有以者哉

老子曰有物混成凝湛常存故言有物陶冶萬類故言混成先天地生首出庶物惟象无形如天之高有大象惟道之廣无定形虛凝爲一氣散布爲萬物者也窈窈冥冥寂寥淡漠言道性深微不可惻不聞其聲非聲可聞非色可覩吾強爲之名字之曰道既非聲非色即无名无字无言无說今所言者即非眞號故曰強名也夫道者高不可極深不可測既无形象可覩豈有高深可測苞裹天地稟受无形原流汩汩音骨沖而不盈道範圍天地故曰苞裹稟受虛靜故曰无形其原產萬物如水之流滿而不溢酌而不耗汩汩水出之貌濁以靜之徐清如動而靜以濁而清施之无窮无所朝夕博施无窮豈止旦莫表之不盈一握表之乃有物握之乃无形約而能張幽而能明柔而能剛含陰吐陽而章三光言之幽闇明齊三景言之柔毛毳利斷金石故能陰能陽能柔能剛能大能小能短能長向之則存背

古逸叢書二十六種二百二卷

清光緒十年（1884）黎氏日本東京使署影刻本

DC0859四夾板四十四册

清黎庶昌輯。

書高29.8釐米，寬21.5釐米。內封鐫“古逸叢書”，內封背面有“光緒十年甲申遵義黎氏刊于日本東京使署”刊記。

書首有光緒十年黎庶昌“刻古逸叢書序”，敘目，黎庶昌識語。

書中鈐“漢陽周貞亮退舟民國紀年後所收善本”、“周伯子所藏金石圖書”、“周貞亮印”朱印。書中有周貞亮“民國元年十一月購藏”題記，鈐印“貞亮”。

案語：連史紙印本。

子目：

爾雅三卷　晉郭璞注

春秋穀梁傳十二卷附考異一卷　晉范甯集解　唐陸德明音義

論語十卷　三國魏何晏集解

周易六卷附晦庵先生校正周易繫辭精義二卷　宋程頤撰

孝經一卷　唐玄宗李隆基注

老子道德經二卷　周李耳注　魏王弼注

荀子二十卷　周荀況撰　唐楊倞注

南華眞經注疏十卷　晉郭象注　唐成玄英疏

楚辭集注八卷辯證二卷後語六卷　宋朱熹撰

尚書釋音二卷　唐陸德明撰

玉篇殘四卷又二卷　梁顧野王撰

廣韻五卷附校札一卷　宋陳彭年等重修

廣韻五卷　宋陳彭年等重修

玉燭寶典十二卷（原缺卷九）　隋杜臺卿撰

文館詞林殘十四卷　唐許敬宗等撰

琱玉集殘二卷

姓解三卷　宋邵思撰

韻鏡一卷　宋張麟之撰

日本國見在書目録一卷　日本藤原佐世撰

史略六卷　宋高似孫撰

漢書食貨志一卷（原缺卷下）　漢班固撰　唐顔師古注

急救篇一卷　漢史游撰

杜工部草堂詩箋四十卷外集一卷傳序碑銘一卷目録二卷年譜二卷詩話二卷　宋魯訔輯　宋蔡夢弼會箋

黄氏集千家注杜工部詩史補遺十卷集註草堂杜工部詩外集　宋黄鶴集注　宋蔡夢弼校

碣石調幽蘭一卷　陳丘公明撰

天台山記一卷　唐徐靈府撰

太平寰宇記殘六卷　宋樂史撰

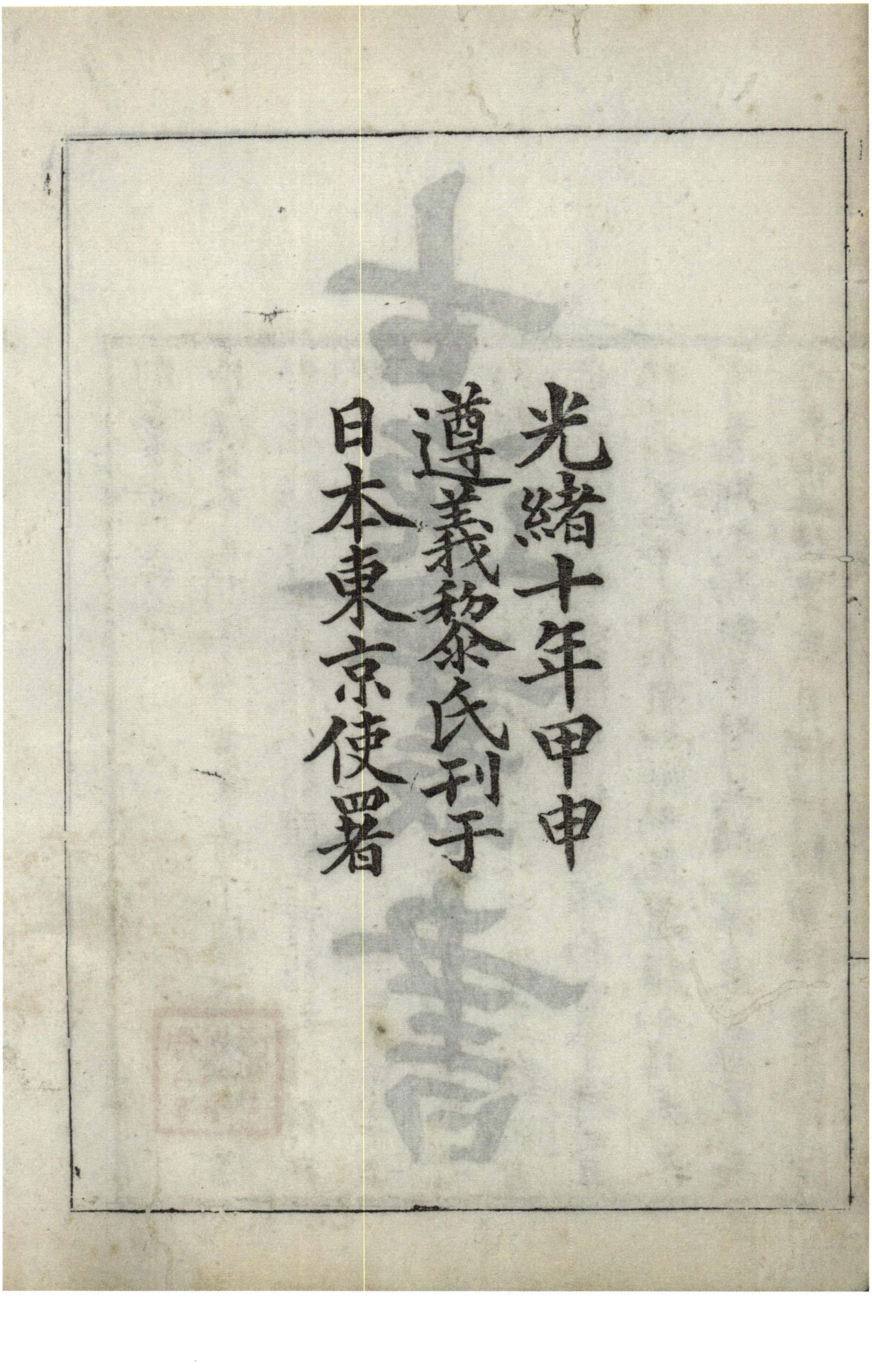
光緒十年甲申
遵義黎氏刊于
日本東京使署

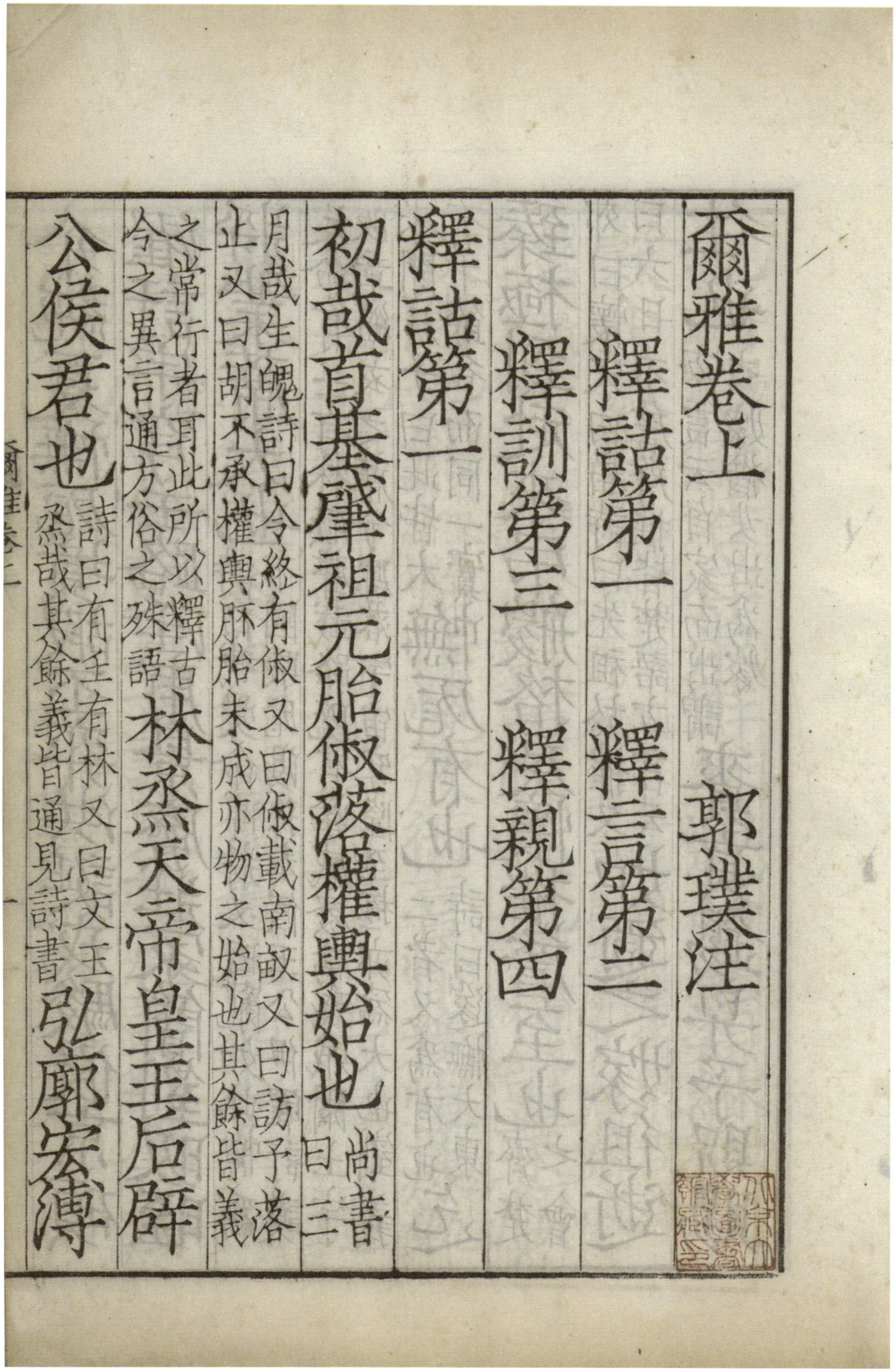

爾雅卷上　郭璞注

釋詁第一　釋言第二

釋訓第三　釋親第四

釋詁第一

初哉首基肇祖元胎俶落權輿始也尚書曰三月哉生魄詩曰令終有俶又曰俶載南畝又曰訪予落止又曰胡不承權輿胚胎未成亦物之始也其餘皆義之常行者耳此所以釋古今之異言通方俗之殊語林烝天帝皇王后辟公侯君也詩曰有壬有林又曰文王烝哉其餘義皆通見詩書弘廓宏溥

爾雅卷上　一

古逸叢書二十六種二百二卷

清光緒十年（1884）黎氏日本東京使署影刻民國十年（1921）重修本

DC0860四十九册

清黎庶昌輯。

書高30.2釐米，寬21.7釐米。內封面鐫“古逸叢書”，內封背面有“光緒十年甲申遵義黎氏刊于日本東京使署”刊記。

書首有辛酉曹允源“重修古逸叢書敘”，光緒十年黎庶昌“刻古逸叢書序”，敘目，庶昌又識。

子目：

爾雅三卷　晉郭璞注

春秋穀梁傳十二卷附考異一卷　晉范甯集解　唐陸德明音義

論語十卷　三國魏何晏集解

周易六卷附晦庵先生校正周易繫辭精義二卷　宋程頤撰

孝經一卷　唐玄宗李隆基注

老子道德經二卷　周李耳注　魏王弼注

荀子二十卷　周荀況撰　唐楊倞注

南華眞經注疏十卷　晉郭象注　唐成玄英疏

楚辭集注八卷辯證二卷後語六卷　宋朱熹撰

尚書釋音二卷　唐陸德明撰

玉篇殘四卷又二卷　梁顧野王撰

廣韻五卷附校札一卷　宋陳彭年等重修

廣韻五卷　宋陳彭年等重修

玉燭寶典十二卷（原缺卷九）　隋杜臺卿撰

文館詞林殘十四卷　唐許敬宗等撰

琱玉集殘二卷

姓解三卷　宋邵思撰

韻鏡一卷　宋張麟之撰

日本國見在書目録一卷　日本藤原佐世撰

史略六卷　宋高似孫撰

漢書食貨志一卷（原缺卷下）　漢班固撰　唐顔師古注

急救篇一卷　漢史游撰

杜工部草堂詩箋四十卷外集一卷傳序碑銘一卷目録二卷年譜二卷詩話二卷　宋魯訔輯　宋蔡夢弼會箋

黄氏集千家注杜工部詩史補遺十卷集註草堂杜工部詩外集　宋黄鶴集注　宋蔡夢弼校

碣石調幽蘭一卷　陳丘公明撰

天台山記一卷　唐徐靈府撰

太平寰宇記殘六卷　宋樂史撰

漶不可辨識今年孟夏召滬上良工用圖書館初印本覆刊最影宋台州本荀子刊補一葉影宋本莊子注疏刊補七葉影宋蜀大字本尚書釋音刊補三葉影舊鈔卷子原本玉篇零本刊補四葉覆麻沙本草堂詩箋刊補八十九葉閱半載工始竣精本古籍遂得完善既以饜學者之意亦庶幾不負先生之盛誼也夫辛酉九月吳縣曹允源

爾雅卷上　郭璞注

釋詁第一　釋言第二

釋訓第三　釋親第四

釋詁第一

初哉首基肇祖元胎俶落權輿始也（尚書曰三月哉生魄詩曰令終有俶又曰俶載南畝又曰訪予落止又曰胡不承權輿肧胎未成亦物之始也其餘皆義之常行者耳此所以釋古今之異言通方俗之殊語）林烝天帝皇王后辟公侯君也（詩曰有壬有林又曰文王烝哉其餘義皆通見詩書）弘廓宏溥

常州先哲遺書

清光緒二十五年(1899)盛宣懷刻本

DC0399六十四册

清盛宣懷輯。

盛宣懷(1844—1916),字杏蓀、幼勖,號補樓愚齋、次沂、止叟等,江蘇常州府武進縣人。官至郵傳部大臣。

書高28.2釐米,寬17.6釐米。版框高18.3釐米,寬13.2釐米。每半葉十四行,行二十五字。上下黑口,單黑魚尾,左右雙邊。魚尾下方記篇目、卷次及葉次。内封鐫"常州先哲遺書",内封背面鐫"武進盛氏彙刻"。

《詩傳旁通》卷一首葉第一行頂格題"詩傳旁通卷一",下空十格題"江陰梁益友直",第二行起正文。

書首有"常州先哲遺書第一集目","常州先哲遺書在事諸君姓氏",姓氏後有光緒二十五年盛宣懷識語。

書中鈐"大倉文化財團藏書"朱印。

子目:

詩傳旁通十五卷

三續千字文注一卷

崇禎朝記事四卷

陳定生先生遺書三種

吳中水利書一卷

遂初堂書目一卷

得月樓書目摘録一卷

景仰撮書一卷

宜齋野乘一卷

梁谿漫志十卷

萬柳溪邊舊話一卷
陽羨茗壺系一卷附洞山岕茶系一卷
五行大義五卷
戒菴老人漫筆八卷
梁昭明太子文集五卷補遺一卷
文選注攷異一卷
蕭茂挺集一卷附録一卷
文恭集四十卷
春卿遺稿一卷續編一卷補遺一卷附録一卷
摛文堂集十五卷附録一卷
毘陵集十六卷補遺一卷附録一卷
鴻慶居士文集四十二卷
内簡尺牘編注十卷
丹陽集二十四卷附録一卷
梁谿遺稾二卷附録一卷
歸愚集十卷補遺一卷
　附信齋詞一卷
定齋集二十卷
墻東類稾二十卷補遺一卷附録一卷校勘記一卷
清閟閣全集十二卷
滄螺集六卷補遺一卷附録一卷
荆川先生文集十八卷補遺一卷附録一卷
小辨齋偶存八卷附録一卷
從野堂存稿八卷補遺一卷年譜一卷附録一卷
落落齋遺集十卷附録一卷
金忠潔公文集二卷附録一卷
堆山先生前集鈔一卷
韻語陽秋二十卷
存餘堂詩話一卷附録一卷
留溪外傳十八卷
青門全集三十卷邵氏家録二卷附墓志銘一卷

青門簏稾十六卷

青門旅稾六卷

青門賸稾八卷

學文堂文集十六卷詩集五卷詩餘三卷

詩傳旁通卷一　　江陰梁益友直

國風

周南

周國名

周祖后稷其母有邰氏女曰姜嫄爲帝嚳元妃生后稷棄而復收故名曰棄兒時游戲好種樹麻菽樹藝也及爲成人遂好耕農堯舉以爲農師舜封之於邰號曰后稷別姓姬氏后者有爵土之稱稷者田正之官帝嚳高辛氏故后稷別其姓爲姬氏也至孫古公亶甫居周原因號曰周周原者岐山下小地名杜元凱春秋傳云扶風雝東北有周城徐廣史記注云岐山在扶風美陽西北其南有周原雝在唐爲天興縣周城卽周原也昔者黃帝之臣有周昌商之太史有周任則周之爲姓古蓋有之非始於后稷稷所封之邰在永興之武功稷子不窋竹律切自竄於戎狄之閒謂之尉季慶州安化有尉季城亦謂之不窋城公劉居

古書叢刊第二輯丙集四種

民國壬戌（十一年，1922）上海古書流通處影印本

DC0861一函十册

陳琰輯。

陳琰，字立炎，浙江海寧人。民國開設上海古書流通處。

書高20.3釐米，寬13.7釐米。內封印“古書叢刊”，內封背面有“古書流通處印”刊記。書衣書籤題“古書叢刊”。

書首有壬戌劉承幹“古書叢刊序”，“古書叢刊第二輯總目”。

子目：

洛陽伽藍記五卷附集證一卷　後魏楊衒之撰

新刊古列女傳七卷續列女傳一卷　漢劉向撰

鬼谷子三卷附録一卷校記一卷　南朝梁陶弘景注

賓退録十卷　宋趙與時撰

古書叢刊第二輯總目

丙集

洛陽伽藍記五卷集證一卷 錢塘吳若準校刊

列女傳八卷 晉顧凱之繪圖阮氏文選樓影宋校刊

鬼谷子陶宏景注三卷校記一卷 江都秦氏校刊道藏本

陳乃乾錄小珊諸校勘 嚴九能盧召弓勞平甫海寗繆

賓退錄十卷 江陰藝風堂繆氏影宋校刊

丁集

夢溪筆談二十六卷補三卷續一卷校記一卷 番禺陶氏校刊足本

昌平叢書六十四種

日本寬政至慶應間昌平黌遞刻明治四十二年(1909)富田鐵之助等彙印本

DC0403二百三十七册

日本富田鐵之助輯。

富田鐵之助(1835—1916),名實則,號鐵畊。日本銀行第二代總裁。

書高26.2釐米,寬18.4釐米。首種《周易本義辯證》版框高17.9釐米,寬13.2釐米。每半葉十行,行二十一字,小字雙行,字數同。上粗黑口,單黑魚尾,左右雙邊。魚尾下方記子目書名、卷次及葉次。內封鐫"昌平叢書目録",首册內封背面有青龍白虎圖案"六然堂藏版"印記,書末有昭和四十二年朱印刊記。

首册有明治四十二年富田鐵之助序,明治四十二年山田英太郎緒言,"昌平叢書目録"。

子目:

周易本義辯證五卷　清惠棟撰　享和二年刊

書集傳纂疏六卷　元陳櫟撰　文化八年刊

書傳輯録纂注六卷　元董鼎撰　文化十一年刊

詩集傳名物鈔八卷　元許謙撰　文化十年刊

禮記集說補正三十八卷　清納蘭成德撰　享和二年刊

大戴禮記十三卷　漢戴德撰　文化十四年刊

大戴禮記補注十三卷　清孔廣森撰　文化三年刊

春秋名號歸一圖二卷附春秋年表　後蜀馮繼先撰　享和元年刊

左氏傳補注十卷　元趙汸撰　享和元年刊

孝經鄭注一卷　漢鄭玄撰　文化十二年刊

四書章句集注附考四卷　清吳志忠撰　文化一一年刊

字學七種二卷　清李秘園撰　天保七年刊

伊洛淵源録十四卷　宋朱熹撰　嘉永四年重刊

自號録一卷　宋徐光溥撰　享和三年刊

彙刻書目十卷　清顧修撰　文政元年刊

平山堂圖志十卷　清趙之壁撰　天保十四年刊
漢官舊儀二卷　漢衛宏撰　文化十三年刊
救荒活民補遺書二卷　宋董煟撰　天保七年刊
石經考一卷　清萬斯同撰　享和二年刊
黄山領要録二卷　清汪洪度撰　文久二年刊
賈子新書十卷　漢賈誼撰　天保四年刊
傅子一卷　晉傅玄撰　享和二年刊
迂書一卷　宋司馬光撰　文政十三年刊
晁氏儒言一卷　宋晁說之撰　天保三年刊
呂氏童蒙訓三卷　宋呂本中撰　文化十三年刊
讀書分年日程三卷　元程端禮撰　文化七年刊
内訓一卷　明仁孝后撰　天保三年刊
女訓一卷　明蔣后撰　天保三年刊
六韜六卷遺文一卷　題周呂望撰　天保四年刊
孫子三卷　周孫武撰　天保四年刊
吳子二卷　周吳起撰　天保四年刊
司馬法三卷　周司馬穰苴撰　天保四年刊
晁氏客語一卷　宋晁說之撰　天保三年刊
洞天清祿集一卷　宋趙希鵠撰　文化七年刊
文選錦字録二十一卷　明凌迪知輯　文政元年刊
方言藻二卷　清李調元撰　天保二年刊
老子道德經考異二卷　清畢沅撰　天保四年刊
參同契考異附陰符經考異一卷　宋朱熹撰　享和二年刊
學蔀通辯十二卷　明陳建撰　安政四年刊
太平清話二卷　明陳繼儒撰　慶應元年刊
訂譌雜録十卷　清胡鳴玉撰　文久元年刊
事物異名録四十卷　清萬筌輯　日本刻本
韋蘇州集十卷　唐韋應物撰　文政三年刊
毘陵集二十卷補遺一卷附録一卷　唐獨孤及撰　天保四年刊
韓文五十卷遺文一卷　唐韓愈撰　嘉永七年重刊
柳文四十七卷附録一卷　唐柳宗元撰　安政四年重刊
李長吉歌詩四卷外集一卷　唐李賀撰　文政元年刊
李文公集十八卷　唐李翺撰　文政二年刊

皮子文藪十卷　唐皮日休撰　享和二年刊
王荆文公詩五十卷　　宋李壁箋注　天保七年刊
唐百家詩選二十卷　宋王安石編　享和元年刊
衆妙集一卷　宋趙師秀輯　享和元年刊
宋高僧詩選四卷　宋陳起編　文政三年刊
藏海詩話一卷　宋吳可撰　享和二年刊
誠齋詩話一卷　宋楊萬里撰　享和二年刊
昭代選屑三十卷　明李本緯輯　文政三年刊
琴操二卷　漢蔡邕撰　天保三年刊
文選心訣附文章精義一卷　元虞集撰　文化元年刊
元詩自攜二十一卷　清姚廷謙輯　安政五年刊
歐陽文忠公文抄三十二卷　明茅坤編　慶應元年刊
曾文定公文抄十卷　明茅坤編　慶應元年刊
蘇文公文抄十卷　明茅坤編　安政四年刊
蘇文忠公文抄二十八卷　明茅坤編　安政五年刊
蘇文定公文抄二十卷　明茅坤編　安政六年刊

周易本義辯證卷一

長洲　惠　棟定宇　撰
常熟　蔣光弼少逸校刊
太倉　蕭　掄子山參校

蔡元定曰圖書之象自漢孔安國劉歆魏關朗子明有宋康節先生邵雍堯夫皆謂如此

孔安國尚書序晉人僞撰劉歆說見漢書不聞以此爲圖書之象關子明始有戴九履一之說見洞極眞經乃宋人阮逸僞撰（或云楊傑）皆不足據

劉牧始兩易其名

又一部

DC0865一百五十九册

書高26.2釐米，寬18.4釐米。首種《周易本義辯證》版框高17.9釐米，寬13.2釐米。内封鎸“昌平叢書目録”。

存四十八種。

子目：

周易本義辯證五卷　清惠棟撰　享和二年刊

書集傳纂疏六卷　元陳櫟撰　文化八年刊

詩集傳名物鈔八卷　元許謙撰　文化十年刊

禮記集説補正三十八卷　清納蘭成德撰　享和二年刊

大戴禮記十三卷　漢戴德撰　文化十四年刊

春秋名號歸一圖二卷附春秋年表　後蜀馮繼先撰　享和元年刊

左氏傳補注十卷　元趙汸撰　享和元年刊

孝經鄭注一卷　漢鄭玄撰　文化十二年刊

四書章句集注附考四卷　清吳志忠撰　文化十一年刊

伊洛淵源録十四卷　宋朱熹撰　嘉永四年重刊

自號録一卷　宋徐光溥撰　享和三年刊

彙刻書目十卷　清顧修撰　文政元年刊

漢官舊儀二卷　漢衛宏撰　文化十三年刊

救荒活民補遺書二卷　宋董煟撰　天保七年刊

石經考一卷　清萬斯同撰　享和二年刊

黄山領要録二卷　清汪洪度撰　文久二年刊

賈子新書十卷　漢賈誼撰　天保四年刊

迂書一卷　宋司馬光撰　文政十三年刊

晁氏儒言一卷　宋晁說之撰　天保三年刊

呂氏童蒙訓三卷　宋呂本中撰　文化十三年刊

讀書分年日程三卷　元程端禮撰　文化七年刊

內訓一卷　明仁孝后撰　天保三年刊

女訓一卷　明蔣后撰　天保三年刊

六韜六卷遺文一卷　題周呂望撰　天保四年刊

孫子三卷　周孫武撰　天保四年刊

吳子二卷　周吳起撰　天保四年刊

司馬法三卷　周司馬穰苴撰　天保四年刊

晁氏客語一卷　宋晁說之撰　天保三年刊

方言藻二卷　清李調元撰　天保二年刊

老子道德經考異二卷　清畢沅撰　天保四年刊

參同契考異附陰符經考異一卷　宋朱熹撰　享和二年刊

訂譌雜録十卷　清胡鳴玉撰　文久元年刊

事物異名録四十卷　清萬筌輯　日本刻本

韋蘇州集十卷　唐韋應物撰　文政三年刊

韓文五十卷遺文一卷　唐韓愈撰　嘉永七年重刊

李文公集十八卷　唐李翶撰　文政二年刊

皮子文藪十卷　唐皮日休撰　享和二年刊

唐百家詩選二十卷　宋王安石編　享和元年刊

衆妙集一卷　宋趙師秀輯　享和元年刊

宋高僧詩選四卷　宋陳起編　文政三年刊

藏海詩話一卷　宋吳可撰　享和二年刊

誠齋詩話一卷　宋楊萬里撰　享和二年刊

昭代選屑三十卷　明李本緯輯　文政三年刊

琴操二卷　漢蔡邕撰　天保三年刊

文選心訣附文章精義一卷　元虞集撰　文化元年刊

歐陽文忠公文抄三十二卷　明茅坤編　慶應元年刊

曾文定公文抄十卷　明茅坤編　慶應元年刊

蘇文定公文抄二十卷　明茅坤編　安政六年刊

周易本義辯證卷一

長洲 惠 棟定宇 撰
常熟 蔣光彌少逸校刊
太倉 蕭 掄子山參校

蔡元定曰圖書之象自漢孔安國劉歆魏關朗子明有宋康節先生邵雍堯夫皆謂如此

孔安國尚書序晉人僞撰劉歆說見漢書不聞以此爲圖書之象關子明始有載九履一之說見洞極眞經乃宋人阮逸僞撰或云楊傑皆不足據劉牧始兩易其名

崇文叢書二十三種

大正昭和間崇文院排印本

DC0866一百二十四册

日本崇文院輯。

書高27.1釐米，寬17.8釐米。首種《書説摘要》版框高20.5釐米，寬14.5釐米。每半葉十行，行二十一字，小字雙行，行三十二字。白口，單黑魚尾，四周雙邊。版心中記子目及卷次，下記葉次，又下記崇文院。第一輯内封印“崇文叢書第一輯”，内封背面有牌記“大正十四年崇文院校刊”。

子目：

第一輯

書説摘要四卷　日本安井衡（息軒）撰　大正十四年

蕉窗文草三卷　日本林衡（述齋）撰　大正十四年十五年

蕉窗永言四卷　日本林衡（述齋）撰　大正十五年

慊堂全集二十八卷　日本松崎慊堂撰　大正十五年

篆隸萬象名義三十卷　日本空海撰　十五年至昭和三年

紫芝園漫筆十卷　日本太宰純（春臺）撰　大正十五年昭和二年

夏小正校注四卷　日本增島固（蘭園）撰　昭和二年

讀左筆記十五卷（原闕卷八）　日本增島固（蘭園）稿　昭和二年三年

侗庵非詩話十卷　日本古賀煜（侗庵）甫稿　昭和二年

傳經廬文鈔一卷　日本海保元（漁村）撰　昭和三年

第二輯

定本韓非子纂聞二十卷　日本蒲坂圓（松皋）纂聞　昭和三年至七年

履軒古韻一卷　日本中井積德（履軒）撰　昭和七年

崇程四卷　日本古賀煜（侗庵）撰　昭和四年

崇孟一卷　日本藪慤（孤山）撰　昭和四年

萬庵集十二卷　日本萬庵原資撰　昭和四年五年

論語會箋二十卷　日本竹添光鴻（井井）撰　昭和五年至九年

東遊負劒録一卷　日本頼惟寬（春水）撰　昭和六年

天民遺言二卷坿疑語孟字義一卷　日本並河亮（天民）撰　昭和五年

論語徵廢疾三卷　日本片山世（兼山）撰　昭和五年六年

諧韻瑚璉一卷　日本中井積德（履軒）撰　昭和五年

讀朱筆記四卷　日本海保元（漁村）撰　昭和六年

樂我室遺稿四卷　日本朝川鼎（善庵・五鼎）撰　昭和六年七年

毛詩輯疏十二卷　日本安井衡（息軒）撰　昭和七年八年

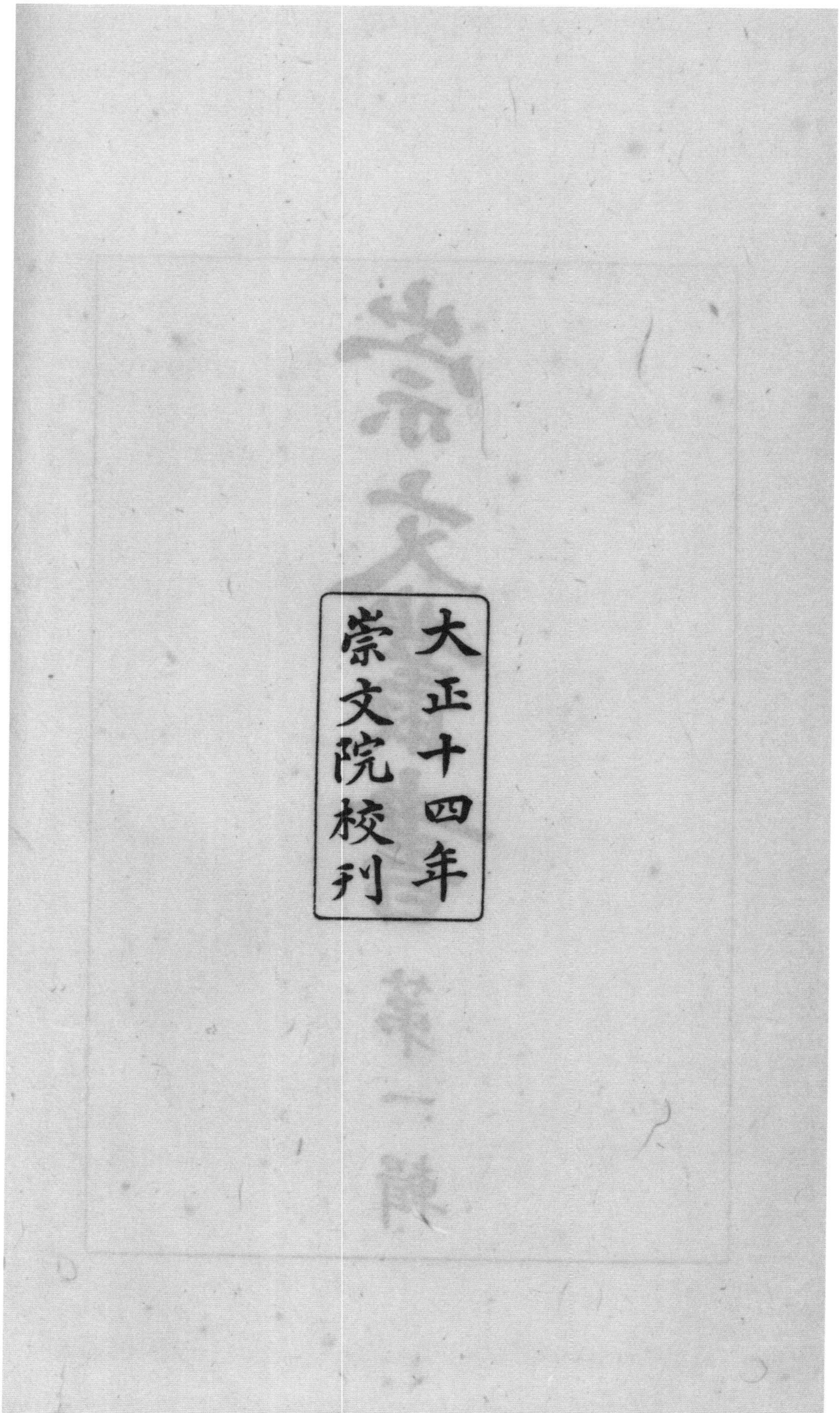
大正十四年
崇文院校刊

戊辰四月四日。起筆於領家村之僑居。

書說摘要卷一

日南安井衡著

昔在帝堯。聰明文思。光宅天下。鄭玄云。書以堯爲始。獨云昔在。使若無先之典然也。光宅天下。傳云。言聖德之遠著。孔穎達云。此序。鄭玄馬融王肅並云。孔子所作。衡謂。光大也。宅居也。將遜于位。讓于虞舜。作堯典。鄭玄云。堯尊如故。舜攝其事。舜之美事在堯時。衡謂。舜典序云。虞舜側微。堯聞之聰明。將使嗣位。歷試諸難。則舜之典所載。皆舜未攝位時之事。故其美事在于堯時也。必記美事于堯典者。君統臣功。且非堯不能使舜成功也。序以讓于虞舜結之。良有以也。

堯典第一　虞夏書一　尚書一

說文云。典从冊在六上。尊閣之也。莊都云。第次弟也。正義云。馬鄭王本及別錄。題皆曰虞夏書。鄭玄云。孔子尊而重之。曰尚書。尚者上也。尊而重之。若天書然。故曰尚書。江聲云。僞孔氏叙云。伏生以其上古之書。謂之尚書。案墨子明鬼篇云。尚書夏書。其次商周之書。則尚書之名舊矣。安得云伏生謂之自

又一部

DC0867一百十九册

書高27.1釐米，寬17.8釐米。首種《書説摘要》版框高20.5釐米，寬14.5釐米。

闕：《論語會箋》卷六至卷七、《毛詩輯疏》卷五至卷七。

戊辰四月四日。起筆於頒家村之僑居。

書說摘要卷一

日南安井衡著

昔在帝堯。聰明文思。光宅天下。鄭玄云。書以堯爲始。獨云昔在。使若無先之典然也。光宅天下。傳云。言聖德之遠著。孔穎達云。此序。鄭玄馬融王肅並云。孔子所作。衡謂。光大也。宅居也。**將遜于位。讓于虞舜。作堯典。**鄭玄云。堯尊如故。舜攝其事。舜之美事在堯時。衡謂。舜典序云。虞舜側微。堯聞之聰明。將使嗣位。歷試諸難。則舜之典所載。皆舜未攝位時之事。故其美事在于堯時也。必記美事于堯典者。君統臣功。且非堯不能使舜成功也。序以讓于虞舜結之。良有以也。

堯典第一　虞夏書一　尚書一

說文云。典从冊在丌上。尊閣之也。莊都云。第次弟也。正義云。馬鄭王本及別錄題皆曰虞夏書。鄭玄云。孔子尊而重之。曰尚書。尚者上也。尊而重之。若天書然。故曰尚書。江聲云。僞孔氏叙云。伏生以其上古之書。謂之尚書。案墨子明鬼篇云。尚書夏書。其次商周之書。則尚書之名舊矣。安得云伏生謂之。自

又一部

DC0868一百十九册

書高27.1釐米，寬17.8釐米。首種《書說摘要》版框高20.5釐米，寬14.5釐米。

闕：《論語會箋》卷六至卷七、《毛詩輯疏》卷五至卷七。

戊辰四月四日。起筆於領家村之僑居。

書說摘要卷一

日南安井衡著

昔在帝堯。聰明文思。光宅天下。鄭玄云。書以堯爲始。獨云昔在。使若無先之典然也。光宅天下。傳云。言聖德之遠著。孔穎達云。此序。鄭玄馬融王肅並云。孔子所作。衡謂。光大也。宅居也。將遜于位。讓于虞舜。作堯典。鄭玄云。堯尊如故。舜攝其事。舜之美事在堯時。衡謂。舜典序云。虞舜側微。堯聞之聰明。將使嗣位。歷試諸難。則舜典所載。皆舜未攝位時之事。故其美事在于堯時也。必記美事于堯典者。君統臣功。且非堯不能使舜成功也。序以讓于虞舜結之。良有以也。

堯典第一　虞夏書一　尚書一

說文云。典从冊在丌上。尊閣之也。莊都云。第次弟也。正義云。馬鄭王本及別錄。題皆曰虞夏書。鄭玄云。孔子尊而重之曰尚書。尚者上也。尊而重之。若天書然。故曰尚書。江聲云。僞孔氏叙云。伏生以其上古之書。謂之尚書。案墨子明鬼篇云。尚書夏書。其次商周之書。則尚書之名舊矣。安得云伏生謂之。自

又一部

DC0869一百十九册

書高27.1釐米，寬17.8釐米。首種《書説摘要》版框高20.5釐米，寬14.5釐米。

闕:《論語會箋》卷六至卷七、《毛詩輯疏》卷五至卷七。

戊辰四月四日。起筆於領家村之僑居。

書說摘要卷一

日南安井衡著

昔在帝堯。聰明文思。光宅天下。鄭玄云。書以堯爲始。獨云昔在。使若無先之典然也。光宅天下。傳云。言聖德之遠著。孔穎達云。此序。鄭玄馬融王肅並云。孔子所作。衡謂。光大也。宅居也。**將遜于位。讓于虞舜。作堯典。**鄭玄云。堯尊如故。舜攝其事。舜之美事在堯時。衡謂。舜典序云。虞舜側微。堯聞之聰明。將使嗣位。歷試諸難。則舜典所載。皆舜未攝位時之事。故其美事在于堯時也。必記美事于堯典者。君統臣功。且非堯不能使舜成功也。序以讓于虞舜結之。良有以也。

堯典第一　虞夏書一　尚書一

說文云。典从冊在丌上。尊閣之也。莊都云。第次弟也。正義云。馬鄭王本及別錄。題皆曰虞夏書。鄭玄云。孔子尊而重之曰尚書。尚者上也。尊而重之。若天書然。故曰尚書。江聲云。僞孔氏敍云。伏生以其上古之書。謂之尚書。案墨子明鬼篇云。尚書夏書。其次商周之書。則尚書之名舊矣。安得云伏生謂之。自

碑帖

涉園藏石四十五種

民國癸亥（十二年，1923）拓本

DC0574一函五十八張又一册

陶湘藏拓。

陶湘（1871—1940），字蘭泉，號涉園，江蘇武進人。

附藏石目一册，朱色印本。書高33.8釐米，寬23.2釐米。版框高17釐米，寬10.6釐米。每半葉九行，行二十字。黑口，單黑魚尾，左右雙邊。魚尾上方題"涉園藏石目"。書衣籤題"武進陶氏涉園藏石目"。

子目：

1.元弘嬪侯氏墓誌（獻文帝嬪侯夫人誌），北魏景明四年三月二十一日葬，清宣統三年河南洛陽安駕溝村出土，陶湘、羅振玉舊藏，現藏遼寧省博物館。拓片一張。

2.元勰墓誌（彭城王元勰誌），北魏永平元年十一月六日葬，民國八年河南洛陽張羊村出土，陶湘舊藏，現藏遼寧省博物館。拓片一張。

3.元珍墓誌（冀州刺史元珍墓誌），北魏延昌三年十一月四日葬，民國九年河南洛陽北陳莊村南出土，陶湘、曾炳章、陳漁春舊藏，今藏上海博物館。拓片一張。

4.姚纂墓誌（盧奴令姚纂誌），北魏延昌四年正月十六日葬，河北定州趙村出土，姚貴昉、陶湘舊藏。拓片一張。

5.王誦妻元貴妃墓誌（通直散騎常侍王誦妻元貴妃誌），北魏熙平二年八月二十日葬，民國八年河南洛陽陳莊村出土，陶湘、羅振玉舊藏，現藏遼寧省博物館。拓片一張。

6. 元新成妃李氏墓誌（陽平幽王妃李太妃誌），北魏熙平二年十一月二十八日葬，民國九年河南洛陽張羊村出土，陶湘舊藏。拓片一張。

7. 元濬嬪耿氏墓誌（文成帝嬪耿氏誌），北魏延昌三年七月十五日葬，民國二年河南洛陽安駕溝村出土，董康、陶湘、羅振玉舊藏，現藏遼寧省博物館。拓片一張。

8. 元恪貴嬪司馬顯姿墓誌（宣武帝第一貴嬪司馬氏誌），北魏正光二年二月二十二日葬，民國六年河南洛陽伯樂凹村出土，陶湘、羅振玉舊藏，現藏遼寧省博物館。拓片一張。

9. 王僧男墓誌並蓋（女尚書王僧男誌），北魏正光二年九月二十日葬，民國六年河南洛陽南石山村出土，陶湘舊藏。拓片二張，有蓋。

10. 元勰妃李媛華墓誌（彭城王元勰妃李氏誌），北魏正光五年八月六日葬，民國九年河南洛陽張羊村出土，陶湘舊藏，現藏遼寧省博物館。拓片一張。

11. 元纂墓誌（恒州刺史元纂誌），北魏孝昌元年十一月二十日葬，民國八年河南洛陽安駕溝村出土，陶湘、羅振玉舊藏，現藏遼寧省博物館。拓片一張。

12. 元晫墓誌（青州刺史元晫誌），北魏孝昌元年十一月二十日葬，民國八年河南洛陽安駕溝村出土，陶湘舊藏。拓片一張。

13. 高廣墓誌（西陽男高廣誌），北魏孝昌二年十月葬，民國十二年河南洛陽馬溝村出土，陶湘舊藏，現藏遼寧省博物館。拓片一張。

14. 元壽安墓誌並蓋（冀州刺史元壽安誌），北魏孝昌二年十月十九日葬，民國十一年河南洛陽馬坡村出土，陶湘舊藏，現藏遼寧省博物館。拓片二張，有蓋。

15. 胡明相墓誌並蓋（胡昭儀誌），北魏孝昌三年五月二十三日葬，民國八年河南洛陽楊凹村出土，陶湘舊藏。拓片二張，有蓋。

16. 元悌墓誌並蓋（廣平文懿王元悌誌），北魏建義元年六月十六日葬，民國十一年河南洛陽張羊村出土，陶湘舊藏，現藏遼寧省博物館。拓片二張，有蓋。

17. 元略墓誌（東平王元略誌），北魏建義元年七月十八日葬，民國八年河南洛陽安駕溝村出土，許元、陶湘舊藏，現藏遼寧省博物館。拓片一張。

18. 元欽墓誌（司空公元欽誌），北魏永安元年十一月八日葬，民國五年河南洛陽張羊村出土，陶湘舊藏，現藏遼寧省博物館。拓片一張。

19. 元誨墓誌並蓋（范陽王元誨誌），北魏普泰元年三月二十七日葬，民國九年河南洛陽張羊村出土，陶湘、馬衡舊藏，現藏遼寧省博物館。拓片一張。

20. 元彥妻蘭將墓誌（元景略妻蘭夫人誌），北魏永安元年十一月二十日葬，民國六年河南洛陽南陳莊村出土，陶湘、羅振玉舊藏，現藏遼寧省博物館。拓片一張。

21. 元文墓誌（林慮哀王元文誌），北魏太昌元年十一月十九日葬，民國九年河南洛陽後海資村出土，陶湘、徐森玉舊藏，現藏遼寧省博物館。拓片一張。

22. 元徽墓誌（城陽王元徽誌），北魏太昌元年十一月十九日葬，民國七年河南洛陽後海資村出土，陶湘舊藏，現藏遼寧省博物館。拓片一張。

23. 元鑽遠墓誌（齊州刺史元鑽遠誌），北魏永熙二年十一月二十五日葬，民國九年河南洛陽南陳莊村出土，陶湘舊藏，現藏遼寧省博物館。拓片一張。

24. 元玕墓誌並蓋（平南將軍元玕誌），東魏天平二年七月二十八日葬，民國六年河南洛陽蟠龍塚村出土，陶湘、蕭山張氏舊藏，現藏遼寧省博物館。拓片二張，有蓋。

25. 王顯慶墓記，東魏興和二年九月十三日，陶湘舊藏。拓片一張。

26. 元融妃盧貴蘭墓誌（章武王妃盧氏誌），東魏武定四年十一月二十二日葬，民國元年河北磁縣南鄉出土，陶湘、羅振玉舊藏，現藏遼寧省博物館。拓片一張。

27. 高建墓誌並蓋（滄州刺史高建誌），北齊天保六年十月十四日葬，河北磁縣出土，羅振玉、陶湘舊藏，現藏遼寧省博物館。拓片二張，有蓋。

28. 高建妻王氏墓誌並蓋（高建妻王氏誌），北齊武平四年十月十七日，河北磁縣出土，陶湘舊藏，現藏遼寧省博物館。拓片二張，有蓋。

29. 皇甫琳墓誌並蓋（順陽太守皇甫琳誌），北齊天保九年十一月二十日葬，河北磁縣出土，端方、陶湘舊藏，後歸天津博物館。拓片二張，有蓋。

30. 高百年墓誌並蓋（樂陵王高百年誌），北齊河清三年三月二日葬，民國六年河北磁縣講武城鄉出土，羅振玉、陶湘舊藏，現藏遼寧省博物館。拓片二張，有蓋。

31. 高百年妃斛律氏墓誌並蓋（樂陵王妃斛律氏誌），北齊河清三年三月二日葬，民國六年河北磁縣講武城鄉出土，羅振玉、陶湘舊藏，現藏遼寧省博物館。拓片二張，有蓋。

32. 寇胤哲墓誌並蓋（魏汝北郡中正寇胤哲誌），北周宣政二年正月四日葬，民國十一年河南洛陽攔駕溝出土，陶湘舊藏，現藏遼寧省博物館。拓片二張，有蓋。

33. 段模墓誌（周段模誌），隋大業六年十二月五日葬，民國十二年河南洛陽北鳳凰台村南出土，陶湘舊藏，現藏遼寧省博物館。拓片一張。

34. 唐該及妻蘇洪姿合葬墓誌並蓋（都督唐該誌），隋大業十一年二月二十一日葬，河南洛陽蟠龍塚村出土，武進董氏、陶湘舊藏，現藏遼寧省博物館。拓片二張，有蓋。

35. 楊厲墓誌（滕王長子楊厲誌），隋大業十二年七月十八日葬，河南洛陽出土，陶湘舊藏，現藏遼寧省博物館。拓片一張。

36. 楊藝墓誌（楊藝誌），唐永徽二年九月十六日葬，河南洛陽出土，陶湘舊藏，現藏遼寧省博物館。拓片一張。

37. 盧承業墓誌（盧承業誌），唐咸亨三年八月十四日葬，河南洛陽出土，陶湘舊藏，現藏遼寧省博物館。拓片一張。

38. 盧承業妻李灌頂墓誌（盧承業妻李灌頂誌），唐光宅元年十一月十三日葬，民國十年河南洛陽出土，陶湘舊藏，現藏遼寧省博物館。拓片一張。

39. 王緒母郭五墓誌並蓋（王緒母郭氏誌），武周神功元年十月二十二日葬，陝西西安出土，陶湘舊藏，殘石現藏遼寧省博物館。拓片二張，有蓋。

40. 盧玢墓誌（盧玢誌），唐景雲二年四月九日刻，河南洛陽出土，陶湘舊藏，現藏遼寧省博物館。拓片一張。

41. 崔孝昌墓誌（崔孝昌誌），唐太極元年二月二十一日葬，河南洛陽出土，陶湘舊藏，現藏遼寧省博物館。拓片一張。

42. 李戢墓誌（嗣曹王李戢誌），唐天寶六年十二月二十日葬，河南洛陽出土，陶湘舊藏，現藏遼寧省博物館。拓片一張。

43. 程君殘墓誌（程公殘誌），唐寶應元年十二月二十五日卒，陶湘舊藏。拓片一張。

44. 李戢妃鄭中墓誌（李戢妃鄭氏誌），唐貞元二年七月二十二日葬，河南洛陽出土，武進董氏、陶湘藏石，現藏遼寧省博物館。拓片一張。

45. 韋塤妻溫瑗墓誌（韋塤妻溫氏誌），唐會昌六年六月二日葬，河南洛陽楊凹村南出土，陶湘藏石，現藏遼寧省博物館。拓片一張。

拓片鈐：“涉園拓石”、“癸亥”、“上虞羅振玉定海方若武進董康陶湘陶洙同審定”、“大倉文化財團藏書”朱印。

案語：陶湘所售藏石拓片均鈐有捶拓年干支印，此函拓片鈐“癸亥”印，當該年捶拓。上述拓片《北京圖書館藏歷代石刻拓本彙編》、《遼寧博物館藏碑誌精粹》等書有著録。

涉園藏石目

藏石之風肇自天水百餘年來斯風益熾遠則東武方伯近則洹陽制府凡十餘家僂指莫計藏弆之數少者數石多至數百然或矜惜逾恒置高齋而永閟或聚散靡定隨市舶而無蹤轉不如往昔之在名山大刹得以氈拓流傳好古之士每有憾焉近十餘年閒漳洛之間墟墓遺文更見迭出而六朝銘誌不下百品茲將元魏誌石二十六北齊誌石五北周誌石一唐誌石之佳者十共得四十五品不敢什襲珍藏

宋拓開皇本蘭亭敘

日本大正九年（1920）二月博文堂珂羅版影印本第四版

DC0621一函一册

東晉王羲之撰并書。

原帖東晉永和九年三月初書，隋開皇十八年三月廿日款。

書高31.9釐米，寬19.1釐米。經摺裝，十五開。半開五行，行十一、十二字。

版權葉鈐"博文堂審定精印記"、"博文堂檢"朱印。

書衣有羅振玉題印籤"宋拓開皇本蘭亭敘"，前影印王文治題字，後影印楊賓康熙四十一年跋、王文治嘉慶元年跋、王文治臨董其昌萬曆丁酉跋，民國二年羅振玉二跋。

鈐"大倉文化財團藏書"朱印。

案語：此本據陸恭松下清齋藏宋拓本影印，前王文治題"開皇蘭亭真本松下清齋收藏"。有豎界欄，末界欄外有款"開皇十八年三月廿日"正書小字一行。《增補校碑隨筆》264頁、《善本碑帖録》199頁著録。

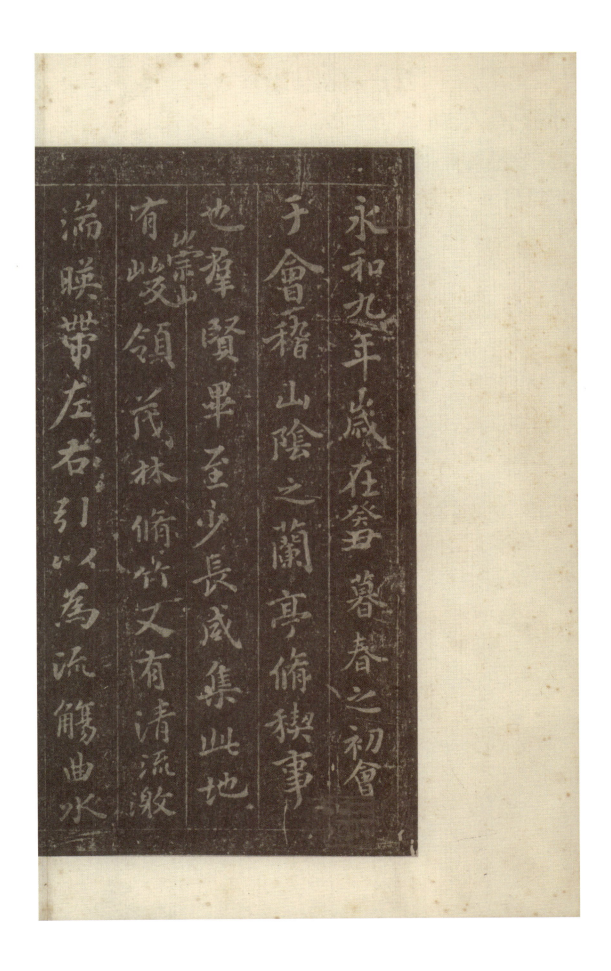

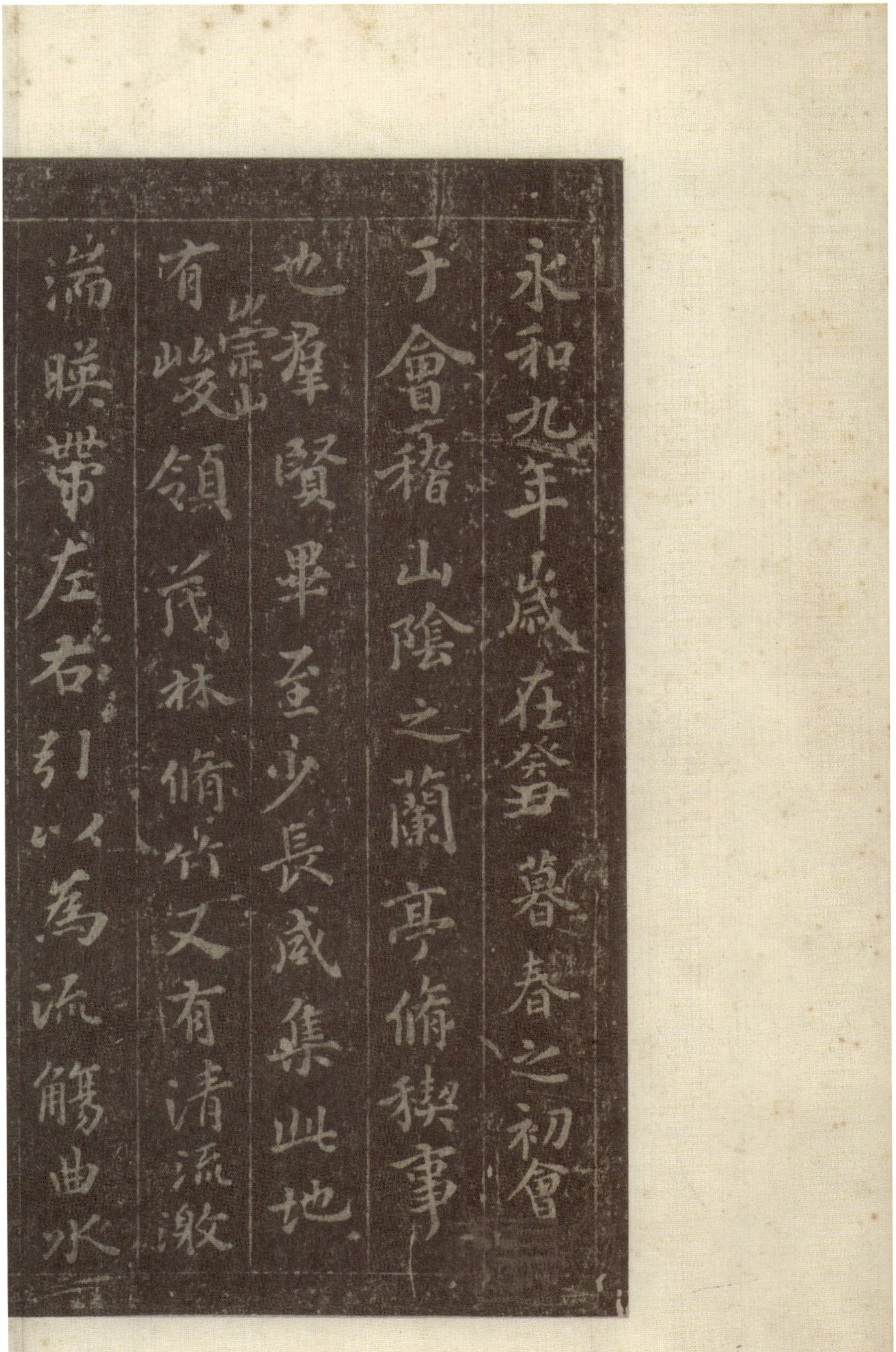
永和九年歲在癸丑暮春之初會
于會稽山陰之蘭亭脩稧事
也羣賢畢至少長咸集此地
有崇山峻領茂林脩竹又有清流激
湍暎帶左右引以為流觴曲水

九成宮醴泉銘

唐貞觀六年（632）刻清拓本

DC0625一册

唐魏徵撰，唐歐陽詢書。

原石記唐貞觀六年四月十六日事，在陝西麟游天臺山。

首題：“九成宮醴泉銘”。

拓本高33釐米，寬19.6釐米。半開墨紙高25釐米，寬15釐米。二十開半。每半開四行，行七字。經摺裝。

鈐“邵北埜珍藏印”、“子孫保之”、“大倉文化財團藏書”朱印。

案語：拓本稍有填墨。《增補校碑隨筆》483頁、《善本碑帖録》99頁、《北京圖書館藏歷代石刻拓本彙編》11册39頁著録。

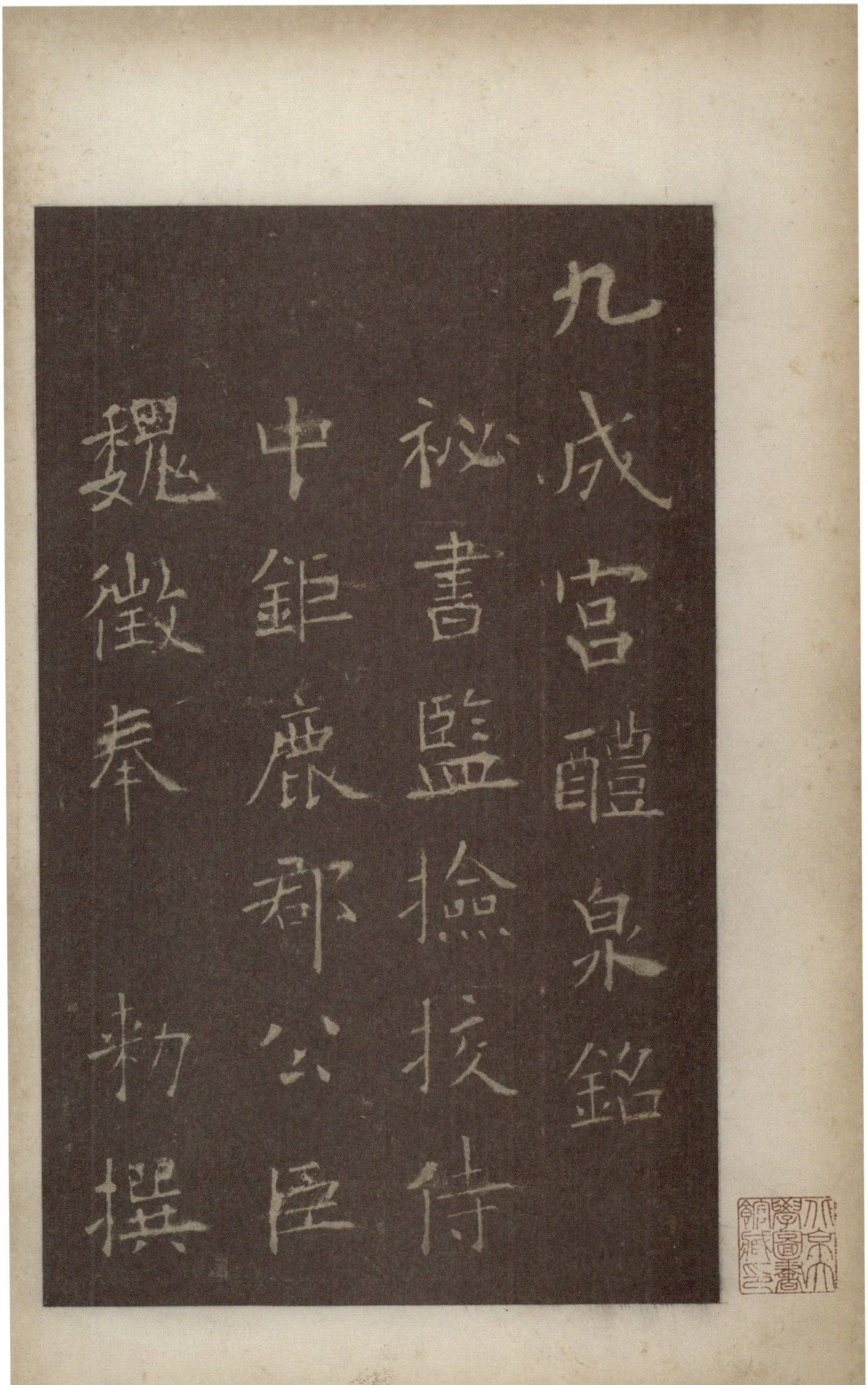
九成宮醴泉銘
秘書監檢校侍
中鉅鹿郡公臣
魏徵奉勅撰
北京大學圖書館藏

九成宮醴泉銘

清翻刻清拓本

DC0626一册

唐魏徵撰，唐歐陽詢書。

首題：“九成宮醴泉銘”。

原石記唐貞觀六年四月十六日事，在陝西麟游天臺山。

拓本高33釐米，寬19.6釐米。半開墨紙高24釐米，寬13.2釐米。二十開半。每半開四行，行七字。經摺裝。

夾板書籤題“明初精拓九成宮醴泉銘/仲坪於甲子孟夏月題”，鈐“仲坪”。後有民國甲子年歐陽桓二跋一開半。

鈐“項叔子”、“雲間王鴻緒鑒藏印”、“裴山氏”、“學使香印”、“臣錢陳群”、“錢楷私印”、“魯盦”、“歐陽桓印”、“仲坪”、“桓”、“大倉文化財團藏書”朱印。

案語：此本為清乾隆間無錫秦惠田翻刻本之再翻刻。首行“禮”字下半鑿痕明顯，十四行“匪唯乾象之精”之“乾”字“日”部，刻為“田”。末行“永保貞吉”之“吉”字左有一點石花如黍米狀。《增補校碑隨筆》483頁、《善本碑帖録》99頁、《北京圖書館藏歷代石刻拓本彙編》11册39頁著録。

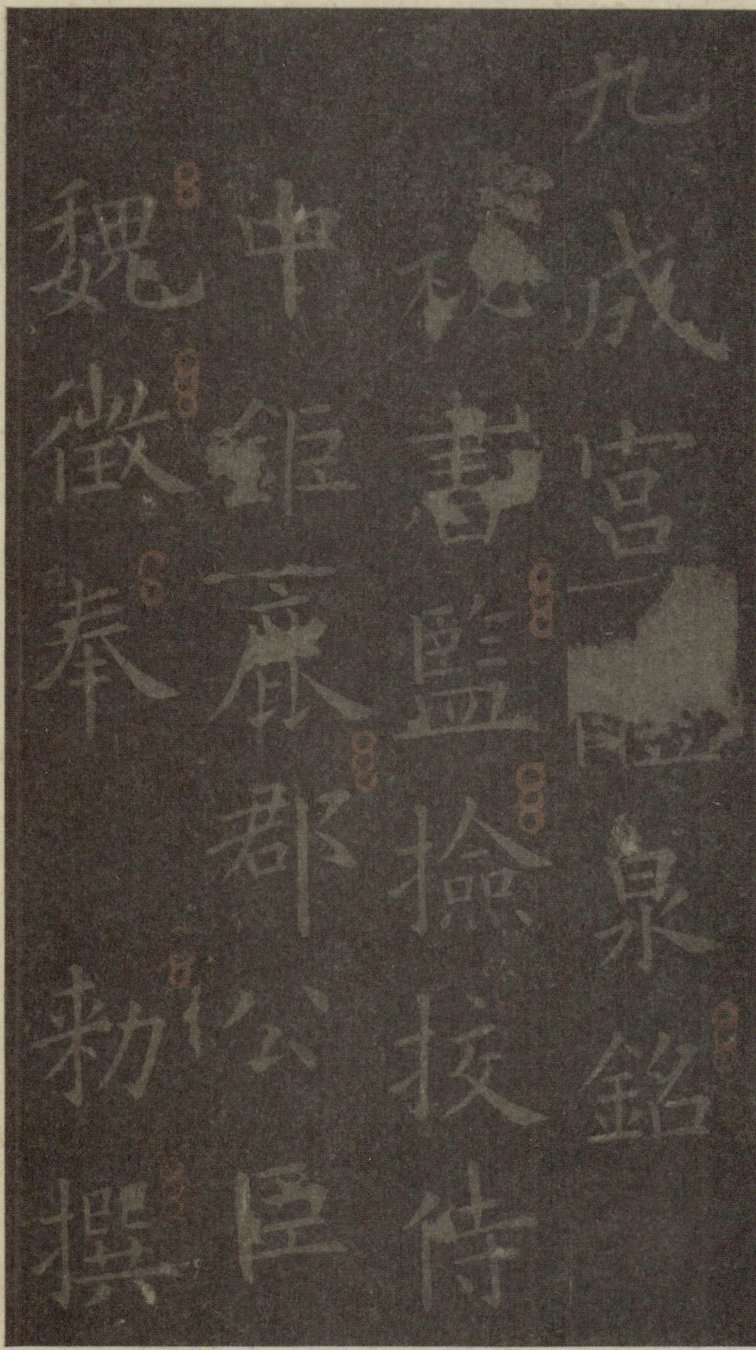
九成宮醴泉銘
秘書監檢校侍
中鉅鹿郡公臣
魏徵奉勑撰

雁塔聖教序

日本大正十三年（1924）晚翠軒影印本

DC0627一册

唐高宗李治撰，唐褚遂良書，唐萬文韶刻。

原碑唐永徽四年十二月十日建，在陝西西安慈恩寺大雁塔前。

首題："大唐太宗文皇帝製三藏聖教序"。

書高30釐米，寬16.2釐米。半開墨紙高25.2釐米，寬13.3釐米。每半葉四行，行七字。

書衣籤印"雁塔圣教序精拓本"。書末大正十三年晚翠軒版權葉、售書目録。

鈐"大倉文化財團藏書"朱印。

案語：《增補校碑隨筆》507頁、《善本碑帖録》105頁、《北京圖書館藏歷代石刻拓本彙編》12册111頁著録。

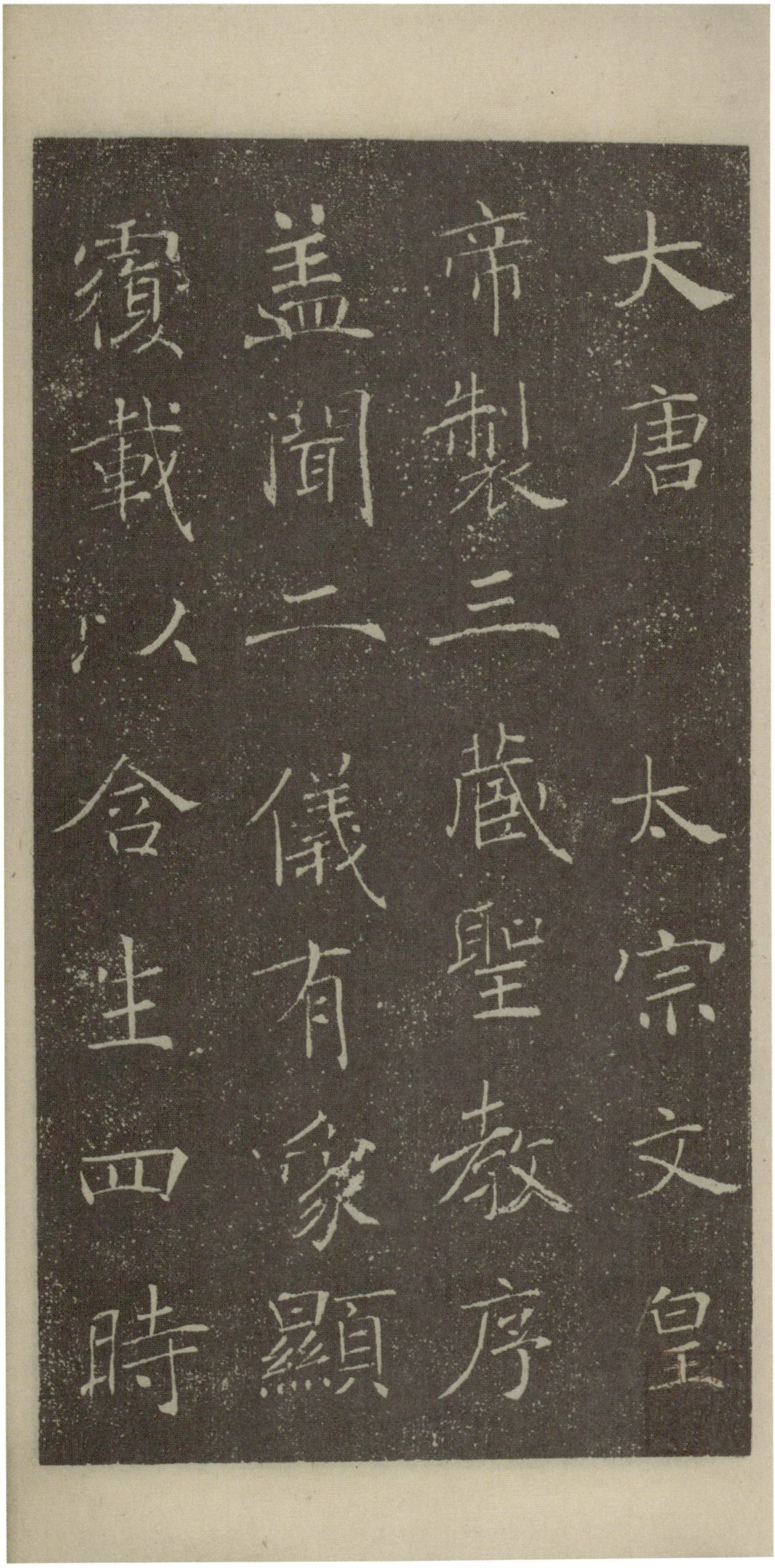
大唐太宗文皇
帝製三藏聖教序
蓋聞二儀有象顯
覆載以含生四時

大唐三藏聖教序

翻刻清拓本

DC0618一册

唐太宗李世民撰，唐釋懷仁集王羲之書，唐諸葛神力勒石，唐朱靜藏鐫。

首題："大唐三藏聖教序"。

原碑唐咸亨三年十二月八日建，原在陝西西安宏福寺，後移置西安碑林。

拓本高30.8釐米，寬18釐米。半開墨紙高23.2釐米，寬11.6釐米。二十九開，每半開四行，行九至十一字。拓本裝裱前蟲蛀甚。經摺裝。

後跋二開，有李敬漫跋，趙之謙致逸盧信札一通，癸亥小陽月歐陽桓跋，鈐"歐陽桓印"、"仲坪"。粘附抄録《語石》（八卷二十葉）一紙。

鈐："□閣之寶"、"建平知事"、"曾經滄海"、"蕡生氏鑒藏書印"、"曾藏崔蕡生處"、"武甫浚□"、"麓□珍賞"、"鄭夢蟾印"、"六如居士"、"夢蟾"、"毗陵劉氏珍藏"、"子良書畫"、"凝香閣"、"有□圖書之印"、"一竿春水釣秋華"、"仲坪"、"大倉文化財團藏書"朱印。

案語：此拓碑石完整未斷，字跡筆劃較呆板，無石花殘泐，當是據宋拓翻刻。前二開碑額佛像為原刻清拓。《增補校碑隨筆》530頁、《善本碑帖録》113頁、《北京圖書館藏歷代石刻拓本彙編》15册179頁著録原刻。

唐三藏聖教序
太宗文皇帝製
弘福寺沙門懷仁集
右將軍王羲之書

大唐三藏聖教序

日本明治四十四年（1911）博文堂珂羅版影印本

DC0619一函一册

唐太宗李世民撰，唐釋懷仁集王羲之書，唐諸葛神力勒石，唐朱靜藏鐫。

首題：“大唐三藏聖教序”。

原碑唐咸亨三年十二月八日建，原在陝西西安宏福寺，後移置西安碑林。

書高33釐米，寬18.8釐米。半開墨紙高25.7釐米，寬14.5釐米。十九開。每半開五行，行九至十一字。經摺裝。

印“博文堂審定精印記”、“博文堂發刊記”朱印記。

鈐“大倉文化財團藏書”朱印。

書套籤及書衣印籤題“大唐三藏圣教序”，後影印明治辛亥內藤虎跋，辛亥羅振玉跋，明治辛亥日下東跋。

案語：此本據羅振玉藏宋拓本影印，十五行末“故知聖慈所被”之“慈”完好，二十一行“久植勝緣”之“緣”左下已連石花。《增補校碑隨筆》530頁、《善本碑帖録》113頁、《北京圖書館藏歷代石刻拓本彙編》15册179頁著録。

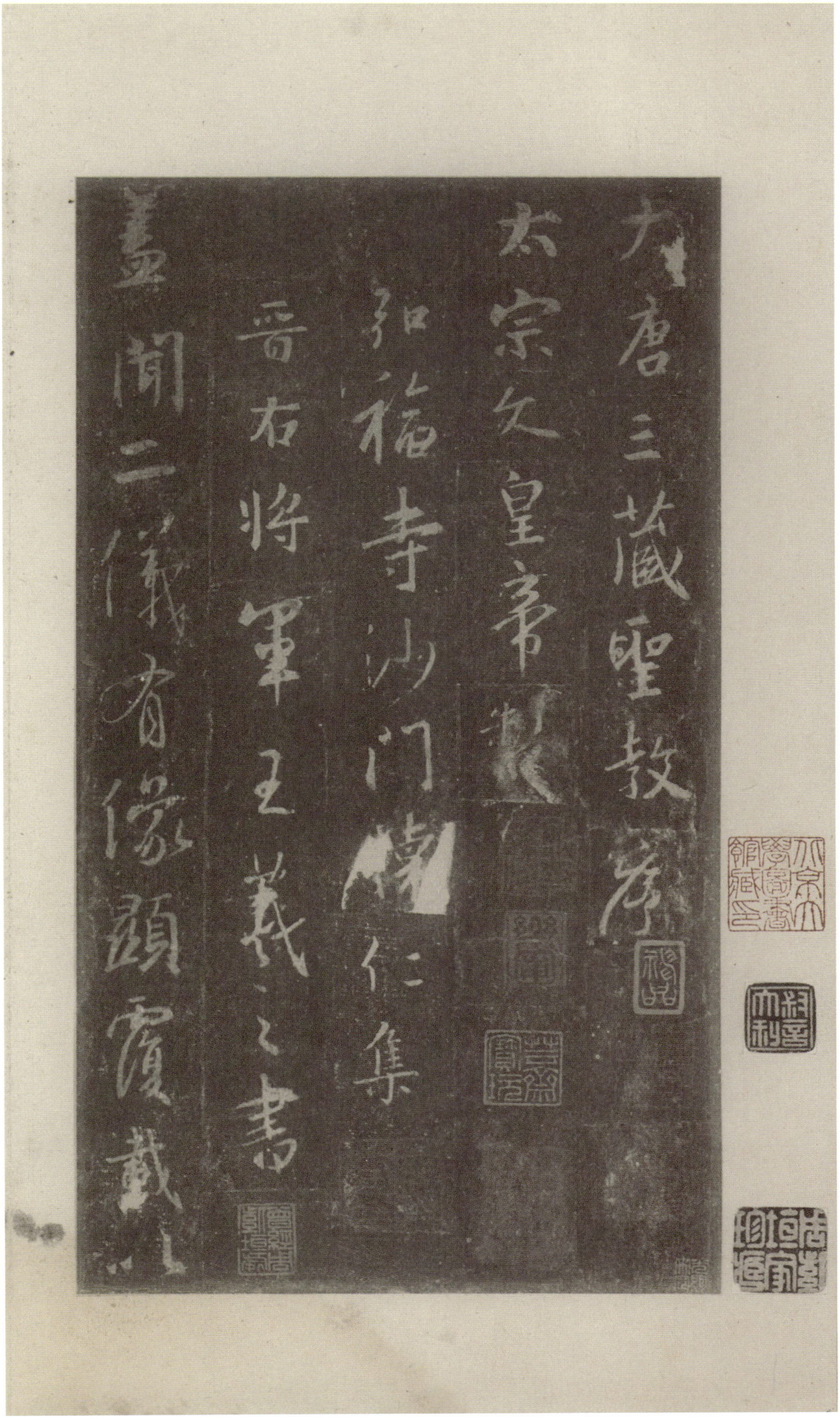
大唐三藏聖教序
太宗文皇帝製
弘福寺沙門懷仁集
晉右將軍王羲之書
蓋聞二儀有像顯覆載

宋拓孟蜀石經

民國丙寅（十五年，1926）廬江劉氏影印本

DC0456八册

劉體乾輯。

劉體乾（1880—1940），字健之，安徽廬江人，民國二十六年江西省政府代主席。

原石後蜀廣政年間刻。原在四川成都學宫，石久毁。

書高33.6釐米，寬21.6釐米。首册有宣統帝題“孟蜀石經”。

書末有版權葉。

書中鈐“大倉文化財團藏書”朱印。

案語：據宋拓本影印。《善本碑帖録》156頁、《北京圖書館藏歷代石刻拓本彙編》36册185頁著録。

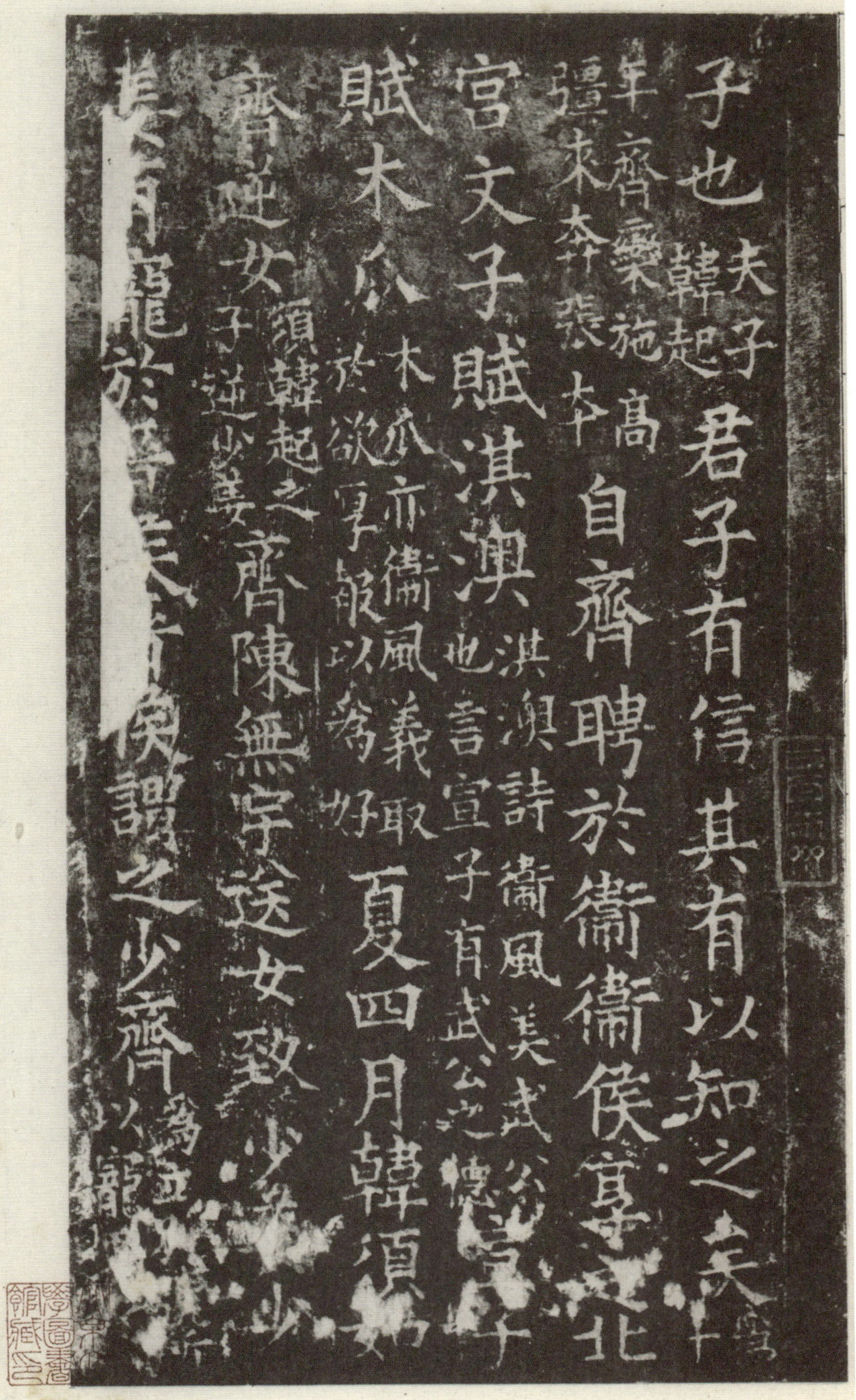
子也夫子韓起君子有信其有以知之矣
年齊欒施高彊來奔襄公本自齊聘於衛衛侯享之北
宮文子賦淇澳淇澳詩衛風美武公也言宣子有武公之德
賦木瓜木瓜亦衛風義取於欲厚報以為好夏四月韓須
齊逆女須韓起之子逆少姜齊陳無宇送女致少姜
姜有寵於晉侯晉侯謂之少齊以為

宋拓米海岳方圓庵記

民國十三年（1924）上海文明書局珂羅版影印本

DC0633一册

宋釋守一撰，宋米芾書，宋陶極刊。

原石北宋元豐六年刻於浙江杭州，明萬曆間佚。

首題："杭州龍井山方圓庵記"。

書高29.6釐米，寬17.4釐米。半開墨紙高25.2釐米，寬13.2釐米。十一開。每半開四行，行九至十字。經摺裝。

前影印舊題籤。後影印明嘉靖年沈儼、清乾隆年成親王等十跋。末有中華民國十三年文明書局玻璃版部版權葉。

鈐"大倉文化財團藏書"朱印。

案語：據宋拓本影印。《善本碑帖録》158頁著録。

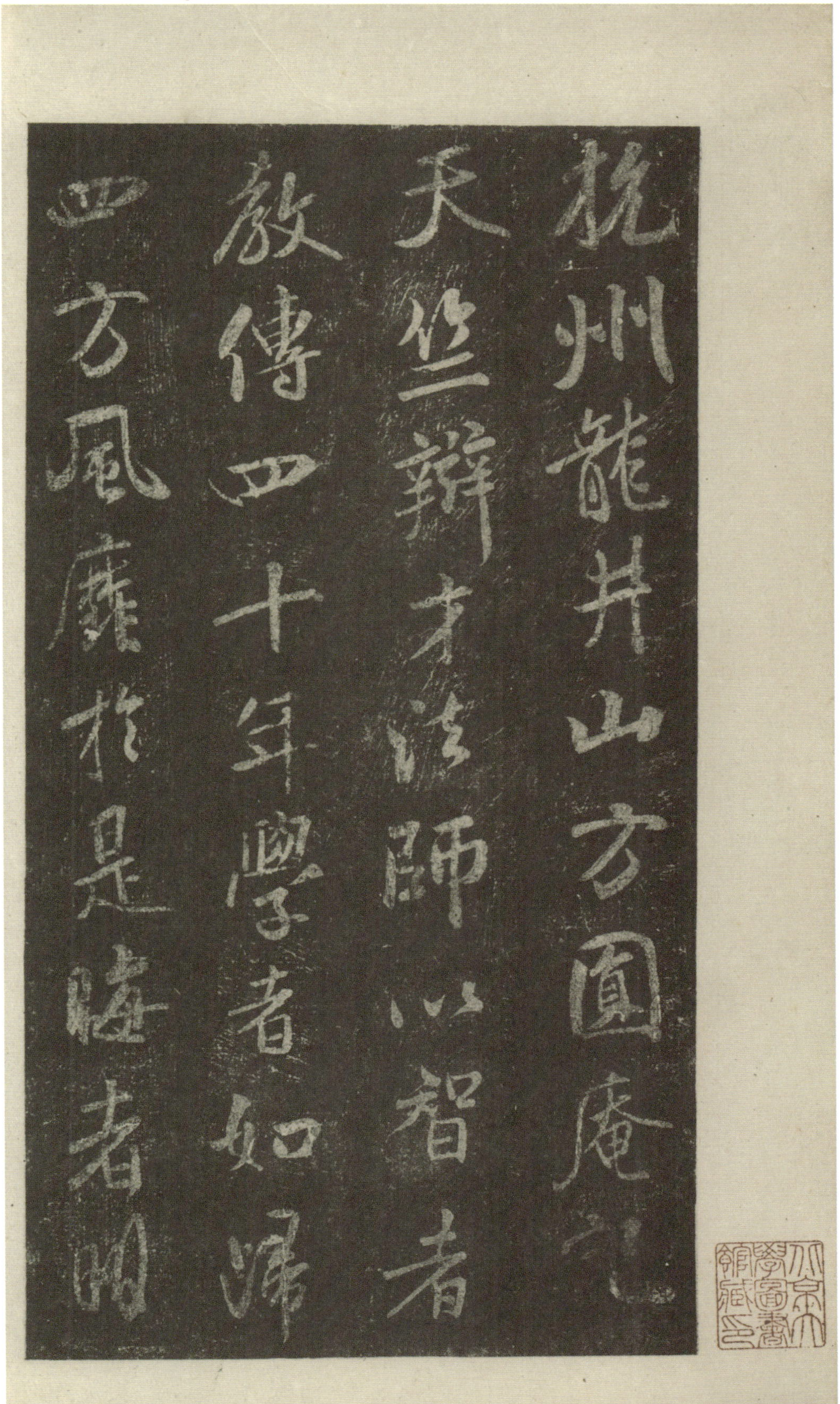

杭州龍井山方圓庵記
天竺辯才法師以智者
教傳四十年學者如歸
四方風靡於是晦者明

宋拓淳化閣帖游相本

民國十三年(1924)十月上海商務印書館珂羅版影印本

DC0631一函十册

宋王著奉旨模勒。

北宋淳化三年十一月六日模勒。

書高33.8釐米,寬23.2釐米。半開墨紙高26.6釐米,寬16.4釐米。每半葉五行或四行,行字數不等。

首册書衣書籤題"宋拓淳化閣帖游相本甲卷/載軒藏覃溪題"。書首内封與書籤題同。每册後均有游侣題記、汪宗裕題識。書末(第十册)有同治庚午賀瑗觀款,永樂十五年楊溥題識,正德庚午王鏊題識,隆慶戊辰項元汴觀款,元統甲戌康里巎巎題識,康熙癸巳李光地題識,是歲十月李光地題識,雍正七年蔣廷錫題識,壬子十二月蔣溥題識,丁丑七月蔣溥題識,乾隆二十二年錢載題識,己未中秋吳錫麒題識,嘉慶戊辰五月、廿二日、十一月廿六日及未署日期的翁方綱題識四篇,何紹基題識。

書中鈐"大倉文化財團藏書"朱印。

案語:此本據游侣舊藏宋拓《淳化閣帖》影印,南宋淳祐五年游侣任右丞相,故稱"游相本"。

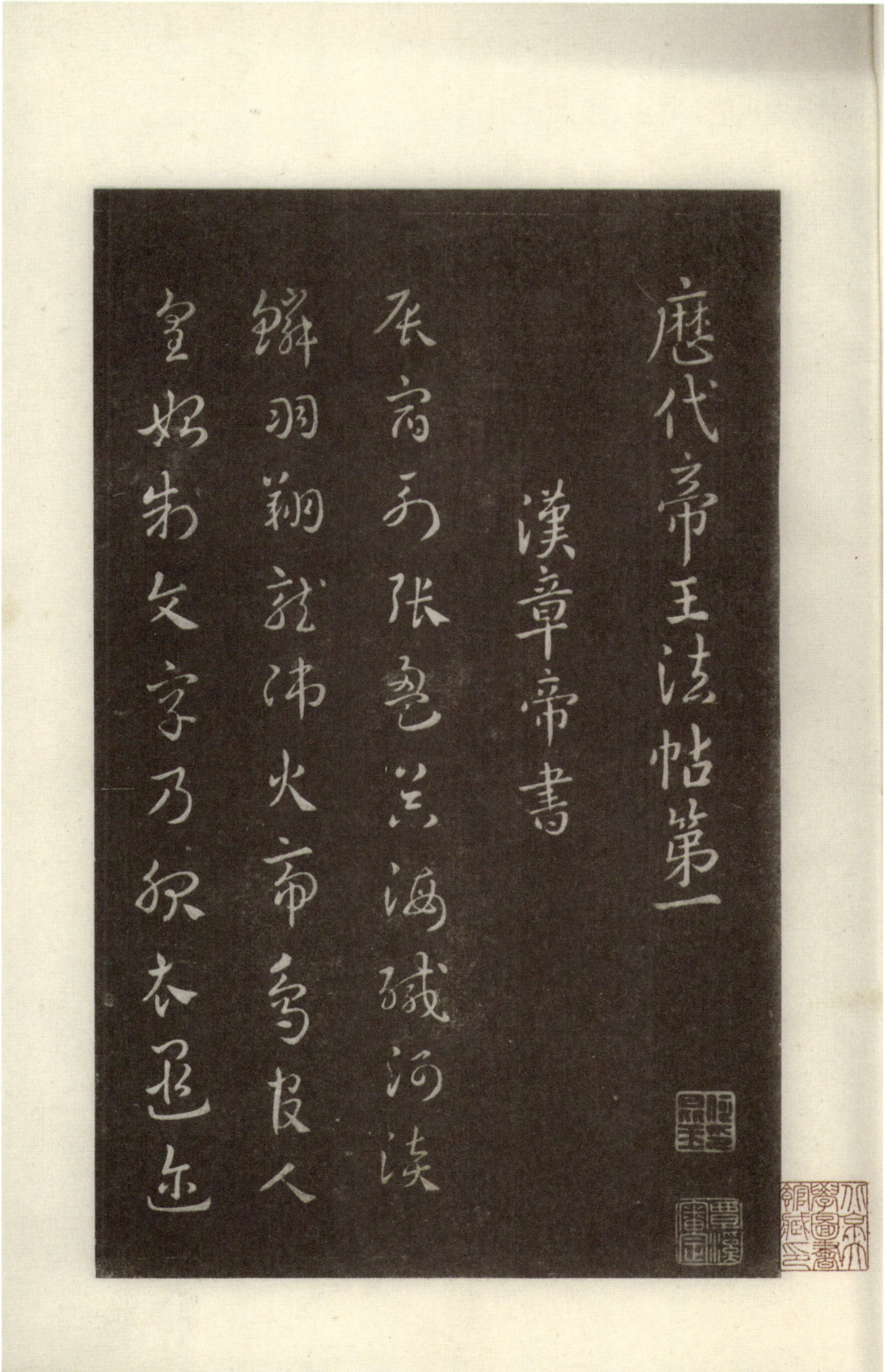
歷代帝王法帖第一
漢章帝書
辰宿列張薑芥海鹹河淡
鱗羽翔龍師火帝鳥官人
皇始制文字乃服衣裳推

淳化閣帖十卷

明萬曆十年（1582）五石山房刻清拓本

DC0624、DC0628十册

宋王著奉旨模勒。

原帖北宋淳化三年十一月六日模勒。

每卷末刻款"淳化弍年壬辰歲十壹月六日奉聖旨模勒上石"篆書三行。

拓本高29.3釐米，寬17釐米。半開墨紙高24.1釐米，寬12.9釐米。卷一凡三十四開半、卷二凡三十五開、卷三凡二十九開、卷四凡三十開、卷五凡三十一開、卷六凡二十九開半、卷七凡二十九開、卷八凡二十開半開、卷九凡二十六開、卷十凡二十八開。經摺裝。有蟲蛀。

鈐"柴邦彦圖書後歸阿波國文庫别藏于江戸雀林莊之萬卷樓"、"大倉文化財團藏書"朱印。

案語：此為閣帖五石山房本，明萬曆十年潘允諒（寅叔）據所藏賈似道舊藏《淳化閣帖》紹興國子監本翻刻於五石山房。卷首刻"賈似道印"方印及葫蘆印，卷一唐太宗《叔藝帖》第五、六行"故藹"字上有剝蝕，卷九王獻之《新婦帖》、《奉對帖》間有横裂條及銀錠紋。《叢帖目》第1册1頁著録《閣帖》，20頁著録《五石山房本記事》。

又，此帖原藏者編號時誤分作兩種：DC0624《二王法帖》、DC0628《歷代帝王法帖》，現合併著録。

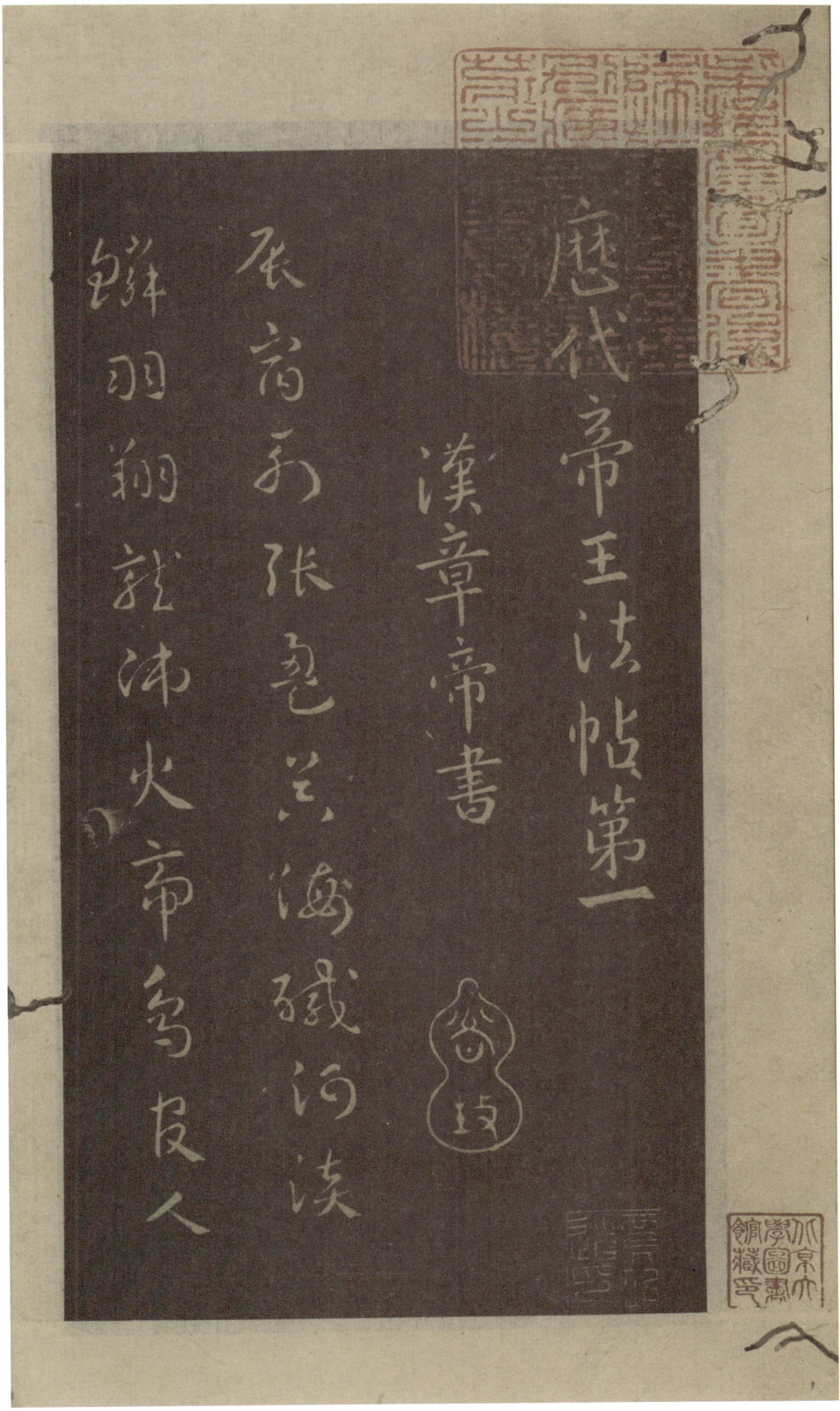
歷代帝王法帖第一
漢章帝書

星鳳樓帖十二卷

清刻清拓本

DC0632十二册

每卷首篆書題"星鳳樓帖"。每卷尾刻"紹聖三年春王正月摹勒上石"篆書二行。

拓本高32.4釐米，寬19.8釐米。半開墨紙高26.6釐米，寬15.6釐米。卷一凡十五開半、卷二凡十四開半、卷三凡十六開半、卷四凡十四開、卷五凡十八開、卷六凡十二開半、卷七凡十五開半、卷八凡十五開、卷九凡十六開、卷十凡十五開、卷十一凡十三開、卷十二凡十四開半。經摺裝。

書衣籤題"星鳳樓"及各卷書家姓名、書作名稱、目録和數量等。

鈐"眞霞之印"、"字子標號龍岳"、"龍嶽藏書"朱印。

案語：此托名宋帖，實為清代僞刻通行本。《叢帖目》第4册1786頁著録。

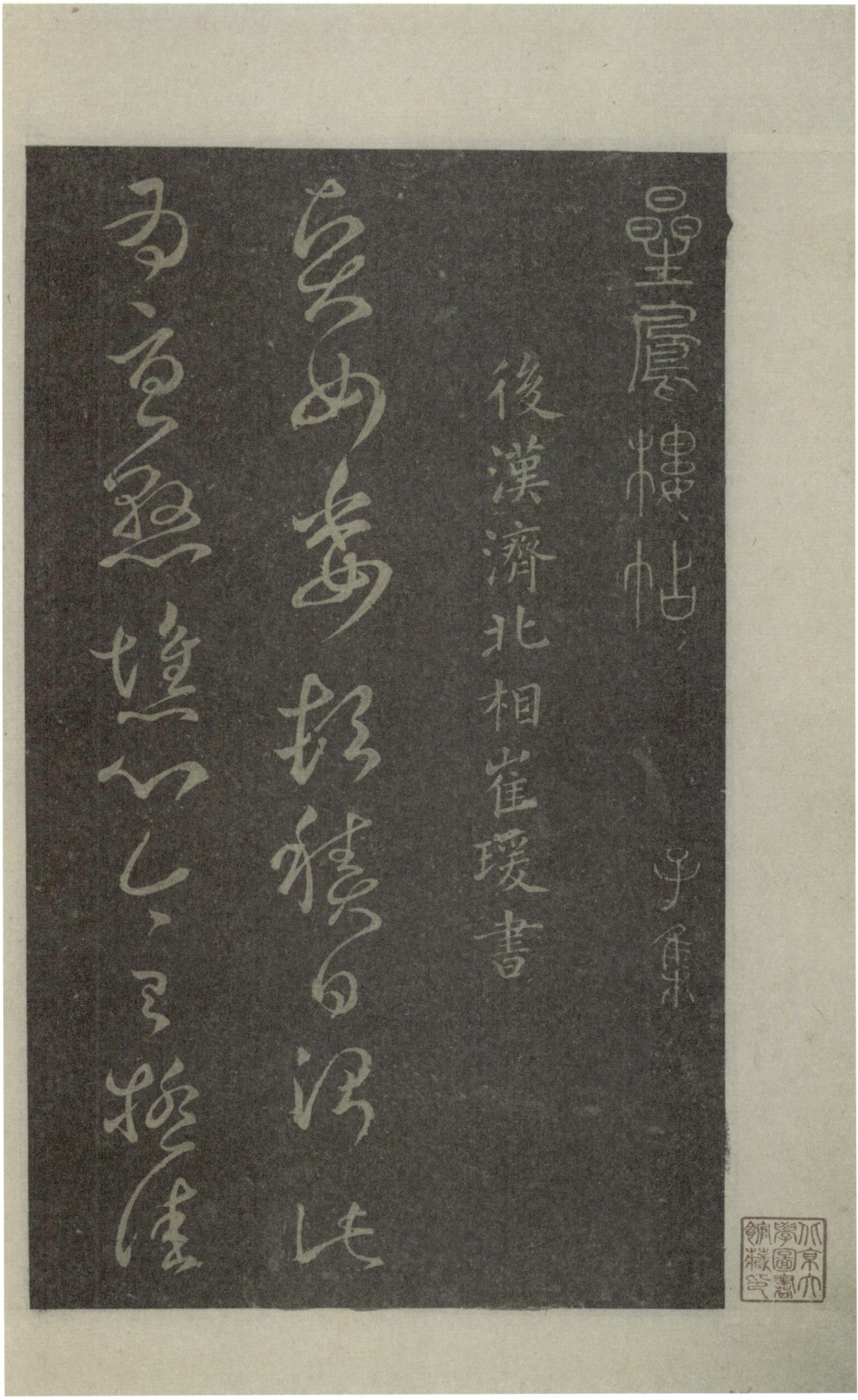
後漢濟北相崔瑗書
子集
北京大學圖書館藏

祖拓澄清堂帖

民國珂羅版影印本

DC0620一夾板三册

原石南宋年間刻。

書高34.7釐米，寬23釐米。每半葉四行或三行，行字數不等。

籤題“祖拓澄清堂帖”。

卷一前影印孫承澤題記，後影印潘仕成、孫承澤、裘尊生、息盦居士題跋。

書中鈐“大倉文化財團藏書”朱印。

案語：《澄清堂帖》存世極罕見，僅孫承澤、邢侗舊藏等數本傳世。此本據孫承澤舊藏宋拓本影印，殘存三卷，存第一卷十四開，第三卷十八開，第四卷九開，帖名正書“澄清堂帖卷某”。原本現藏北京故宫博物院。《善本碑帖録》183頁、《叢帖目》1册163頁、《中國法帖全集》第10册著録。

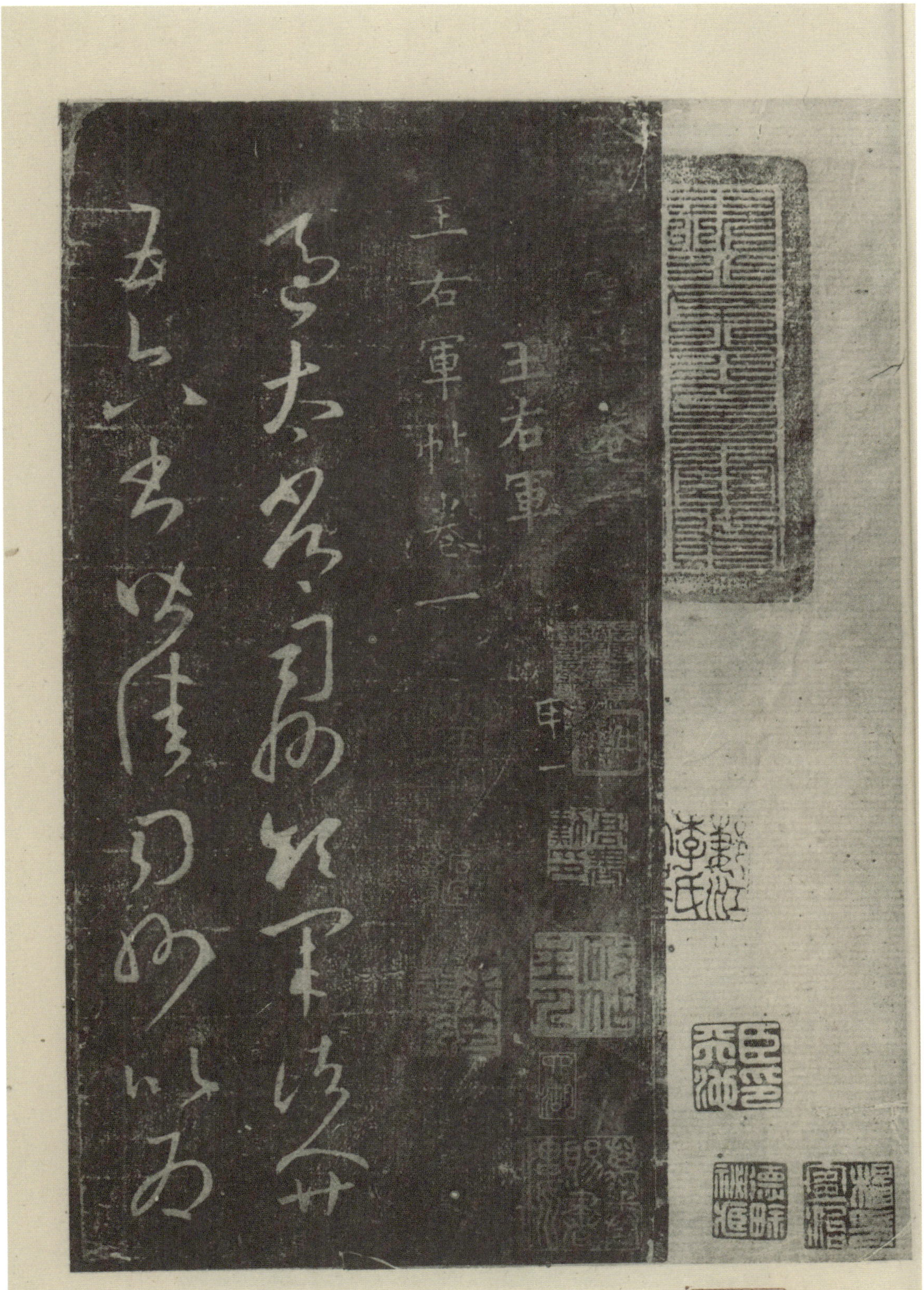
王右軍帖卷一
王右軍

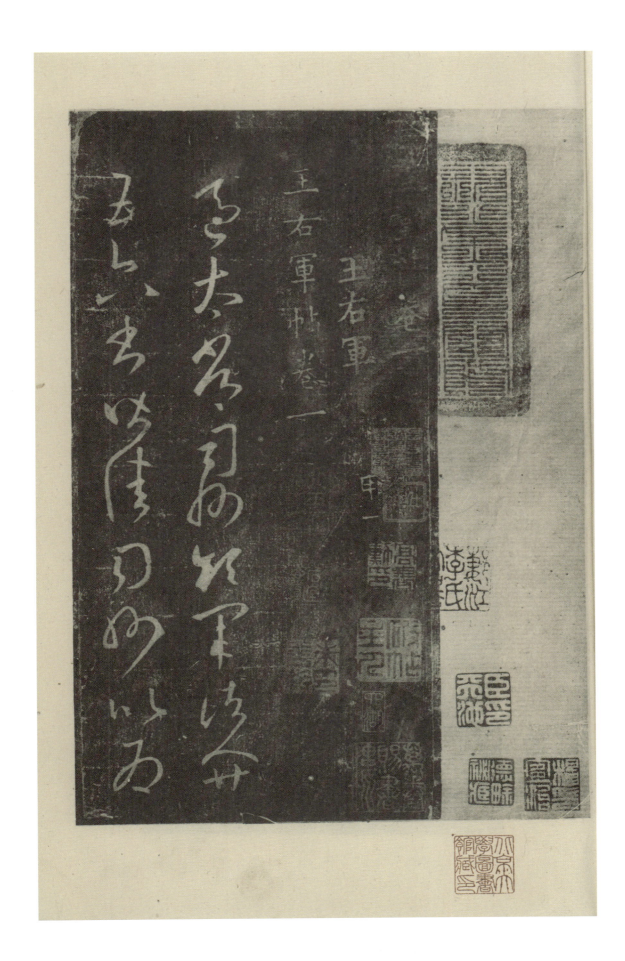

二王帖三卷目録評釋一卷

明嘉靖二十六年（1547）九月兼隱齋刻清拓本

DC0623一木匣四册

明湯世賢摹刻。

上卷卷首、卷尾隸書題“二王帖卷上”，中卷卷首隸書題“二王帖卷中”，下卷卷首、卷尾隸書題“二王帖卷下”，目録評釋卷卷首正書題“二王帖目録評釋”。中卷尾刻“嘉靖丁未九月四日吳興郡兼隱齋摸勒上石”隸書二行，目録評釋卷尾刻“嘉靖丁未七月二日吳興郡兼隱齋摸勒上石”隸書二行。

拓本高32.4釐米，寬19.8釐米。半開墨紙高24.9釐米，寬13.7釐米。上卷凡四十二開半、中卷凡四十開半、下卷凡四十五開、目録評釋卷凡四十開半。經摺裝。

書衣書籤分别題“二王帖卷上右軍書”、“二王帖卷中右軍書”、“二王帖卷下大令書”、“二王帖目録評釋”。函套外籤題“二王帖石舟山史培題籤”，下鈐“蔣塘”朱印，函套内有天嶺道人牧信題識，下鈐“大信之印”白印、“成卿”朱印。書木匣内貼籤，有慶應三年金洞下條逢吉題識。鈐“無準庵藏”朱印，另有二印模糊不可辨。匣外貼籤，題“三二八”，鈐“子八成”朱印。書中鈐“星野氏圖書記”、“文心”、“大倉文化財團藏書”朱印。

案語：此為木刻本《兼隱齋二王帖》，與《叢帖目》第3册1130頁著録之《兼隱齋二王帖》“乃龍舒石刻本”内容基本相同。惟石刻本下卷尾刻“嘉靖丁未閏九月朔，吳興郡兼隱齋摸勒上石”款，此本未見。

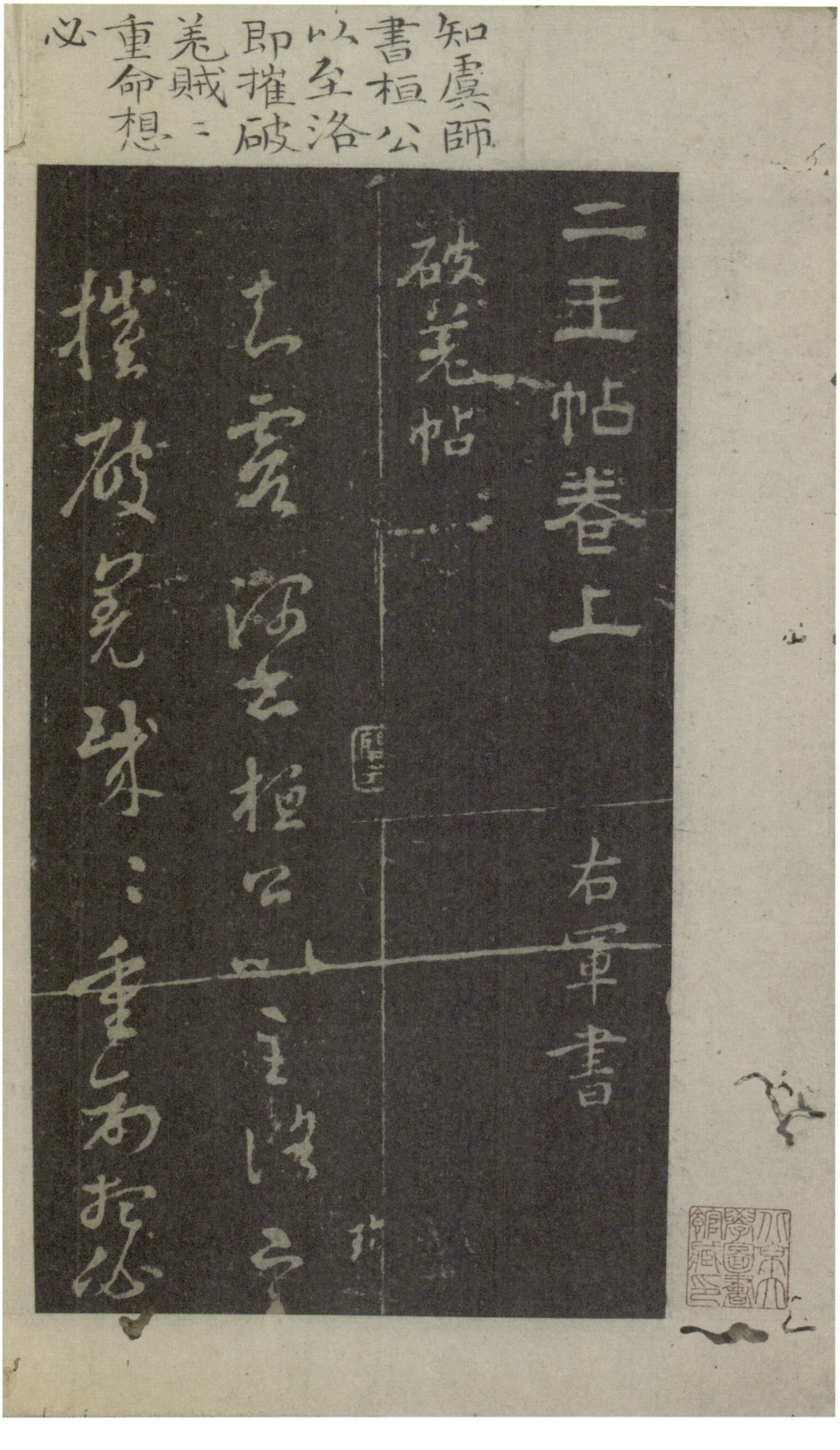
知虞師書桓公以至洛即摧破羌賊二重命想必
二王帖卷上
破羌帖
右軍書

停雲館法帖十卷附釋文一卷書人小傳一卷

日本大正十五年（1926）東京西東書房影印本

DC0634二函十一册

明文徵明撰集，明文彭、文嘉摹勒，明溫恕、章簡甫刻，日本松田南溟釋文。

原帖明嘉靖十六年正月始刻，明嘉靖三十九年四月間刻畢。

書高33.3釐米，寬18.4釐米。半葉墨紙高26.6釐米，寬13.6釐米。

卷一首葉第一行題“晉唐小字卷弟一”，第二行題“黃庭經”，第三行起正文。卷十末葉有大正十五年西東書房版權葉。釋文、書人小傳為鉛印本。

書衣籤題“晉唐小字卷第一”及卷一目録。第二函套內籤有西東書房發行《停雲館法帖》售價。

書中鈐“大倉文化財團藏書”朱印。

案語：《停雲館法帖》全本為十二卷。此本影印明拓本前十卷，附釋文及書人小傳一卷。《叢帖目》第1册221頁著録全本。

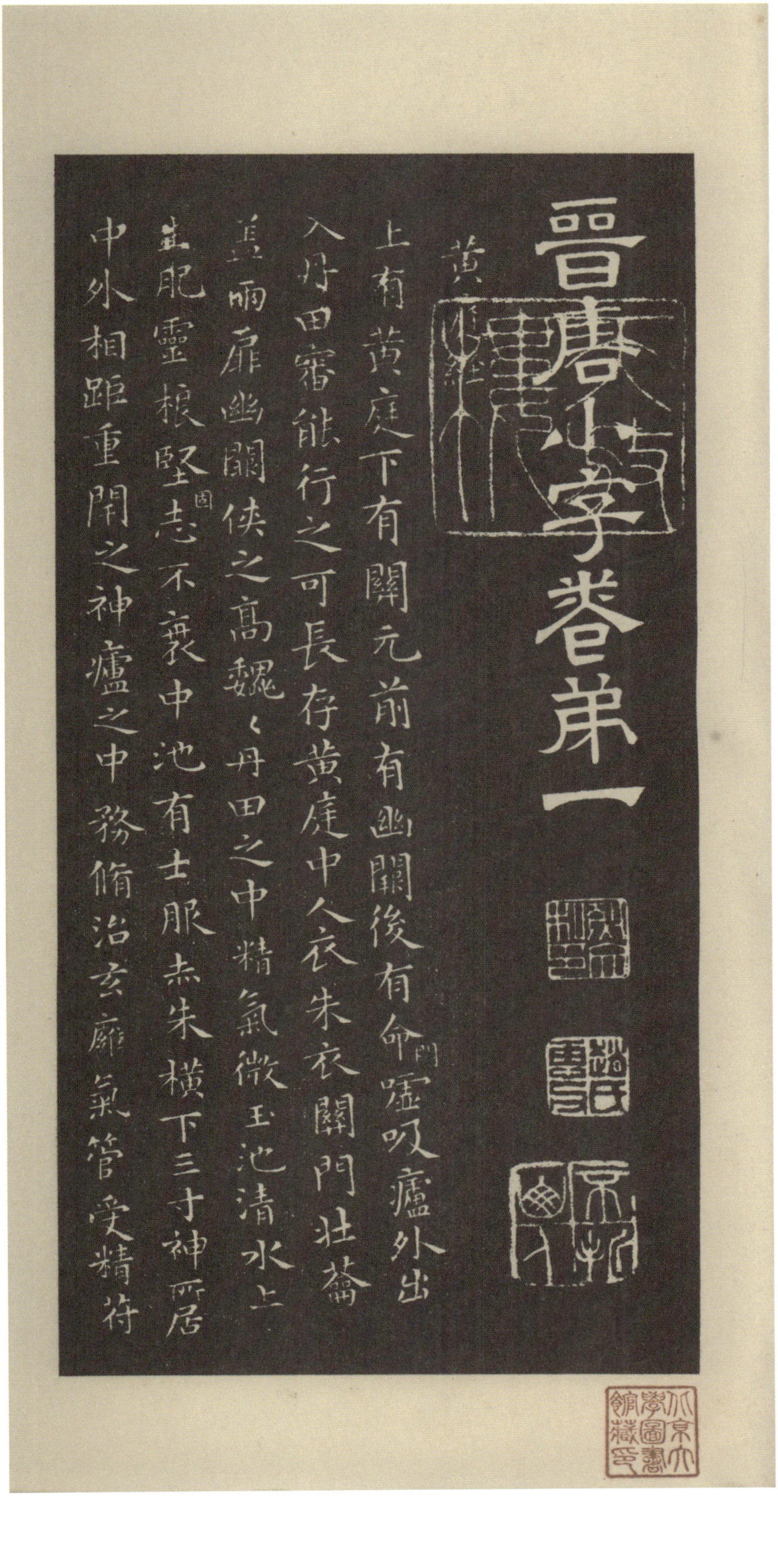

晉唐小字卷第一

黄庭經

上有黄庭下有關元前有幽關後有命門噓吸廬外出
入丹田審能行之可長存黄庭中人衣朱衣關門壯蘥
盖兩扉幽闕俠之高巍巍丹田之中精氣微玉池清水上
生肥靈根堅固志不衰中池有士服赤朱横下三寸神所居
中外相距重閉之神廬之中務脩治玄廱氣管受精符

餘清齋帖正帖六卷續帖二卷

日本大正十四年（1925）影印本

DC0635一函八册

明吴廷輯刻，明楊明時雙勾上石，日本比田井鴻編著。

原帖明萬曆二十四年八月勒，續帖明萬曆四十二年六月勒。

帖石原在安徽歙縣西溪南村（吴廷故里），後歸歙縣鮑振炳，一九四九年後徵置於歙縣新安碑園兩清堂。

書高32.5釐米，寬18.5釐米。版框高27.4釐米，寬15.5釐米。每半葉行數字數不等。

書衣籤題“餘清齋法帖”。書後有版權葉。函套印籤題“餘清齋帖八册”。卷一前有“餘清齋”榜書。書首前影印光緒癸卯楊守敬序。

書中鈐“大倉文化財團藏書”朱印。

案語：《餘清齋帖》最初為木刻，正帖十六卷、續帖八卷，後改為石刻（卷次或重排）。帖石兩面刻，正帖尾刻“萬曆丙申穐八月初吉，餘清齋摹勒上石”隸書二行。續帖尾刻“萬曆甲寅夏六月，餘清齋續帖摹勒上石”隸書二行。此本據石刻《餘清齋帖》正帖六卷、續帖二卷之清拓本影印。但書衣籤題順序與原帖正、續順序不符，順序混亂。《叢帖目》第1册253頁著録。

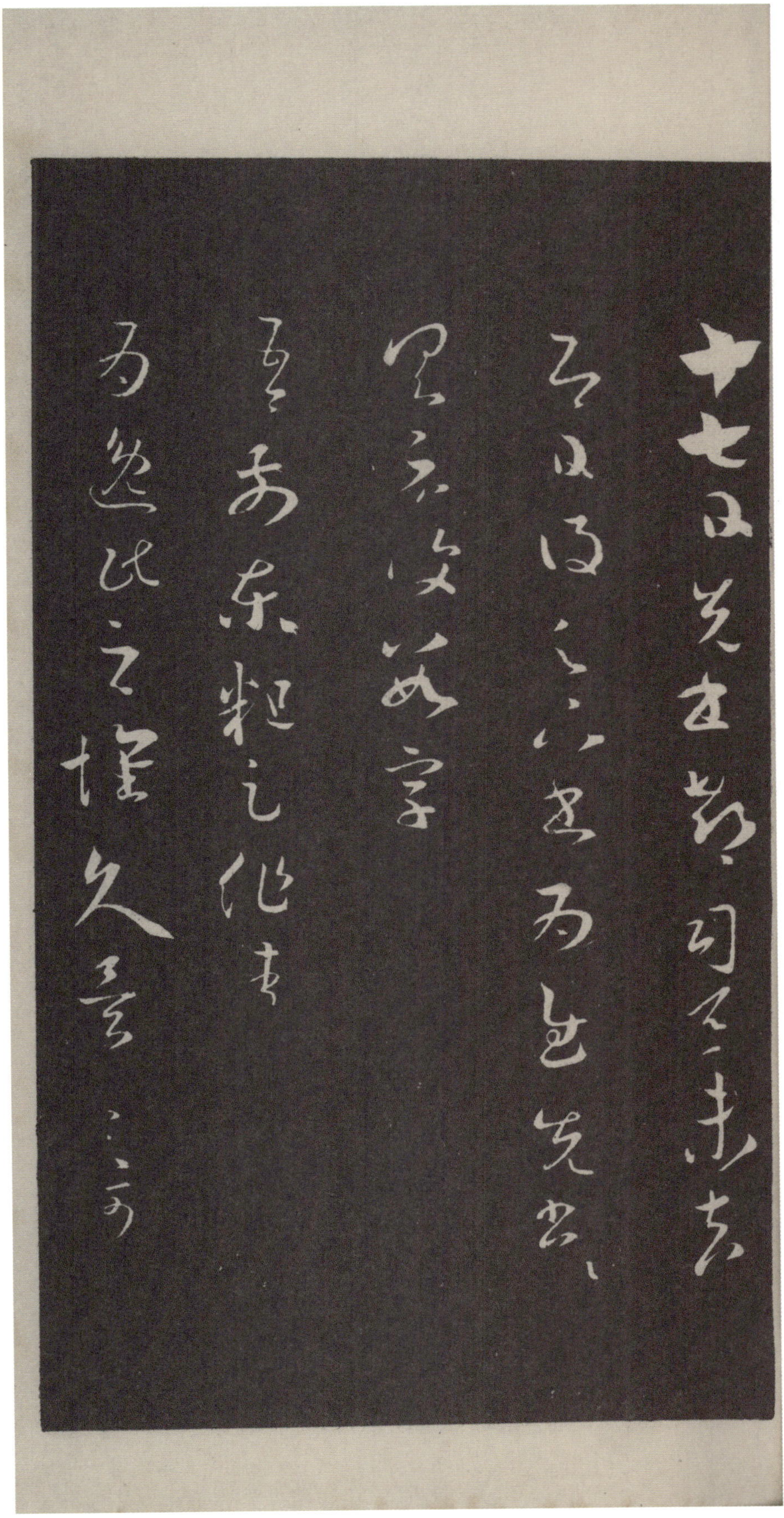
十七日先书郗司马未去
即日得足下书为慰先书
以具示复数字
吾前东粗足作佳观
为逸民之怀久矣

朝陽閣帖

日本影印本

DC0622一函一册

書高35.3釐米，寬17.9釐米。每開墨紙高32釐米，寬31.8釐米。四十四開。經摺裝。

書衣書籤題“朝陽閣帖王義之/黄庭帖/蘭亭帖/樂毅論”。

書中鈐“大倉文化財團藏書”朱印。

案語：此帖節選明萬曆二十四年至四十二年刻《餘清齋帖》正帖、續帖之清拓本影印。顛倒原帖子目順序，删去正帖卷一、卷四、卷五、卷六和部分正帖續帖内容，删去原帖卷尾刻帖年款及帖名，冠以《朝陽閣帖》之稱。

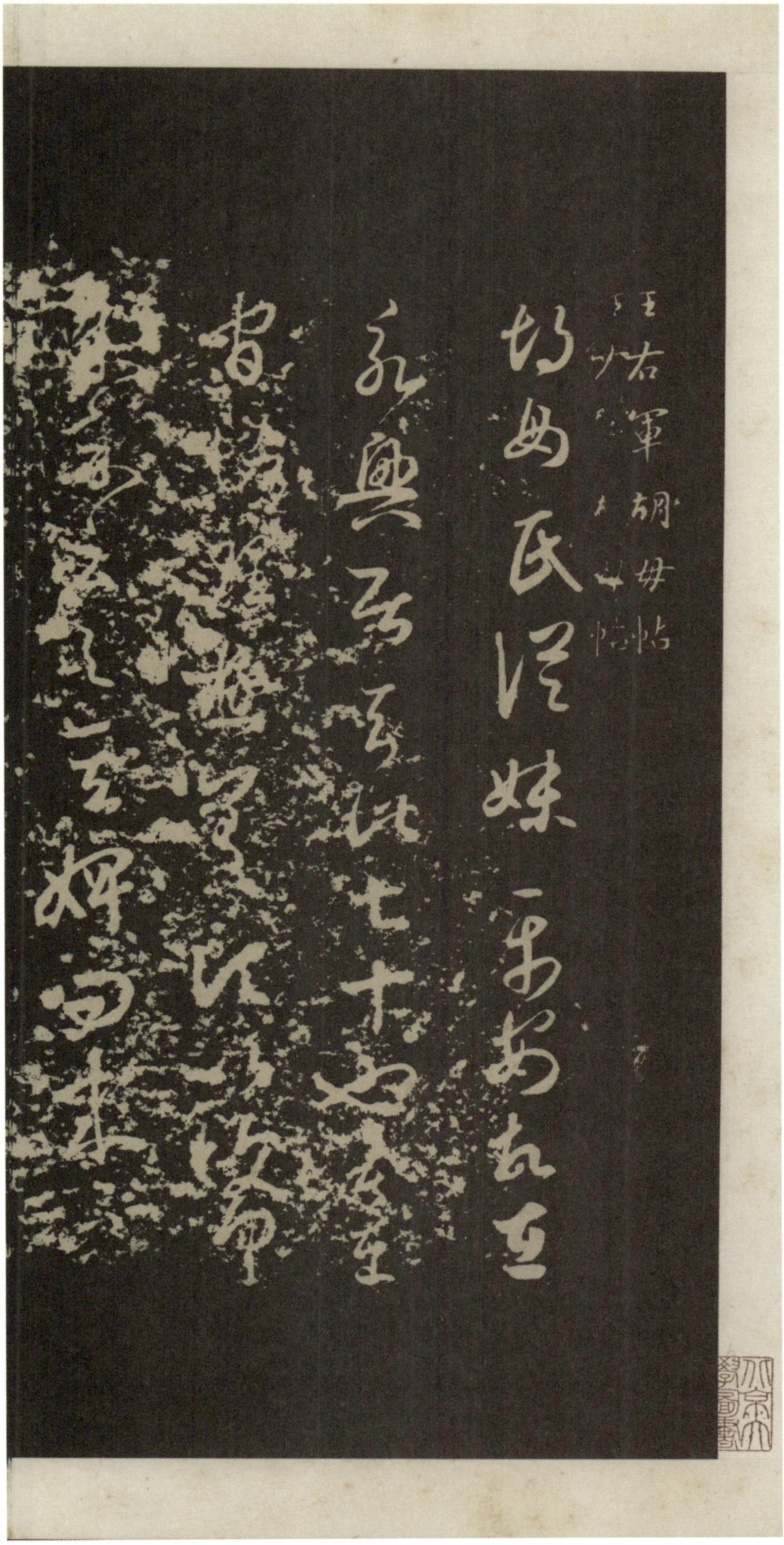
王右軍胡母帖

欽定重刻淳化閣帖十卷附釋文

民國十年（1921）上海商務印書館石印本

DC0630十册

清于敏中等重編。

原石清乾隆三十四年奉敕摹勒，原在北京海淀圓明園，咸豐十年毁，現僅存少量殘石。

每卷卷首題隸書"欽定重刻淳化閣帖"。尾刻"乾隆三十四年歲在己/丑春二月奉/敕校正宋淳化閣帖初/搨模勒上石"篆書四行。帖前有乾隆"寓名藴古"題字、《淳化軒記》及三十四年二月六日重刻序文。帖後刻乾隆御題《淳化軒詩》及于敏中《恭和詩》，于敏中、王際華、裘日修三人合撰跋文，錢陳群行書跋文和總理、排類、校對、監造、鈎刻諸臣銜名。每卷帖末有釋文訂異。

書高29.9釐米，寬19.6釐米。

書衣書籤印"乾隆摹刻淳化閣帖附釋文"。

書中鈐"大倉文化財團藏書"朱印。

案語：此本據《欽定重刻淳化閣帖》初拓印製。《淳化閣帖》為現存叢帖鼻祖，歷代重刻甚多，此帖為後代唯一加刻釋文的重刻本。《叢帖目》第1册29頁著録。

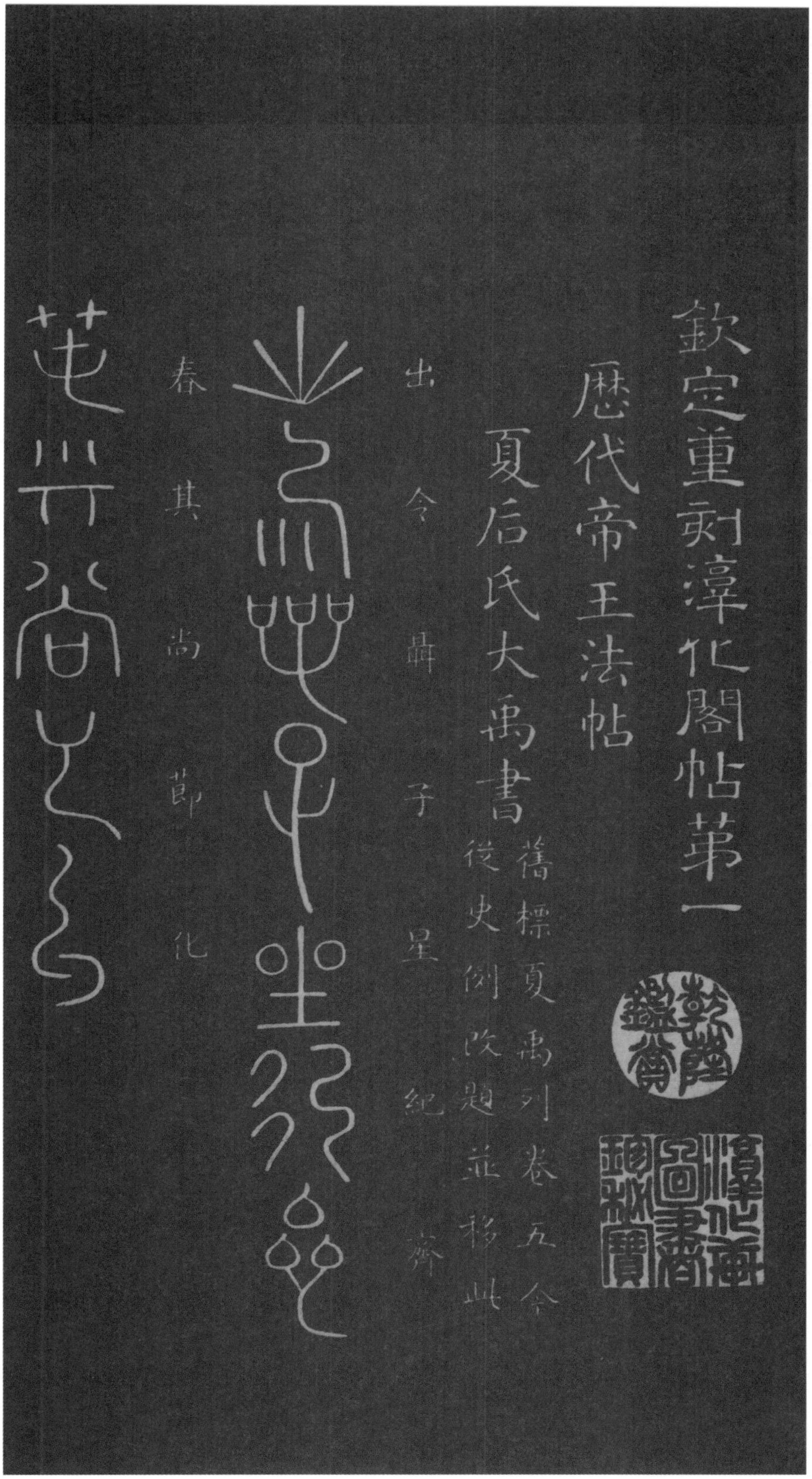
欽定重刻淳化閣帖第一
歷代帝王法帖
夏后氏大禹書
舊標夏禹列卷五今
從史例改題並移此
出令聶子星紀齊
春其尚節化

經訓堂法書十二卷

清乾隆五十四年（1789）刻清拓本

DC0638一函九册

清畢沅撰集，清畢裕曾編次，清錢泳、孔千秋鐫刻。

每卷卷首隸書題“經訓堂法書”。

拓本高29.2釐米，寬14釐米。半開墨紙尺寸同前。卷二凡三十五開、卷四凡二十三開半、卷五凡三十一開半、卷六凡三十五開半、卷七三十二開、卷八凡三十二開半、卷九凡四十開、卷十凡二十五開、卷十二凡三十三開。經摺裝。

缺卷一、三、十一。

鈐“書山祕笈”、“有不為齋”朱印。

案語：《叢帖目》第2册515頁著録。

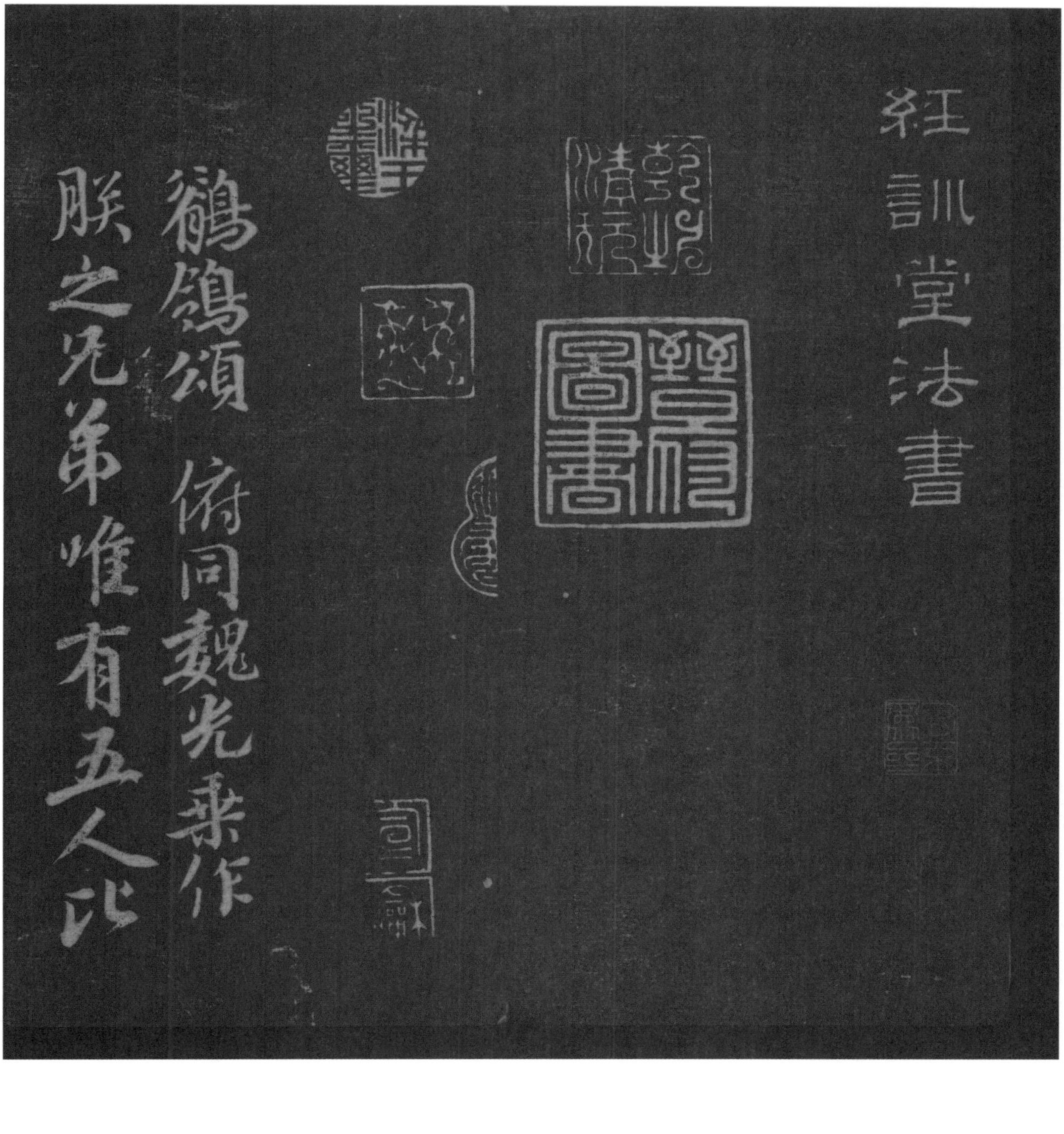
經訓堂法書
鶺鴒頌 俯同魏光乘作
朕之兄弟唯有五人比

垂裕閣法帖

日本刻近代拓本

DC0640一函一册

卷首隸書題“垂裕閣法帖”。

拓本高30.4釐米，寬15.1釐米。全開墨紙高30.4釐米，寬29.7釐米。三十開。拓本有蟲蛀。經摺裝。

書衣刻籤題“垂裕閣法帖”。

存一卷：録晉衛瓘、索靖、郗愔、謝安、楊羲、王羲之法書。

鈐“大倉文化財團藏書”朱印。

案語：《垂裕閣法帖》約刻於日本江戸時期至明治時期。

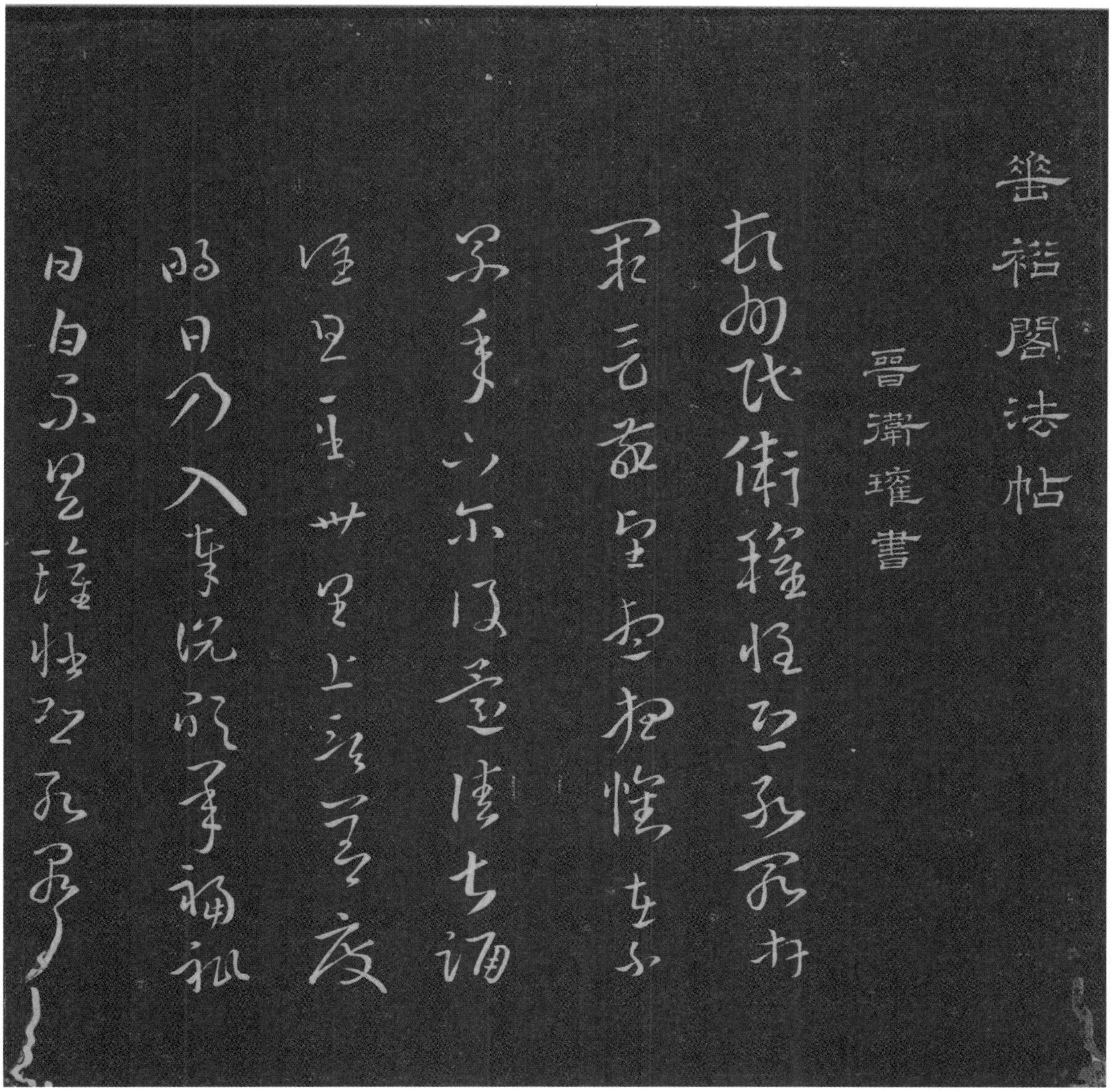
晉衛瓘書

樂志帖

日本照片貼册

DC0639一函一册

清成親王永瑆臨書。

册葉高32.3釐米，寬18.5釐米。照片高27.4釐米，寬15.3釐米。經摺裝。

首葉第一行題"樂志帖"。

書中鈐"大倉文化財團藏書"朱印。

案語：日本國會圖書館藏《樂志帖》，成親王永瑆臨書，墨蹟十四種。此本收前四種照片，為："樂志論"、杜甫"秋興八首"之一至之三、"秋雨三首"、"蘭亭序"。

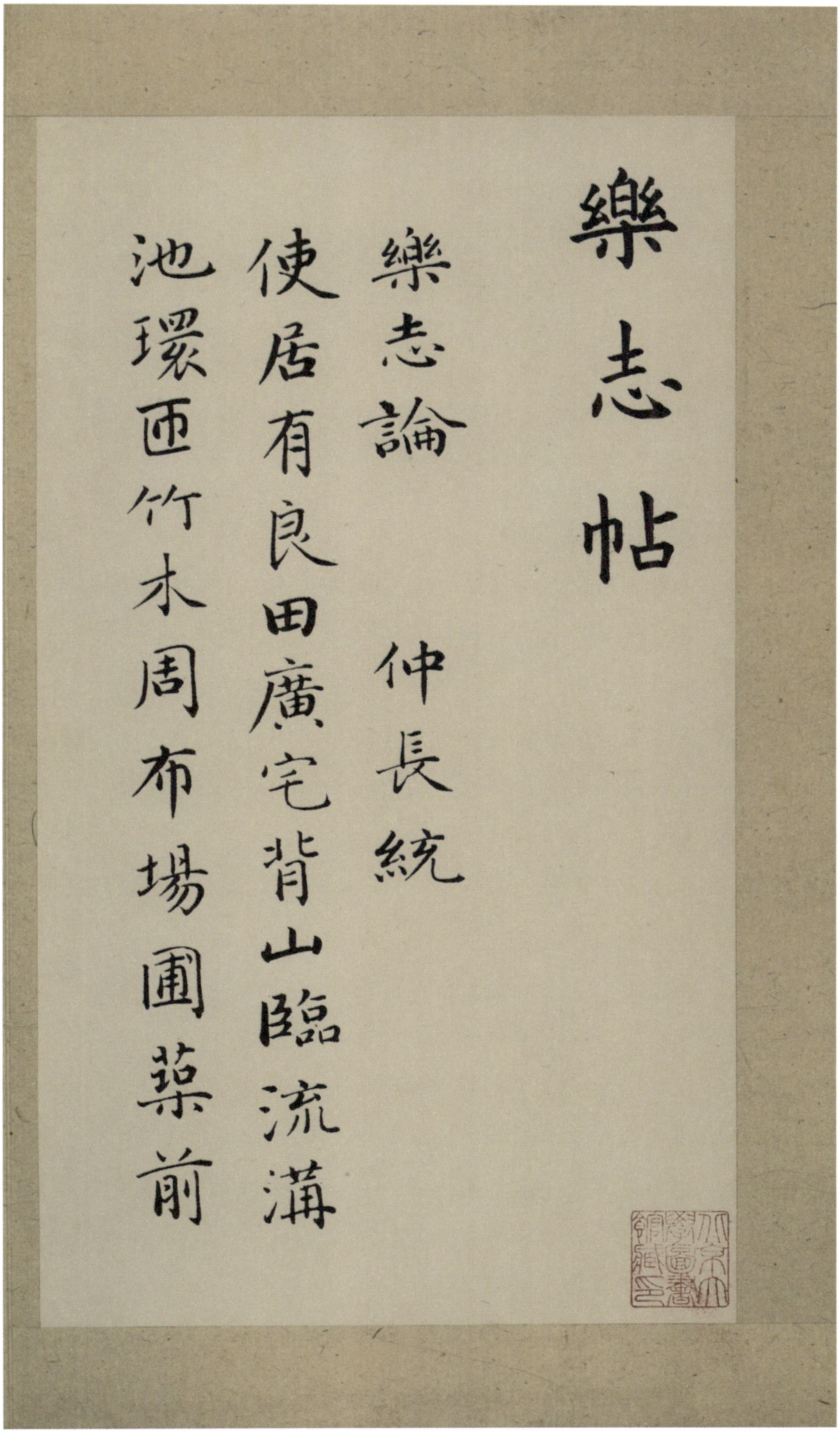
樂志帖

樂志論　仲長統

使居有良田廣宅背山臨流溝

池環匝竹木周布場圃築前

山陽先生眞蹟詩帖

日本明治十一年(1878)沈香書閣刻套印本

DC0930一册

日本賴襄著。

書高20.3釐米，寬13.4釐米。版框高16.1釐米，寬11.6釐米。白口，無魚尾，藍紋版框，版心上方題"眞蹟詩帖"，下方記葉次。內封題"山陽先生眞蹟詩帖"，內封背面朱印"沈香閣藏版印"。書末有明治十一年刊記。

卷前有明治十一年王藩清敘，山陽先生印譜，山陽賴先生小傳。書末有光緒四年王治本跋，跋末小字鐫"刻鈽木村德太郎"。

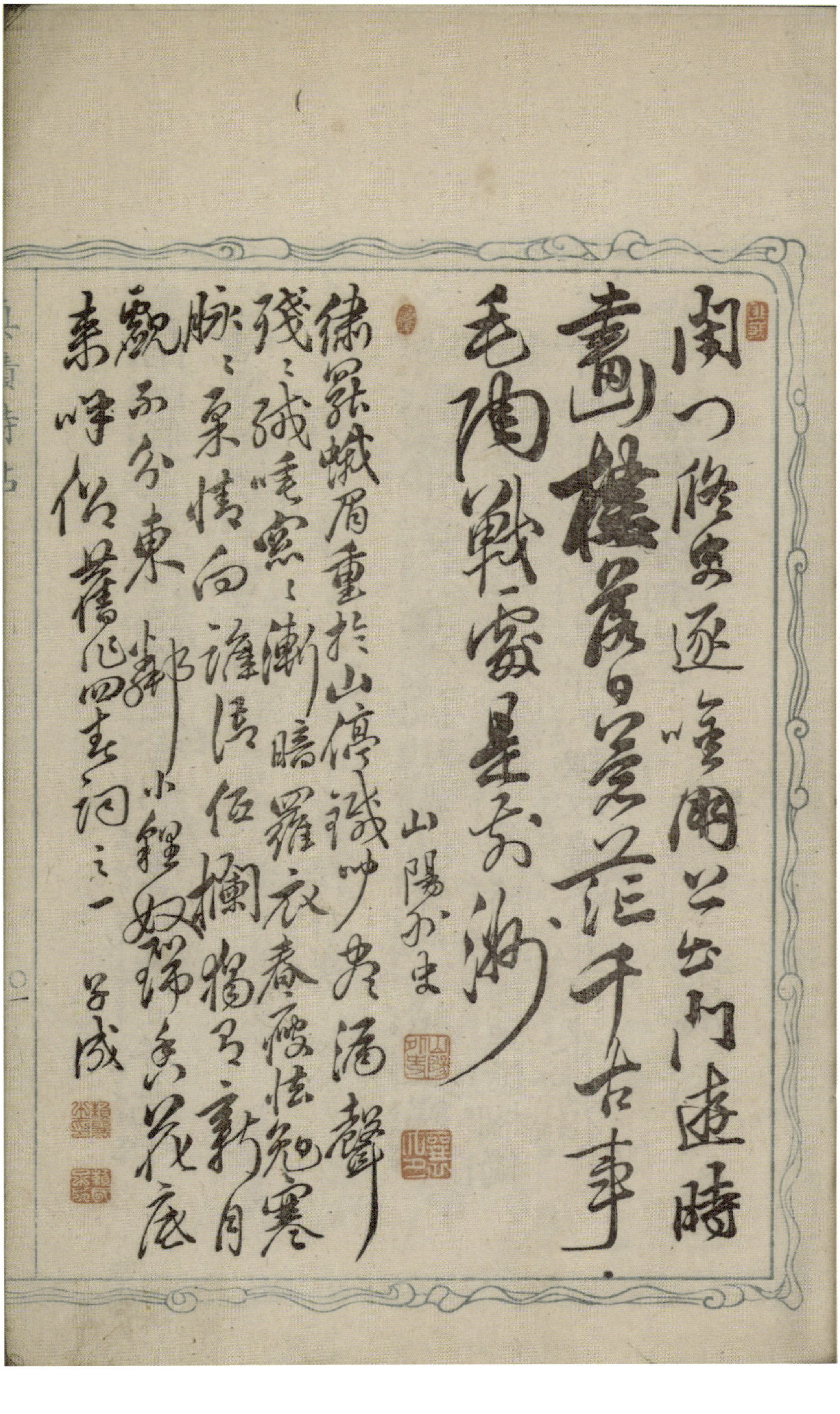
山陽外史
子成